EL PEQUEÑO LIBRO DE LAS

habilidades

PARA LA *vida*

EL PEQUEÑO LIBRO DE LAS
habilidades
PARA LA vida

TIENDE TU CAMA,
ORGANIZA TU CORREO ELECTRÓNICO,
ELIMINA EL ESTRÉS EN MENOS
DE UN MINUTO, DESCONÉCTATE
DEL CELULAR Y OTROS CONSEJOS
DE EXPERTOS PARA
SIMPLIFICAR TU VIDA

ERIN ZAMMETT RUDDY

AGUILAR

El papel utilizado para la impresión de este libro ha sido fabricado a partir de madera procedente de bosques y plantaciones gestionadas con los más altos estándares ambientales, garantizando una explotación de los recursos sostenible con el medio ambiente y beneficiosa para las personas.

El pequeño libro de las habilidades para la vida
Tiende tu cama, organiza tu correo electrónico, elimina el estrés en menos de un minuto, desconéctate del celular y otros consejos de expertos para simplificar tu vida

Título original: *The Little Book of Life Skills*

Todos los derechos reservados, incluido el derecho de reproducción total o parcial en cualquier forma. Esta edición se publica por acuerdo con Grand Central Publishing, una división de Hachette Book Group
All rights reserved including the right of reproduction in whole or in part in any form.
This edition published by arrangement with Grand Central Publishing, a division of Hachette Book Group

Primera edición: abril, 2021

D. R. © 2020, Erin Zammett Ruddy

D. R. © 2021, derechos de edición mundiales en lengua castellana:
Penguin Random House Grupo Editorial, S. A. de C. V.
Blvd. Miguel de Cervantes Saavedra núm. 301, 1er piso,
colonia Granada, alcaldía Miguel Hidalgo, C. P. 11520,
Ciudad de México

penguinlibros.com

D. R. © Sarah Congdon, por el diseño de cubierta e ilustraciones
D. R. © fotografía de Erin Zammett Ruddy, cortesía de la autora
D. R. © Alejandra Ramos, por la traducción

Penguin Random House Grupo Editorial apoya la protección del *copyright*.
El *copyright* estimula la creatividad, defiende la diversidad en el ámbito de las ideas y el conocimiento, promueve la libre expresión y favorece una cultura viva. Gracias por comprar una edición autorizada de este libro y por respetar las leyes del Derecho de Autor y *copyright*. Al hacerlo está respaldando a los autores y permitiendo que PRHGE continúe publicando libros para todos los lectores.

Queda prohibido bajo las sanciones establecidas por las leyes escanear, reproducir total o parcialmente esta obra por cualquier medio o procedimiento así como la distribución de ejemplares mediante alquiler o préstamo público sin previa autorización.
Si necesita fotocopiar o escanear algún fragmento de esta obra diríjase a CemPro
(Centro Mexicano de Protección y Fomento de los Derechos de Autor, https://cempro.com.mx).

ISBN: 978-607-380-091-4

Impreso en México – *Printed in Mexico*

*Para mis padres, John y Cindy Zammett.
Gracias por enseñarme tantas habilidades
importantes para la vida
(pero no las suficientes para que fuera
innecesario que escribiera este libro)*

Índice

Introducción 21

Capítulo 1:
Despierta y prepárate para el día 29

    Sal de la cama 29
        (con *Michael J. Breus*)
    Comienza todos los días con actitud positiva 31
        (con *Hoda Kotb*)
    Tiende tu cama 33
        (con *Ariel Kaye*)
    Sécate el cabello con la técnica perfecta 36
        (con *Sarah Potempa*)
    Lava y humecta tu rostro 41
        (con *Nyakio Grieco*)
    Usa bloqueador solar 44
        (con *Chris Birchby*)
    Maquíllate 47
        (con *Mally Roncal*)

Aplica el iluminador 49
    (con *Lisa Sequino*)
Delinea tus cejas 51
    (con *Jimena García*)
Prepara el batido perfecto 54
    (con *Catherine McCord*)
Prepara huevos revueltos siempre cremosos y en su punto ... 58
    (con *Jacques Pépin*)
Mantente al día con las noticias (rápido y sin abrumarte) ... 61
    (con *Jenna Lee*)

Capítulo 2:
Ve del punto A al punto B 65

Sal de casa por la mañana (con calma y sin olvidar nada) ... 65
    (con *Laura Vanderkam*)
Aprende a circular en los cruces de cuatro sentidos 68
    (con *Emily Stein*)
Ponle gasolina a tu automóvil tú mismo 71
    (con *Chris Riley*)
Pasa corriente eléctrica de un automóvil a otro 74
    (con *Harry Hendrickson*)

Capítulo 3:
Trabaja de manera más eficiente 79

Vístete para un gran día de trabajo 79
    (con *Sali Christeson*)
Siéntate bien en tu silla 82
    (con *Steven Weiniger*)

Envía un correo electrónico eficaz 85
    (con *Justin Kerr*)
Deja un correo de voz 88
    (con *Joel Schwartzberg*)
Presenta a dos personas en un correo electrónico 90
    (con *Justin Kerr*)
Transmite bien tus ideas 91
    (con *Joel Schwartzberg*)
Brinda retroalimentación constructiva 93
    (con *Deborah Grayson Riegel*)
Dirige una reunión productiva 96
    (con *Rebecca Sutherns*)
Sal temprano de un evento de trabajo 99
    (con *Lauren Smith Brody*)
Solicita un aumento de sueldo 101
    (con *Tad Mayer*)

Capítulo 4:
Ten una jornada laboral productiva 105

Organiza tu día laboral 105
    (con *Nicole Lapin*)
Mantente al día con la bandeja de entrada de tu correo
    electrónico 108
    (con *Justin Kerr*)
Crea contraseñas seguras que realmente puedas recordar ... 110
    (con las editoras de *MakeUseOf*)
Decide qué comer a la hora del almuerzo (pero que
    sea ligero para que no te aletargue) 113
    (con *Jaclyn London*)

Evita (y aprende a manejar) las interrupciones 116
  (con *Deborah Grayson Riegel*)
Trabaja desde casa 118
  (con *Lauren McGoodwin*)

Capítulo 5:
Organízate en casa 123

Sigue estas estrategias para deshacerse de los objetos
  innecesarios 123
  (con *Peter Walsh*)
Organiza tu cajón de los cachivaches 126
  (con *Shira Gill*)
Abre tu correspondencia 128
  (con *Corinne Morahan*)
Reorganiza tus cajones y el armario 130
  (con *Patty Morrissey*)

Capítulo 6:
Haz que tus quehaceres sean más sencillos 135

Escribe una lista de pendientes que realmente vayas
  cumpliendo 135
  (con *Christine Carter*)
Paga tus facturas 137
  (con *Corinne Morahan*)
Llena el lavavajillas 140
  (con *Consumer Reports*)
Vacía el lavavajillas 144
  (con *Rachel Hoffman*)

Sal de la tienda exclusivamente con lo que fuiste
   a comprar 145
   (con *Tiffany Aliche*)
Haz una lista para el supermercado 149
   (con *Michele Vig*)
Empaca tus víveres 151
   (con *Dwayne Campbell*)
Lava una carga de ropa 154
   (con *Becky Rapinchuk*)
Elimina una mancha 156
   (con *Gwen Whiting* y *Lindsey Boyd*)
Mantén tus toallas frescas, suaves y con buen
   aroma 158
   (con *Becky Rapinchuk*)
Dobla una sábana ajustable 161
   (con *Ariel Kaye*)
Plancha una camisa 163
   (con *Gwen Whiting* y *Lindsey Boyd*)
Coloca la funda de un edredón 165
   (con *Ariel Kaye*)

Capítulo 7:
Limpia cualquier cosa **169**

Ordena una habitación en 10 minutos o menos 169
   (con *Rachel Hoffman*)
Limpia tus pisos 171
   (con *Donna Smallin Kuper*)
Limpia la cocina después de comer 174
   (con *Rachel Hoffman*)

Limpia una ducha o una tina 177
    (con *Melissa Maker*)
Limpia un inodoro (¡en tres minutos!) 180
    (con *Melissa Maker*)

Capítulo 8:
Vuélvete hábil en el hogar **183**

Cuelga un cuadro 183
    (con *Jasmine Roth*)
Rellena un agujerito en la pared 186
    (con *Jasmine Roth*)
Compra una planta para el hogar (y mantenla viva) 189
    (con *Hilton Carter*)
Dale mantenimiento al césped 193
    (con *Allyn Hane*)
Riega tu jardín 196
    (con *Chris Lambton*)
Evita y deshazte de la hierba salvaje en tu jardín 198
    (con *Chris Lambton*)
Enciende el fuego de la chimenea 201
    (con *John Zammett*, mi papá)

Capítulo 9:
La hora de la cena **205**

Guarda y lava las verduras 205
    (con *Catherine McCord*)
Descongela la carne 207
    (con *Anya Fernald*)

Prepárate para cocinar la cena ... 211
    (con *Rachael Ray*)
Prepara una ensalada que les guste a todos ... 213
    (con *Katelyn Shannon*)
Prepara un aderezo simple para ensalada ... 216
    (con *Katelyn Shannon*)
Hierve la pasta al dente ... 218
    (con *Rachael Ray*)
Haz la hamburguesa perfecta ... 220
    (con *Bobby Flay*)
Guarda las sobras de la comida ... 224
    (con *Dan Pashman*)
Decide dónde comer ... 226
    (con *Chris Stang*)
Come en un restaurante con tus niños pequeños ... 230
    (con *Karalee Fallert*)
Aparenta que sabes de vinos cuando te enfrentes a la lista de un restaurante (aunque no sepas nada) ... 232
    (con *Chris Stang* y *Grant Reynolds*)

Capítulo 10:
Sé buen anfitrión (e invitado) ... 235

Planea una fiesta de coctel ... 235
    (con *Mary Giuliani*)
Monta una mesa elegante ... 239
    (con *Liz Curtis*)
Acomoda tus flores en un florero ... 243
    (con *Katie Hartman*)

Compra una buena botella de vino por menos
de 20 dólares 246
(con *Alyssa Vitrano*)
Glasea un pastel relleno 249
(con *Duff Goldman*)
Prepara una tabla de quesos 251
(con *Marissa Mullen*)
Descorcha una botella de vino como un experto 254
(con *Laura Maniec Fiorvanti*)
Cata un vino 257
(con *Leslie Sbrocco*)
Ofrece un gran brindis 259
(con *Margaret Page*)
Presenta a la gente 262
(con *Patricia Rossi*)
Saluda (o presenta) a alguien cuyo nombre
no recuerdas 264
(con *Diane Gottsman*)
Elige un regalo para un anfitrión/anfitriona 266
(con *Joy Cho*)
Envuelve un regalo 269
(con *Anna Bond*)

Capítulo 11:
Cuidado personal 273

Medita 273
(con *Suze Yalof Schwartz*)
Elimina el estrés en menos de un minuto 276
(con el doctor *Mehmet Oz*)

Prepara una taza de té 277
    (con *Tatjana Apukhtina*)
Evita enfermarte 281
    (con el doctor *Mehmet Oz*)
Toma una siesta 283
    (con *Arianna Huffington*)
Revigorízate en tres minutos 286
    (con *Parvati Shallow*)
Píntate las uñas 288
    (con *Michelle Lee*)
Prepárate para hacer ejercicio (y realmente hazlo) 291
    (con *Liz Plosser*)
Estírate después de una sesión de ejercicio 295
    (con *Amanda Kloots*)
Di no a algo a lo que sientes que deberías acceder,
pero que realmente no quieres hacer 299
    (con *Laura Vanderkam*)

Capítulo 12:
Mejora tu desempeño personal 303

Entra con confianza a un lugar 303
    (con *Lydia Fenet*)
Toma decisiones de manera más consciente 304
    (con *Nicole Lapin*)
Establece metas 308
    (con *Nicole Lapin*)
Deja de obsesionarte con algo malo que podría
(o no) suceder 311
    (con *Ethan Zohn*)

Haz una revisión rápida y honesta de tus gastos 313
   (con *Tiffany Aliche*)
Utiliza bien la gramática (¡porque no es pa' nada fácil!) 315
   (con *Mignon Fogarty*)
Cálmate antes de reaccionar 320
   (con *davidji*)
Ayúdate a ti mismo a superar una etapa difícil 322
   (con *Emily McDowell*)
Decídete a hacer algo y persevera hasta el final 325
   (con *Gretchen Rubin*)

Capítulo 13:
Mejora tus relaciones con los demás 329

Recuerda el nombre de una persona 329
   (con *Jim Kwik*)
Escribe una nota de agradecimiento 332
   (con *Cheree Berry*)
Ponte al día con lo que sucede en el mundo de
   los deportes 334
   (con *Sarah Spain*)
Comenta en redes sociales 337
   (con *Sara Buckley*)
Discute con tu pareja de forma productiva 339
   (con *Jo Piazza*)
Aprende a decir "lo siento" 341
   (con *Zelana Montminy*)
Abandona una conversación en la que no quieres
   participar 344
   (con *Diane Gottsman*)

Prepárate para hablar de una situación complicada 347
   (con *Gretchen Rubin*)
Apoya a un amigo cuando te cuente algo desagradable
   con lo que esté lidiando 349
   (con *Rachel Wilkerson Miller*)
Ofrece tus condolencias 352
   (con *Nora McInerny*)

Capítulo 14:
Cierra el día con broche de oro 357

Desconéctate del celular 357
   (con *Arianna Huffington*)
Perdona a alguien y deja que las cosas fluyan 360
   (con *davidji*)
Prepárate para una buena noche de sueño 362
   (con *Michael J. Breus*)
Analiza tu día para detectar lo que funcionó
   y lo que no 365
   (con *Patty Morrissey*)

Agradecimientos 367

Introducción

En los últimos 20 años mi labor como escritora en importantes revistas de estilo de vida ha consistido en obtener consejos de expertos acerca de todo tipo de temas, desde lograr que una reunión se desarrolle con fluidez, hasta cocinar la hamburguesa perfecta; desde solicitar un aumento de sueldo o un espacio, hasta pedirle a un vecino que retire sus luces navideñas porque ya es marzo. (Por cierto, todo esto viene en el libro, excepto el asunto de las luces navideñas, pero honestamente creo que en ese caso mejor deberías mudarte porque las relaciones con los vecinos son en verdad complicadas.) Me encanta hablar con gente que realmente conoce su campo de trabajo independientemente de cuál sea este (¿organización en la oficina?, ¡sí!, ¿mantenimiento del césped?, ¡claro!, ¿la técnica perfecta para secar el cabello?, ¡por supuesto!). Pero además, a diferencia de los expertos demasiado exigentes que no siempre tienen contacto real con quienes no tenemos un paño en la cocina o, digamos, un trapeador, yo sé transmitirles a los lectores la información para que puedan aplicarla en su propia vida (siempre puedo vincularme con el lector porque *soy* lectora). Sí, incluso en las historias sobre cómo decantar todos los productos de tu alacena en frascos de vidrio con hermosas etiquetas. Pero, honestamente, ¿haré algo así en el futuro? Lo dudo. ¿Me gustaría leer al respecto? ¡Claro que sí!

Bien, ¿entonces por qué me dispuse a escribir este libro tan peculiar? Porque lo *necesito*. Mi padre era controlador de tráfico aéreo y, por lo mismo, desde mucho antes de que se pusieran de moda el orden, las listas mentales y algo a lo que a él le gusta llamar "hacer las cosas bien desde la primera vez", para él estos sistemas ya eran importantes. Cuando era niña mis hermanas y yo teníamos que ayudarle cada primavera a secar y doblar la cubierta de la piscina cuando la destapábamos para la temporada. Era una hazaña prolongada y metódica de 18 pasos y los inevitables simulacros de incendio ("¡Rápido! ¡Levántenla del césped! ¡Está quemando el $*@# pasto!"). Luego alguna de nosotras se quejaba en voz alta y preguntaba por qué no podíamos simplemente enrollar la cubierta y dejar las cosas por la paz, pero su respuesta era una mirada fulminante. Y cada otoño, cuando sacábamos la inmaculada cubierta sin moho del cobertizo, mi padre sonreía orgulloso y daba un discurso respecto a por qué no se debían hacer las cosas mal. Ese hombre es eficiente y organizado, de verdad hace casi todo excepcionalmente bien. No ha visto el interior de una torre de control desde los ochenta, pero continúa abordando todas las tareas como si el destino de un avión y sus pasajeros dependiera del resultado. Sobra decir que las cosas se pueden poner demasiado intensas cuando él se involucra, pero vaya, es la mejor persona a quien puedes llamar cuando necesitas ayuda para tomar una decisión. Como es mi caso, mmm… todos los días.

Me encantaría poder decir que aprendí todos sus métodos y que en mi juventud viví rodeada de sábanas con las esquinas pulcramente plegadas como en los hospitales, listas de pendientes

Introducción

con todas las tareas palomeadas, y sin perder nunca las llaves, pero no fue así. Yo heredé muy poco de la afinidad de mi padre con la precisión, y casi nada de la capacidad de mi madre para lavar la ropa como una profesional. Si me hiciera pasar por psicólogo por un instante, diría que se debió a que, cuando tienes un padre que siempre pone en duda la manera en que haces tareas en apariencia irrelevantes ("¿Así piensas cortar ese *bagel*?", "¡No puedes empacar la ropa así en tu maleta!", "¿En verdad piensas tomar la salida 42 en la carretera, Erin?", "Esa luz roja dura un minuto cuarenta y cinco segundos, ¡cronometré el tiempo!"), digamos que renuncias, dejas de esforzarte por hacer las cosas "de la manera correcta", y terminas conformándote con "Ay, ya, como sea. De todas formas lo voy a hacer, ¿no?".

Por supuesto, ahora tengo 42 años, y a menudo estoy a la mitad de una tarea, como vaciando el lavavajillas, quitando las migajas de la encimera o discutiendo con mi esposo por dejar tantas migajas ahí, y me sorprendo a mí misma pensando: "Qué asco, ¡debe haber una mejor manera de hacer esto!". ¡Y la hay!, ¡solo continúa leyendo! Como muchos de los lectores de este libro (y digamos que estoy hablando al tanteo), ansío que mi rutina cotidiana sea más eficiente y menos estresante. Es una necesidad que se ha vuelto más recurrente a medida que la vida se complica más. Es decir, hubo un tiempo en el que tomarme 45 minutos para pasear entre los anaqueles del supermercado como bebé borracho y comiendo papas fritas (sabor barbacoa asada de Lays, por supuesto), y luego darme cuenta de que olvidé dos de los siete artículos por los que fui a la tienda, me parecía una manera perfectamente razonable de emplear mi tiempo. Pero por un millón de razones ya no es así. Y de entre esas razones tal vez la más importante sea que ahora tengo tres hijos, y si uno no es eficiente cuando tiene hijos en casa, puede terminar enterrado en una montaña de ropa sucia más rápido de lo que dice: "Y si te cepillaste los dientes, ¡¿por qué el cepillo no está mojado?!". O bueno, al menos eso es lo que me han contado.

El hecho es que existe un orden particular en que *deberíamos* hacer todo lo que planeamos para un día, que es una excelente práctica, y que produce los mejores resultados posibles con el menor esfuerzo. También hay trucos importantes y consejos para cuidar mejor de nuestro corazón y nuestra mente, trucos que yo ni siquiera sabía que *eran* habilidades de vida cuando estudiaba en la universidad y también creía que el suavizante de telas era detergente... bueno, ya, por fin lo confesé. A pesar de la existencia de estos atajos, muchas personas, y entre ellas yo, solo nos abrimos paso en la vida sin prestar atención a la manera en que pasamos de una tarea a la siguiente. Este libro, sin embargo, no te hará sentir mal respecto a la manera en que has estado haciendo las cosas, ni te dirá que todo lo que has hecho ha sido una equivocación absoluta porque seguramente no es así. Sin embargo, es muy posible que tampoco sea la manera más eficiente y eficaz de hacer las cosas.

Pero espera un momento, ¿acaso ahora no puede uno simplemente buscar en Google la mejor manera de hacer... cualquier cosa? Claro que sí, yo misma lo he hecho. Escribe en el buscador "cómo planchar una camisa" y obtendrás 1.2 millones de resultados. Y no, no estoy exagerando, acabo de hacerlo y eso fue lo que salió en la búsqueda. Es precisamente por esta razón que este libro es necesario. ¿Quién tiene tiempo para ver todos los contenidos de internet, que con mucha frecuencia se contradicen, y decidir en quién confiar? ¿Realmente necesitas ver un tutorial de siete minutos en YouTube para aprender a planchar? ¿Y qué tal si...?

Introducción

¡Ay, mira!, ¡celebridades sin maquillaje! Y de repente ya estás inmerso en un agujero espacio-temporal repleto de comentarios en la cuenta de Instagram de Kim Kardashian. Mira, esto les sucede incluso a los más concentrados, pero, ¿qué no estábamos tratando de ser más eficientes? Noticia de última hora: buscar consejos en internet puede ser una manera abrumadora de perder el tiempo, y eso sin contar los 15 anuncios de planchas nuevas que te van a llegar en unos instantes.

Por todo esto, solo recurrí directamente a los expertos. Cada uno es lo mejor de lo mejor en su campo y conoce los pasos básicos para hacer las tareas de una manera más eficaz. Tareas en las que siempre he metido la pata: como mantener una planta interior viva, ponerle gasolina yo misma a mi auto (no te rías, pero en el lugar donde crecí era ilegal), o presentar a dos personas con un correo electrónico (¿por qué siempre parece una situación tan incómoda?). Y también ciertas acciones mentales y emocionales que todos deberíamos poder realizar, como hablarnos a nosotros mismos con amabilidad, respirar hondo y relajarnos, o saludar a una persona en un tren sin tener que sentarnos junto a ella. Cada capítulo de este libro está repleto de maneras optimizadas, más rápidas y más ingeniosas de abordar los pendientes cotidianos. ¿Cuál es la recompensa? Más tiempo, menos frustración y el simple placer que produce un trabajo bien hecho, incluso si se trata de algo tan sencillo como vaciar el lavavajillas o almacenar adecuadamente la cubierta de una piscina. No se trata de apresurarse y hacer con rapidez las labores mundanas para poder enfocarte pronto en tu vida real o en tu lista de Netflix, sino de desacelerar y hacer bien las pequeñas cosas porque la vida real *es* ir al supermercado, escribir correos electrónicos y detenerte en un cruce urbano de cuatro sentidos y preguntarte a qué auto le toca pasar primero.

Con los más de 100 consejos en este libro, escritos en pasos sencillos y realizables que *todos* podemos implementar, podrás abordar todas tus tareas con más confianza y conservar esa actitud de calma y optimismo a lo largo de todo el día. Lograrás más y maldecirás menos. Además, no tendrás que llamar a mamá cada vez que derrames algo en tu camisa o tu blusa de seda. ¿A quién no le agradaría llenar su día con este tipo de victorias? Te aseguro que algunos de estos consejos son simplemente geniales. No quiero exagerar, pero el día que aprendí la manera rápida de saber de qué lado del auto está el tanque de gasolina, me sentí realizada. Solo dirígete al capítulo 2, ahí encontrarás este asombroso consejo.

Al escribir el libro decidí enfocarme en las habilidades básicas de vida que la mayoría de la gente podría aplicar en una semana promedio, porque ¿qué sentido tiene aprender a pintar un baño o ser anfitrión de una reunión del día de Acción de Gracias si ni siquiera sabes cuál es la mejor manera de tender tu cama? Aquí encontrarás las tareas que pueden marcar la diferencia con tan solo hacer unos pequeños ajustes, las cosas que hacemos una y otra vez, pero sobre las que rara vez nos interrogamos: "Espera, ¿estoy haciendo esto de la manera correcta?". Tal vez son algunos de los quehaceres diarios que de pronto notamos que podemos usar como una especie de actualización tras haber estado encerrados en casa durante meses. ¿Soy la única que cree que eso es posible?

Organicé los capítulos de acuerdo con el orden en el que podrías necesitar estas habilidades cualquier día. Desde despertarte, prepararte y salir de casa con la menor confusión posible, hasta tener una jornada laboral productiva y satisfactoria; decidir qué diablos ordenar para el almuerzo, cómo llevar a cabo todos los quehaceres del hogar y del jardín sin terminar con todo el cuerpo adolorido, y hasta preparar la cena (¡ay, no!, ¿otra vez?) y tener

Introducción

una noche de sueño reparador. También hay capítulos enfocados en cómo ser la mejor versión de ti mismo en tu mente y corazón, y en tus relaciones con los otros porque, efectivamente, saber discutir de forma productiva también *es* una habilidad de vida.

Ah, ¿y no te ha pasado que una bloguera que escribe sobre alimentación te atrae y te hace darle clic a su sitio de internet con la promesa de compartir contigo la mejor receta de tarta de limón del mundo, y luego te encuentras con un ensayo de 1 200 palabras sobre la granja de limoneros de su tía abuela y el *limoncino* que bebió en su año sabático en Toscana, y tú te quedas pensando: "Sí, ¿pero dónde está la receta?"? Bien, pues *El pequeño libro de habilidades para la vida* se salta todo eso y va directo al grano. Aquí no hay anécdotas ni explicaciones interminables; no es necesario ir saltándote renglones para llegar a la información que realmente te interesa. Solo encontrarás la tarea, el orden en que debe realizarse y todas las veces que levantarás los puños en actitud triunfante cuando, inevitablemente, domines el proceso.

Este libro se puede leer de principio a fin, pero también es posible revisar el índice e ir directo al tema en el que necesites ayuda justo en ese momento. Incluso puedes leerlo en desorden si así lo deseas. Te aseguro que no juzgaré la manera en que abordes un libro respecto a la manera correcta de hacer las cosas, pero solo si prometes no decirle a mi papá que sigo tomando la salida 42. Siempre.

1

Despierta y prepárate para el día

SAL DE LA CAMA

1. NI SE TE OCURRA presionar el botón de posponer del despertador: RESISTE.
2. Abre los ojos (si te atoras en este paso, un vigoroso "1-2-3, ¡vamos!" puede servir).
3. Lanza tus piernas hacia el lado de la cama y planta los pies en el suelo.
4. Respira hondo cinco veces.
5. Bebe un vaso lleno de agua.
6. Si puedes, sal a donde haya luz solar o quédate cerca de una ventana y entreábrela para que pasen los rayos no filtrados. Lo ideal es que te quedes ahí unos 15 minutos.

El experto:

Michael J. Breus, Ph.D., también conocido como "Sleep Doctor", es un reconocido experto en el sueño y autor de *The Power of When*.

La explicación:

Comenzar tu día apretando el botón de posponer del despertador es lo peor que puedes hacer, porque como tu cuerpo no puede volver a entrar en un sueño profundo en esos siete o nueve minutos, estarás dormitando de una manera demasiado superficial que, al final, solo te hará sentir más aletargado. Lo mejor es que, antes de siquiera levantarte, hagas respiraciones profundas que te permitan llevar oxígeno a tu cuerpo y tu cerebro para que ambos puedan funcionar a su máximo nivel de rendimiento. Cada noche pierdes casi un litro de agua a través de la humedad de tu aliento, lo cual es medio buena onda porque pierdes peso, pero también es negativo. Beber un vaso con agua te repone e hidrata. La luz solar que deberás tomar por entre 10 y 15 minutos de ser posible, apaga el "grifo de melatonina" de tu cerebro y permite que se desvanezca la neblina del aletargamiento matinal. Para obtener mejores resultados sal a la calle sin lentes oscuros en los primeros 15 minutos después de despertarte. Si no hay sol en donde estás o si vives en, digamos, el noroeste del Pacífico, enciende las luces. Lo que más necesitas en la mañana es la luz azul que hay en los rayos solares, los focos LED, nuestros artículos electrónicos y las luces fluorescentes. También puedes conseguir una caja de terapia de luz. Se trata de un artefacto que emite una luz brillante que imita la luz solar. Te puedes sentar en él o lo puedes colocar cerca de tu zona de trabajo.

Información adicional

¿Te quieres sentir más espabilado? Si tomas una ducha matutina, disminuye gradualmente la temperatura del agua cuando vayas a terminar. No tienes que bañarte con agua helada, solo necesitas refrescarte un poco. Esto provocará que tu sangre vaya forzosamente al tronco y te haga sentir alerta. ¡Genial!

COMIENZA TODOS LOS DÍAS CON ACTITUD POSITIVA

1. En cuanto despiertes escribe tres cosas por las que estés agradecido. Sé específico, no solo digas "por el día soleado" (aunque, por supuesto, puedes perfectamente estar agradecido por ello). Deja un diario junto a tu cama para facilitar este paso.
2. Escribe algo increíble que haya pasado en las últimas 24 horas. Puede ser un gran suceso o uno menos importante, pero insisto en que debes ser específico.
3. Haz ejercicio. Proponte hacerlo durante 30 minutos si te es posible. **Si necesitas consejos sobre cómo obligarte a hacer ejercicio y aprovecharlo al máximo, consulta la página 291.**
4. Ora o medita. **Si necesitas consejos para realizar meditaciones sencillas, consulta las páginas 273 y 274.**
5. Ten un gesto de amabilidad al azar con alguna persona.

La experta:

Hoda Kotb es coanfitriona de *Today* y autora de varios libros bestseller como *I Really Needed This Today*, el cual presenta 365 dichos para inspirar y motivar. ¿Sabes por qué Hoda siempre luce genuinamente feliz? Porque escribe (o más bien "garabatea") en su diario todas las mañanas para recordarse a sí misma lo afortunada que es.

La explicación:

Cuando despiertas por la mañana y lo primero que haces es escribir tres cosas buenas y otra genial, tu forma de pensar empieza a cambiar. En lugar de despertar, decir: "Ay, Dios mío…", y pensar en algo que te alteró la noche anterior o que tienes que hacer más tarde, tu cerebro se va modificando. Esta actividad te ayuda a darle un nuevo marco a todo tu día para convertirlo en un *buen* día. Ser específico ayuda mucho, así que no solo agradezcas por el amanecer o por estar vivo (aunque claro, Hoda agradece todo esto también). Piensa en algo pequeño y específico, como la persona que mantuvo la puerta abierta para que pasaras anoche a pesar de que tenía tres bolsas en las manos y simplemente pudo dejar que se cerrara. Esto te ayudará a mantenerte consciente de los miles de recordatorios del bien y la bondad que te rodean. De hecho, ¡comenzarás a buscarlos! Y también haz ejercicio porque, claro, necesitas endorfinas. No tienes que hacer una rutina súper extenuante, una simple caminata alrededor de la manzana te servirá. Hacer algo amable por otra persona es una de las mejores maneras de dejar atrás un mal rato. Puede ser algo tan simple como traerle un café a un compañero de trabajo cuando salgas a comprar el tuyo.

Información adicional

Otro truco de positividad de Hoda: Buena música. Crea una lista de canciones que te gusten y úsala según tus necesidades.

Despierta y prepárate para el día

TIENDE TU CAMA

Un tercio de tu vida lo pasas en la cama, debería ser un lugar que te haga sentir bien y te ofrezca comodidad. Además, ¡solo toma dos minutos hacer que luzca genial!
ARIEL KAYE

1. Quita todas las sábanas y cobijas, y empieza desde el pie de la cama para evaluar la situación. Esta será ligeramente distinta cada mañana, dependiendo de cómo luzcan las cosas.
2. Asegúrate de que la sábana ajustable cubra bien el colchón y esté bien ajustada al pie, y luego alrededor de toda la cama, para que quede apretada y tengas una superficie limpia y plana (coloca las almohadas en una banca o mesa, o solo ve moviéndolas de lugar según lo necesites).
3. Si duermes con una sábana superior, extiéndela y sacúdela bien (piensa en el paracaídas con el que solías jugar en la clase de gimnasia, e imita ese movimiento). Luego aplana la superficie con las manos, y pliega y guarda los extremos como te agrade. Puedes optar por las ajustadas esquinas tipo hospital o preferir algo más relajado que dé la impresión de que alguien vive ahí. Otra opción es simplemente no usar sábana superior porque usualmente termina enredada al pie de la cama y se puede sentir como una innecesaria capa adicional.
4. También sacude tu edredón vigorosamente, como paracaídas, y asegúrate de que la inserción del mismo esté alineada de manera correcta en las cuatro esquinas. Luego extiéndelo uniformemente sobre la cama.

5. Si tienes muchas almohadas, jala la sábana superior y la cubierta del edredón hasta la parte más alta de la cama y aplánalas. Si no tienes demasiadas, puedes doblar la sábana superior y el edredón a un tercio de la cama para darle una apariencia de capas.
6. Esponja las almohadas para que se vean llenas y luego arréglalas colocando las fundas contra la cabecera y las almohadas al frente, o al revés (si bajaste la sábana y el edredón, es preferible que las almohadas permanezcan sobre la parte expuesta de la sábana ajustable). Añade cojines decorativos.
7. Si tienes edredón, dóblalo en tres partes y extiéndelo al pie de la cama con la parte abierta viendo hacia la zona inferior de la cama, y aplana las arrugas con las manos.

La experta:

Ariel Kaye es fundadora y directora ejecutiva de Parachute, una moderna marca de estilo de vida. Es autora de *How to Make a House a Home: Creating a Purposeful, Personal Space*. Lanzó Parachute como una marca exclusivamente en línea con una variedad selecta de productos para cama (¡la marca se llama así por la manera en que la tela se ahueca cuando sacudes las sábanas!). Desde su fundación, Parachute ha abierto tiendas físicas en todo Estados Unidos y aumentado su oferta de productos. Ahora incluye artículos para baño, muebles, mesas y una colección para bebés.

La explicación:

Primero aborda la parte inferior de la cama porque, bueno, no hay nada más frustrante que las sábanas empiecen a enredarse o deslizarse a medianoche. (Evalúa la situación: ¿dormiste como muerto o como tornado? Recuerda que el daño será diferente cada día.) Cuando estés sacudiendo las sábanas, el gran paracaídas que se forme te ayudará a eliminar las arrugas, refrescar las telas y a asegurarte de que todo quede bien distribuido. Si, al igual que Ariel, eres el tipo de persona que adora las almohadas, será mejor que tu cama tenga una apariencia en capas y con textura, pero evita que luzca demasiado llena.

    Todos tienen un método distinto para hacer su cama y eso está bien, lo importante es que la hagan absolutamente todos los días. Porque sí, claro que tienes tiempo, solo toma dos o tres minutos. Las investigaciones muestran que hacer la cama realmente te anima y te da felicidad. Hace que tu habitación se sienta organizada en un instante y te hace sentir organizado *a ti* también. No hay nada mejor que eliminar algo de la lista diaria de pendientes antes de siquiera tomar el primer café. Ah, y si alguna vez quisiste una excusa para *no* usar una sábana superior, déjame decirte que los europeos no lo hacen, y por eso muchas empresas, incluyendo Parachute, ahora las venden por separado. No usar sábana superior te ahorrará 60 segundos al hacer la cama. ¡Guau!

Información adicional

La opinión de Ariel respecto al número de hilos en el tejido: en realidad es un truco empresarial que no tiene mucho que ver con la calidad. Cualquier cifra por encima de 400 es resultado de la manipulación de las telas, lo que significa que posiblemente se usaron fibras sintéticas para lograr que las sábanas se sintieran más suaves. Lo que en verdad importa es: el calibre de la fibra, no comprar fibras sintéticas ni tratadas con químicos, y la manera en que estén tejidas. Entonces, ¿qué *deberías* comprar? Si sueles acalorarte en la noche, tal vez prefieras sábanas de percal porque su tejido de uno sobre uno le da a la tela una capacidad máxima de respiración. Si por la noche te da frío, el satín es una tela lustrosa que, debido a su tejido de cuatro sobre uno, es suave al toque y conserva el calor de tu cuerpo. Evita cualquier cosa que diga "sin arrugas" porque usualmente son telas cubiertas con formaldehídos. En realidad, cualquier afirmación que te haga exclamar: "¡¿Cómo logran hacer eso?!", significa que la tela contiene algo tóxico que no deberías poner en contacto con tu piel. Mejor busca sábanas que digan "Certificación OEKO-TEX", es decir, libre de químicos tóxicos, tintes artificiales o terminados sintéticos utilizados del principio al fin de la fabricación.

Para conocer los consejos de Ariel sobre cómo doblar una sábana ajustable y cómo ponerle la funda a tu edredón sin perder la cordura, consulta las páginas 161 a 163.

SÉCATE EL CABELLO CON LA TÉCNICA PERFECTA

PASO 1

PASO 2

1. Atomiza tu cabello con un aerosol que lo proteja de las altas temperaturas y luego seca entre 70 y 80% o simplemente deja que se seque solo hasta ese punto.
2. Si tienes fleco, sécalo primero para que puedas peinarlo adecuadamente. Si quieres que una parte quede de una manera específica, enfócate en ella al principio.
3. Divide las capas superiores de tu cabello y sepáralas con un broche. Primero secarás

las capas de abajo y luego irás subiendo poco a poco.

4. Colócale a tu secadora una boquilla concentradora. Puedes usar los niveles más altos, siempre y cuando te apliques el protector contra altas temperaturas.

PASO 3

5. Toma secciones de unos cinco centímetros de cabello, enróllalas en un cepillo redondo y seca en la dirección contraria, es decir, hacia el cuero cabelludo. Con esto fijarás la raíz.

PASO 4

6. Coloca el cepillo debajo de la sección y jala creando tensión para dar volumen. Coloca la secadora en la parte superior de tu cabeza y sigue el cabello y el cepillo hacia abajo; mantén la boquilla concentradora en posición paralela a la sección de cabello que estés secando, como a centímetro y medio de distancia, así irás cerrando la cutícula.

PASO 5

7. Enrolla las puntas hacia adentro. Mantén esa posición entre tres y cuatro segundos y luego retira el cepillo tirando hacia abajo.

PASO 6

8. Repite el procedimiento con todas las secciones y ve quitando los pasadores o broches conforme avances. Termina secando todo el cabello desde arriba con aire fresco. Usa una plancha para el cabello a temperatura baja para controlar las partes rebeldes como, por ejemplo, esa sección encrespada junto a la oreja. No toques tu cabello hasta que esté completamente frío porque solo así se mantendrá el secado.

La experta:

Sarah Potempa es estilista de celebridades (entre sus clientes se encuentran Lea Michele, Emily Blunt, Camila Cabello y Reese Witherspoon) y es inventora de la plancha rizadora Beachwaver®, marca patentada. Es directora ejecutiva de Beachwaver Co.®, empresa que ofrece artículos innovadores para el cabello y productos para clientes en todo el mundo. Sarah ha peinado modelos para sesiones fotográficas de las revistas *Vogue*, *Marie Claire*, *Vanity Fair* y *W*, y se ha presentado en *Today*, *The Real* y *Extra!*

La explicación:

Idealmente, entre 70 y 80% de tu cabello debe estar seco para el momento en que empieces a usar la secadora, así que puedes usar ese lapso para maquillarte, vestirte o incluso meditar. Resiste la tentación de solo dejar caer la cabeza y secarlo así, porque eso puede desgastar la cutícula demasiado. También evita retorcer o maltratar tu cabello con una toalla ordinaria, en especial si es rizado o tiende a encresparse. En lugar de toallas ásperas, puedes usar tela de camiseta para absorber la humedad sin dañar el cabello. Dividirlo en secciones te ahorra tiempo, pero debes usar broches que sujeten bien las capas conforme vayas avanzando. Un flujo de aire suave y bien dirigido te puede ayudar a cerrar la cutícula y a pulir el cabello. Imagina que las cutículas del cabello son como tejas de un techo que apuntan hacia abajo. Si diriges la secadora a tu cabello de forma perpendicular, las tejas se vuelven a abrir y el cabello se encrespa. Mucha gente comienza a tocarse el cabello en cuanto acaba de secarlo porque, claro, tiene una textura agradable, pero es mejor no hacerlo porque puedes echar a perder todo lo que acabas de lograr. Para que el cambio físico repose y se fije, necesitas que el cabello se enfríe por completo antes de volver a manipularlo.

Una recomendación para el lavado del cabello:

Los mejores secados comienzan en la ducha. La aplicación del champú se deberá enfocar en el cuero cabelludo para eliminar los aceites naturales y el acumulamiento de productos que podrían pesar sobre las raíces y abatirlas. Lo que realmente está hecho para el *cabello* es el acondicionador, el cual deberás aplicar para humectar y proveer los ingredientes adecuados para un peinado maravilloso que dure todo el día. Aplica el acondicionador exclusivamente a partir de la mitad y hacia las puntas de tu cabello. Si lo usas cerca de las raíces, pesará y abatirá tu cabellera desde las mismas. Las puntas, que son la parte más vieja del cabello, son también la sección menos saludable y, por lo tanto, necesitan más humectación. Enjuaga con agua fresca para cerrar las cutículas.

Un comentario sobre el champú libre de sulfatos:

El lauril éter sulfato sódico es un agente emulsionante y espumante usado en muchísimos productos cosméticos comunes y limpiadores industriales. Es el ingrediente principal de muchas marcas de champú, pero en realidad es un limpiador intenso e irritante, es casi como líquido para lavar trastes. Por todo esto, si no aplicas el champú de manera adecuada, es decir, si lavas las puntas en lugar del cuero cabelludo, prácticamente será como si estuvieras aplicándole líquido para lavar trastes a tu cabello, desgastando la cutícula y preparando el escenario para un desastre cotidiano.

Información adicional

Los consejos de Sarah para extender la vida de tu secado:

- Usa champú seco *en las raíces*. Mucha gente lo aplica solamente en la capa más superficial del cabello, pero eso provoca que se formen mechones grasosos y sin vida que se pegan a tus orejas y cuello. Para crear una base sólida, levanta el cabello desde el nivel de las orejas y atomiza debajo de cada capa. Repite en secciones de 2.5 centímetros hasta llegar a la capa superior. Es necesario que el champú absorba la grasa de la raíz.
- Usa laca en spray para controlar los mechones lacios que se despeinan, y cepilla el cabello para distribuir de forma pareja. Como la lata de laca siempre está fría, también puedes usarla para fijar los mechones rebeldes. Sarah lo hace siempre en sus sesiones fotográficas.
- Por la noche peina tu cabello en dos chongos altos y flojos. Toma el cabello del lado izquierdo de la raya y enróllalo alejándolo de tu rostro para formar uno de los chongos. Luego toma el del lado derecho y repite la operación: te parecerás a la princesa Leia. Fija los chongos con donitas suaves o pasadores largos. Si tienes suficiente cabello, puedes usar un solo chongo tipo oriental, aunque tal vez esto provoque que el cabello se retuerza porque querrá irse para el otro lado. Hacer dos chongos evita esta situación.
- Haz una trenza suelta con todo tu cabello. Esta estrategia funciona bien para quienes tienen cabello largo y les gusta conservar algo de movimiento después del secado. Cuando deshaces la trenza, la cutícula sigue suave y plana, pero el cabello tiene un ondeado suave y bonito.

- Evita las ligas ordinarias de plástico porque se enredan en el cabello. Lo mejor son las donitas, los pasadores largos y las bandanas de seda. Las fundas de seda para las almohadas también son geniales porque este material no altera la cutícula de tu cabello mientras duermes.

LAVA Y HUMECTA TU ROSTRO

La mejor base es una piel saludable.
Nyakio Grieco

1. Lava tu rostro y seca tocando suavemente con una toalla.
2. Toma unas gotas de aceite facial y frótalo entre tus manos para calentarlo. Colócalo con palmaditas en tu rostro, comienza en el cuello y ve trabajando hacia arriba para llegar a las mejillas, la nariz y la frente. Luego baja a la barbilla.
3. Si tienes piel seca y deseas poner otra capa de humectante, hazlo ahora. Aplícalo con palmaditas y sigue el mismo camino que usaste para el aceite.
4. Coloca la crema para el contorno de ojos con tu dedo anular. Comenzando del interior hacia fuera, coloca cuatro puntitos de crema debajo del ojo. Usa el mismo dedo anular para frotar de ida y vuelta hasta que se disuelva la crema (con esta operación, prácticamente te estás dando un masaje linfático). Repite en el otro ojo.
5. Cuando tu piel haya absorbido la loción hidratante y esté seca, aplica el bloqueador.[1] **Para mayor informa-**

---

[1] En la noche, en lugar de usar bloqueador solar aplica un hidratante más denso porque es cuando tu piel está en etapa de reparación. Si

CIÓN SOBRE EL BLOQUEADOR VE A LA PÁGINA 44. (Absolutamente toda la gente debería usar bloqueador todos los días, sin importar cuán oscura sea su piel.) Si usas un bloqueador hidratante, puedes saltarte el paso de la loción.

La experta:

Nyakio (Neh-Kay-Oh) Grieco es experta en el cuidado de la piel y es fundadora de Nyakio Beauty, una línea ecológica, limpia y libre de crueldad animal para el cuidado de la piel. El abuelo de Nyakio era curandero en Kenia, y por eso ella incorporó en su marca el uso de aceites y otros ingredientes africanos.

La explicación:

Todas las personas deberían lavarse la cara incluso si no usan maquillaje. Incluso si no sienten que la piel esté sucia: nuestros poros de todas maneras absorben mucha mugre del medio ambiente a lo largo del día. ¿Aplicar *aceite* a tu *rostro*? ¡Claro! El aceite forma parte de la composición de nuestra piel, pero a medida que envejecemos lo vamos perdiendo. Muchos dicen: "Pero tengo piel grasosa y me salen granos con facilidad". Entonces probablemente necesites más aceite que alguien con piel seca porque tu piel está trabajando demasiado para producir su propia grasa para compensar, y esto es

aplicas una mascarilla para dormir, tendrás puntos adicionales. Busca una que contenga manzanilla o escaramujo para que también funcione como aromaterapia: inhalar las esencias te ayudará a relajarte.

lo que provoca irritación y brotes de granos. Para mantener la piel balanceada y en la mejor forma posible, necesitamos *usar* grasa para *luchar* contra la grasa. Cada vez que apliques un producto en tu cuello o rostro, comienza por la parte más baja y ve subiendo. Nunca jales tu piel hacia abajo: la gravedad ya se está encargando suficientemente de eso. Aplica el producto con palmaditas, en especial en el caso de la delicada piel debajo de tus ojos. No untes con movimientos de ida y vuelta porque solo estirarás y jalarás la piel. Las palmaditas también sirven para dar un masaje que te ayudará a deshacerte de la hinchazón, ¡y a despertar en la mañana! Comprar un bloqueador hidratante de calidad es una buena inversión para *todos*. Actualmente hay más casos que nunca de cáncer de piel en gente de piel oscura. Colócalo junto a tu pasta de dientes para que recuerdes que tienes que usarlo con la *misma* regularidad.

Una recomendación sobre los productos naturales y de alta calidad para el cuidado de la piel:

Simplemente úsalos. Nuestro cuerpo no sabe digerir algunos productos como la margarina, por ejemplo, y de la misma manera, la piel no sabe absorber productos sintéticos repletos de conservadores. Es necesario que tu piel beba el producto, no que este se quede sobre ella. Nyakio recomienda que siempre que adquieras un nuevo producto para el cuidado de la piel, independientemente de cuán natural sea, primero lo pruebes en una sección. La base de la línea de la mandíbula es un lugar excelente, porque si el producto te provoca irritación, no te aparecerá una mancha en medio de la frente.

Consejo profesional: exfolia dos veces a la semana para eliminar las células viejas y secas de la piel. El medio ambiente, el sudor y el estrés representan un desafío para nuestros poros, por lo que eliminar las células duras y secas ayuda a que la piel radiante salga a la superficie. Es importante recordar que, aunque no podamos ver nuestros poros, estos se ensucian al igual que el resto del cuerpo.

USA BLOQUEADOR SOLAR

Solo hay un producto para el cuidado de la piel que ayuda a mitigar las señales visibles del envejecimiento provocado por el sol: el bloqueador solar.

CHRIS BIRCHBY

1. Si usas un bloqueador clásico, aplícalo 30 minutos antes de exponerte al sol. Si usas un bloqueador mineral activo, lo puedes aplicar justo antes de salir.
2. Comienza con tu rostro. Invierte en un bloqueador facial especial y colócalo *sobre* cualquier loción hidratante que uses.
3. ¡No olvides las orejas!
4. Ve aplicando hacia abajo, cubre cada centímetro de piel que estará expuesto. Usarás aproximadamente 28 mililitros para todo el cuerpo, y un cuarto de cucharadita para tu rostro.
5. Si sales con los pies descubiertos, no olvides aplicar bloqueador en la parte superior.
6. Vuelve a aplicar cada dos horas, después de tener actividad física vigorosa o de sumergirte en agua (ten cuidado adicional cuando estés cerca de agua, nieve y arena

porque estos elementos reflejan los dañinos rayos del sol, lo que aumenta la probabilidad de que se queme tu piel).
7. Haz esto absolutamente todos los días, sea invierno o verano, esté nublado o haya sol.

El experto:

Chris Birchby es fundador y director ejecutivo de COOLA, una línea de bloqueador solar orgánico que se vende en todo el mundo. A los padres de Chris les diagnosticaron melanoma, pero afortunadamente ambos se recuperaron. Después de eso él empezó a observar sus malos hábitos respecto al sol y se dio cuenta de la importancia de usar bloqueador solar con frecuencia. Como no encontró en el mercado ningún bloqueador que no fuera nocivo y que pudiera usar, decidió crear uno él mismo.

La explicación:

Entre las 10:00 a.m. y las 2:00 p.m. los rayos solares alcanzan su máxima intensidad, sin embargo, 20% de los rayos dañinos pueden penetrar en tu piel incluso en un día nublado. Asimismo, 90% de los signos visibles del envejecimiento se deben al deterioro causado por el sol. La piel facial es la más sensible y susceptible a los daños de la contaminación y el sol, así que empieza por ahí. Es esencial que encuentres una fórmula no comedogénica, es decir, que no obstruya los poros, creada específicamente para el rostro. Busca un bloqueador ligero e hidratante para remplazar tu loción de la mañana. Y cuando sientas que necesitas mayor humectación, aplica la loción *debajo* del bloqueador. Presta atención cuando lo hagas para que no te falte ninguna zona. Recuerda que las orejas y la parte superior de los pies son las áreas más olvidadas, y que las quemaduras en los pies pueden arruinar tus vacaciones en la playa. El secreto para que tanto niños como adultos se apliquen el bloqueador sin batallar consiste en buscar uno que se sienta y se vea bien, que no te haga lucir como polvorón blanco.

Un comentario sobre el factor de protección solar o FPS:

FPS quiere decir "factor de protección solar". Los bloqueadores se clasifican con un número o índice FPS que se refiere a su capacidad de desviar los rayos UVB. La tabla de calificación de FPS se calcula comparando el tiempo que tarda en quemarse la piel protegida por el bloqueador, con el tiempo que se tarda la piel sin protección. Lo mejor es buscar un amplio espectro con FPS 30 o mayor para no solo protegerse de las quemaduras solares, sino para reducir también el riesgo de cáncer de piel y el envejecimiento prematuro de la piel provocado por el sol.

> **Consejo profesional:** usa bloqueador incluso cuando estés en casa porque las ventanas no bloquean los rayos UVA que, aunque no queman, definitivamente pueden causar daño. Las investigaciones muestran que la luz azul, también conocida como luz visible de alta energía o HEV que emiten las pantallas de los celulares, computadoras, tabletas y televisiones; la luz fluorescente y la luz LED, pueden atravesar nuestra piel y llegar más lejos que los rayos UVA y UVB. ¡Una razón más para desconectarse!

MAQUÍLLATE

1. Si usas tapaporos aplícalo antes que nada. Si no, tal vez deberías probarlo. El tapaporos encierra el hidratante en tu piel y mantiene el maquillaje durante más tiempo.
2. Aplica la base y *luego* el corrector.
3. Aplica el rubor, y si normalmente usas iluminador, aplícalo en segundo lugar. Si no, ¡deberías probarlo! EN LA PÁGINA 49 ENCONTRARÁS INFORMACIÓN SOBRE CÓMO APLICAR EL ILUMINADOR.
4. Cuando apliques la sombra de ojos cubre el párpado con un color claro y el pliegue con un tono más oscuro.
5. Aplica el delineador.
6. Aplica el rímel sin reservas. Asegúrate de aplicar desde la base de las pestañas.
7. Ahora enfócate en las cejas. EN LAS PÁGINAS 51 A 54 ENCONTRARÁS TODO LO REFERENTE A CEJAS.
8. Termina de maquillarte aplicando el lápiz o brillo labial.

La experta:

Mally Roncal es maquillista de celebridades, fundadora de la línea de cosméticos Mally Beauty, ¡y lleva 15 años en la cadena de televisión QVC! Entre sus antiguas clientas se encuentran Jennifer López, Beyoncé y Heidi Klum. Mally aparece con regularidad como la reina de los cambios de imagen en *Rachael Ray*, *The Wendy Williams Show* y *Good Morning America*. Es autora de *Love, Lashes, and Lipstick: My Secrets for a Gorgeous, Happy Life*.

La explicación:

Antes los expertos solían recomendar que aplicaras primero el maquillaje de ojos porque la "caída" del polvo de las sombras podía extenderse sobre todo tu rostro maquillado si lo hacías al final. Sin embargo, los productos han evolucionado tanto que esto ya no es un problema (si el polvo de tus sombras se cae demasiado, significa que ha llegado el momento de comprar unas nuevas). Además, empezar con el "trabajo de la tez" te permitirá crear una base suave (literal y figurativamente), por lo que no tendrás que distraerte con círculos oscuros o manchas cuando maquilles los ojos. Aplicar el rubor antes del maquillaje es esencial porque, dependiendo del color que adquieran tus mejillas, podrías necesitar menos color alrededor de los ojos. El propósito de las sombras es levantar y abrir el ojo, luego, el delineador define la línea de las pestañas y hace que luzcan más gruesas (se aplica después de la sombra para que puedas verlo). Solo mantén la línea delgada, porque entre más gruesa sea, más pequeños se verán tus ojos. Una línea gruesa hace que el ojo retroceda en la cabeza, lo que podría provocar que termines pareciendo una sábana con dos agujeritos. Las cejas vienen al final porque su personalidad se definirá con base en lo que hagas con los ojos. Los ojos más atrevidos, por ejemplo, necesitan cejas más intensas.

> **Consejo profesional:** si vas a elegir un color de labios atrevido necesitarás asegurarte de que tu boca esté preparada porque los colores oscuros atraen la atención de todos directamente a los labios. Una boca preparada implica exfoliación, cera y depilación. En lugar de una fórmula húmeda o grasosa, elige un color semimate. Para mayor control, usa el lado

más delgado del labial (voltéalo y usa el lado puntiagudo). Luego delinea los labios con un pincel o lápiz delineador para labios, o incluso con un pequeño delineador de ojos. Deslízalo sobre el labial y úsalo para definir la línea alrededor de la boca. Para afilar un poco más los bordes y dar un acabado fino, toma un poco de corrector del pincel con que lo aplicas y pásalo alrededor de las comisuras de la boca. ¡Muuuaaá!

APLICA EL ILUMINADOR

Lo mejor del iluminador es que destaca lo que amas. Todo mundo puede usarlo y debería hacerlo. No nada más para darle acabado al maquillaje, sino también para crear una apariencia deslumbrante con un solo producto.

LISA SEQUINO

1. Usa el iluminador *después* de haber aplicado todo el maquillaje o *en lugar* del maquillaje.
2. Aplícalo en la zona alrededor de la parte exterior de los ojos. Forma una C que comience en el hueso de la ceja y llegue a la sien para luego regresar al pómulo. Incorpora bien.
3. Aplícalo con palmaditas en los puntos elevados de tu rostro como los pómulos, los huesos de la ceja, el puente de la nariz y la punta de la barbilla. Luego mezcla bien. Para encontrar estos puntos elevados asómate a una ventana o fuente de luz con tu espejo en la mano: los identificarás porque la luz los hace destacar de forma natural.

4. Desliza el iluminador justo encima de tu labio para hacerlo lucir un poco más carnoso.
5. Verifica si mezclaste bien el iluminador en todas las zonas donde lo aplicaste. Deberá lucir natural, no como una franja blanca.
6. Evita aplicarlo a los lados de la nariz o directamente debajo de los ojos.

La experta:

Lisa Sequino es directora general a nivel mundial y vicepresidenta *senior* de BECCA Cosmetics, una marca libre de crueldad animal con la misión de crear productos para iluminar sin esfuerzo todo tipo y color de piel. BECCA es conocida por sus iluminadores cremosos que prácticamente se derriten sobre tu piel. Lisa es responsable de la creación del patrimonio global de la marca y del desarrollo de la estrategia. Durante los tres meses siguientes al nacimiento de su bebé, Lisa usó exclusivamente iluminador en su rostro… y no extrañó el maquillaje en absoluto.

La explicación:

Lo más importante del iluminador es aplicarlo correctamente, así que si lo vas a extender sobre tu rostro sin maquillaje, usando solo loción hidratante, o para darle acabado a un rostro completamente maquillado, la clave es aplicarlo en *los lugares correctos*. El iluminador debe atraer la atención hacia los ojos, los labios y todas las áreas que le dan vitalidad a tu rostro. Los puntos elevados son fundamentales porque añaden dimensión. El propósito del iluminador es amplificar lo que ya tenemos, y como dicen en BECCA, "debe iluminarnos en el interior y el exterior". Todas tenemos esa fotografía a la que nos gustaría volver (en la que "Me veía asombrosa" y que generalmente fue tomada en la playa o después de unas vacaciones en el mar): una imagen en la que sentíamos que nuestro rostro resplandecía. El iluminador produce el mismo efecto, hace que luzcas todo el día como si estuvieras debajo de una iluminación favorecedora. Cuando examines una fotografía tuya en la que te hayas aplicado bien el iluminador, verás ese increíble y hermoso brillo natural que tenías a los 18 años o cuando estabas en Miami. ¡Sí, por favor!

Información adicional

¿No traes iluminador en el bolso? No hay problema. Solo aplica en tus pómulos brillo transparente de labios. El reflejo te dará esa apariencia resplandeciente y húmeda que funciona tan bien, en especial en la noche. Si quieres algo que le añada más vitalidad y resplandor a tu piel, toma un labial rojo o rosado, frótalo en tus dedos y aplícalo en los pómulos. Mezcla bien. Incluso puedes agregar una sombra de ojos brillante, del tono de tu piel, para aumentar el resplandor.

Consejo profesional: también puedes usar el iluminador para destacar tu escote, hombros y piernas. Lucirás refinada, radiante: como si el sol te hubiera acariciado. ¡Sí, sí, sí!

DELINEA TUS CEJAS

Antes, lo único que necesitabas para salir de casa era rímel.
¡Ahora basta con unas cejas bien delineadas!

JIMENA GARCÍA

1. Usa una base. El aceite de castor funciona de maravilla. Aplícalo con un cepillito redondo en forma de varita como el del rímel: lo puedes comprar por separado en la farmacia o en internet. El aceite de castor es ligero, no se endurece, y ayuda a acondicionar el pelo de las cejas.
2. Cepilla las cejas para ver con qué cuentas para trabajar.
3. Usa un lápiz que sea del mismo color natural de tus cejas, ya que lo usarás para pintar sobre la piel y rellenar las áreas vacías. Haz trazos cortos y suaves, como pequeños guiones, con los que imites el pelo natural de tus cejas.
4. Aplica el polvo de cejas en un color ligeramente más tenue, puedes combinar distintos tonos para añadir textura. Usa un cepillo angular para definir la forma de las cejas.
5. Fija el pelo con gel para cejas. Si deseas una apariencia abundante y natural, cepilla cerca del interior.
6. No exageres: es esencial que puedas ver *pelo*, no solo maquillaje. Recuerda dejar textura en tu rostro.

La experta:

Jimena García es una artista de las cejas a la que muchas celebridades buscan sin cesar. Les ha dado forma a cejas en todo el mundo durante 20 años. Recientemente fue nombrada "Primera artista de cejas de Chanel".

La explicación:

En general, las cejas son el toque final, lo último que haces cuando te maquillas. Sin embargo, podrían ser lo único que necesites.

Comienza con el lápiz para realizar el trabajo detallado, como delinear la forma o rellenar un hueco. El polvo es una especie de sombra para las cejas y no debe competir con la textura del pelo. Cepillar con un gel de cejas con color servirá para mantener el pelo en su lugar. **Truco para cejas:** Si no tienes gel con color, puedes usar sombra de ojos café y un poco de aceite esencial. Aplícalos usando el cepillito redondo de rímel que mencionamos anteriormente, o incluso con un cepillo de dientes. El rímel café también podría servir sin problemas, solo pasa el cepillito rápidamente como lo harías con el gel. También puedes guardar un poco de aloe vera en el refrigerador. Corta la planta, desliza el aplicador de rímel sobre la pulpa y úsalo como gel. ¡Es súper fresco y funciona de maravilla!

Un consejo respecto al tinte café:

Teñir las cejas es una excelente manera de restaurarlas por completo porque el tinte cubre todo el pelo de la ceja, incluso el recién nacido, y crea un tono parejo y brillante. El pelo natural, en cambio, tiene la tendencia a verse cenizo y plano. Incluso si el pelo de tus cejas es negro, el tinte lo hará lucir más brillante y abundante. Y si tus rasgos son demasiado marcados y deseas suavizarlos, también puedes aclarar tus cejas.

Un consejo respecto al cuidado de las cejas:

Usa unas pinzas de depilación para eliminar el pelo en exceso que no forme parte de la ceja y el que se aleje de la forma general que buscas crear, pero no te saques las cejas todos los días y tampoco elimines el pelo de las zonas en donde quieres que crezca. Córtalo con unas tijeritas para que quede corto y puedas conservar la ceja completa, de otra manera, terminarás haciendo un hueco. Si tienes pelitos rebeldes que crecen en la dirección contraria, cuando los saques tira en la dirección que *quieras* que crezcan. El bulbo que se encuentra incrustado en la capa de la piel puede ser redirigido para que el pelo aprenda a crecer en la dirección adecuada. Es asombroso, ¡¿no?!

Un consejo respecto a cómo hacer crecer las cejas:

Necesitas que las cejas crezcan en el mismo ciclo, y si esto implica dejarlas salir hasta que las etapas se emparejen, posiblemente tengas que depilar de manera constante. Sin embargo, no debemos hacer esto por ningún motivo. Mejor mezcla en un frasquito un poco de aceite de castor, vitamina E y aceite de almendra dulce en medidas iguales. Aplica esta mezcla antes de ir a dormir. ¿Y recuerdas ese viejo consejo de la abuela?, ¿cepillarte el cabello cien veces para que creciera? Pues inténtalo con las cejas también porque ¡sí ayuda!

PREPARA EL BATIDO PERFECTO

Beber un batido por la mañana es como meditar.
Te ayuda a establecer tus intenciones para el día.
CATHERINE MCCORD

1. Compra fruta congelada. Con frecuencia es más económica y, dependiendo de la temporada, incluso puede saber mejor que la natural. Almacena las bolsas en un bote de plástico en el congelador para que siempre sepas lo que tienes y no tengas que quedarte parado buscando con la puerta del refrigerador abierta.

2. Siempre ten algunos plátanos disponibles en el congelador. Medio plátano hará que tu batido quede realmente cremoso y le añadirá una tremenda dosis de potasio.
3. Elige alimentos que provean una buena dosis de energía y tenlos siempre a la mano. Me refiero a suplementos que puedas añadir a tu batido para aumentar el impacto nutritivo, como semillas de cáñamo, semillas de chía, polen de abeja o proteína en polvo.
4. Elige un líquido para mezclar los ingredientes. Puede ser desde leche de vaca hasta leche de guisantes amarillos (¡sabe muy bien!), café o agua simple (la de coco va muy bien con las verduras de hoja verde). Si quieres un líquido con pocas calorías o ninguna, elige té verde. Además, el té verde te llenará de energía de la misma forma que el café ¡pero sin la misma cantidad de cafeína!
5. Lava las verduras frescas justo antes de agregarlas al batido, no antes. (Información adicional: ¡no tienes que secarlas!) **Para más consejos sobre cómo lavar verduras ve a la página 205.**
6. Cuando vayas a preparar el batido coloca primero las frutas más suaves o frescas, como el plátano o el aguacate, y luego añade los productos congelados y las verduras. Trata de hacer una mezcla de entre dos y tres verduras, y dos y tres frutas.
7. Añade en la parte superior las semillas o complementos en polvo.
8. Agrega el líquido al final. En general necesitas entre ¾ y una taza por porción. ¡Y a licuar se ha dicho!

La experta:

Catherine McCord es experta en alimentos y fundadora de la marca Weelicious, una fuente confiable de contenidos con una hermosa página de Instagram enfocada en la familia y los alimentos. Catherine es autora de *Smoothie Project*, *Weelicious* y *Weelicious Lunches*. Ella y su familia comienzan todos los días con un batido de frutas y verduras.

La explicación:

Los batidos que prepares dependerán de lo que tengas a la mano. Puedes mezclar de todo y usar los ingredientes que más te gusten. A algunas personas les agradan los sabores tropicales, a otras, la crema de cacahuate con chocolate (¿acaso hay alguien a quien no le encante?). Y hay a quienes les encantan los batidos desintoxicantes con alimentos verdes en abundancia. Los ingredientes también pueden depender del día de la semana, pero lo ideal es siempre contar con alimentos congelados. En el caso de las frutas y verduras, las opciones orgánicas son más económicas si las compras congeladas. Además, así podrás contar con fresas en medio del invierno, y no tendrás que lavar ni cortar nada nunca. Las mejores verduras de hoja verde para tener a la mano son las espinacas, el kale y el cardo, pero es solo la punta del iceberg: hay muchos otros vegetales que puedes incluir en un batido y cuyo sabor ni siquiera percibirás, como es el caso del brócoli.

El truco favorito de Catherine: coliflor congelada. Una taza de coliflor tiene cerca de dos gramos de proteína y solo 20 calorías. Además hace que tu batido quede realmente cremoso sin cambiar ni el color ni el sabor. El objetivo de un batido es que sea rico en nutrientes sin que resulte demasiado costoso. Solo recuerda añadir las semillas, nueces y complementos nutricionales en polvo al final, justo antes de agregar el líquido, porque si los pones en el fondo se apelmazan y se quedan atorados en las aspas de la licuadora.

Información adicional

Batidos anticipados: si por las mañanas tienes muy poco tiempo, el domingo prepara lo batidos de toda la semana. En siete frascos caseros divide los ingredientes y llénalos hasta ¾ para que no rompan el vidrio al expandirse. Ciérralos bien y congela. Todas las noches pasa uno al refrigerador y por la mañana solo agita y listo (puedes almacenar los batidos en el congelador hasta por tres meses). Esta estrategia es excelente si te levantas antes que el resto de la familia y no quieres despertarlos con el ruido de la licuadora. Si prefieres guardar el batido para beberlo más tarde en el trabajo, añade unas gotas de limón para conservar la brillantez de los colores.

¿Cuál es el mejor complemento nutricional para ti? No necesitas añadir uno, pero si quieres obtener lo más posible a cambio de tu dinero, ¿por qué no pensar en incluirlo?

- ¿Tienes poca energía? Prueba la espirulina, el polvo de matcha o las algas azules (provienen del mar y contienen micronutrientes en abundancia).
- ¿Necesitas más fibra en tu vida? ¡Semillas de chía!
- Si quieres enfocarte en tu cabello, piel y uñas, añade colágeno. Según Catherine, todas las mujeres de más de 35 años

deberían tomar péptidas de colágeno para las articulaciones, piel, cabello y uñas, así que, ¡al ataque!
- Para fortalecer el sistema inmunitario prueba el polen. También tiene proteínas en abundancia y, si compras polen *local* de abeja, puede ayudarte con las alergias de temporada. El polen de abeja es el arma secreta de Catherine, toda su familia lo consume en batidos diariamente.

Consejo para las verduras de hoja verde: la próxima vez que tengas manojos de verduras de hoja verde a la mano prepara una porción rápida de "cubitos verdes". Mezcla dos tazas de verduras, un plátano y una taza de leche, agua natural o agua de coco, y vierte en charolas para preparar cubitos de hielo. Congela durante toda la noche. Luego pasa los cubitos a un recipiente o bolsa para congelar y almacena en el congelador. Duran cuatro meses. ¡Agrega dos cubitos a tus batidos! El plátano añade un toque de dulzura, pero si eres purista de las verduras de hoja verde puedes prescindir de él.

PREPARA HUEVOS REVUELTOS SIEMPRE CREMOSOS Y EN SU PUNTO

Los huevos no son pretenciosos, pero sí representan un desafío. Son el medio perfecto para que el cocinero combine una técnica adecuada con el sazón.

Jacques Pépin

1. Rompe seis huevos grandes en un tazón, y añade sal y pimienta (aproximadamente ½ cucharadita de sal y ¼ de cucharadita de pimienta negra recién molida).

2. Bate los huevos con un tenedor o un batidor manual para que queden bien mezclados (rompe las yemas con el tenedor para facilitar este proceso).
3. Separa ¼ de taza de esta mezcla.
4. En una sartén gruesa derrite dos cucharadas de mantequilla sin sal a fuego medio.
5. Cuando la mantequilla empiece a burbujear, vierte los ¾ de taza de la mezcla y cocina. Mueve suavemente con el batidor manual.
6. Continúa cociendo y moviendo hasta que la mezcla quede sumamente cremosa. Los huevos deberán tener la menor cantidad posible de grumos.
7. Sigue cociendo la mezcla. Desliza la sartén hacia fuera y hacia dentro del calor tanto como sea necesario, hasta que puedas ver el fondo cada vez que pases el batidor entre la mezcla.
8. Retira la sartén del fuego. Los huevos continuarán cociéndose, especialmente en los bordes de la sartén, pero no te preocupes, no hay problema.
9. Añade el cuarto de taza de mezcla que reservaste y, si se te antoja, dos cucharadas de crema ácida o espesa. Continúa mezclando hasta que todo quede bien incorporado.
10. Pasa los huevos a un plato para que dejen de cocerse y sirve de inmediato.

El experto:

Jacques Pépin es un chef reconocido en todo el mundo, autor, presentador de televisión (¡tenía un programa de cocina con Julia Child!), y decano de programas especiales del International

Culinary Center. Es fundador del American Institute of Wine and Food y forma parte del consejo directivo de la James Beard Foundation.

La explicación:

¿Es esta la manera más sana de preparar huevos? No. ¿Importa eso? No. ¡Pero estamos hablando de Jacques Pépin!, una celebridad que juzga la capacidad de los chefs de preparar una *omelette* francesa digna. Es decir, ¡este hombre realmente sabe cómo cocinar huevos! Incluso si prescindes de la mantequilla y la crema, y solo sigues las instrucciones de preparación, de todas formas obtendrás huevos perfectos en cada ocasión. Los tienes que revolver casi de forma continua para impedir que se formen grumos: esto es lo que da como resultado la mezcla más cremosa posible. Como los huevos tienden a endurecer y pegarse en el borde de la sartén, deberás asegurarte de revolver también en esa zona. Incorporar al final parte de la mezcla de huevos no cocidos evita que los que preparaste continúen cociéndose tras haber alcanzado la consistencia ideal (la sartén y los huevos que ya están cocidos seguirán generando suficiente calor para cocer la porción de los crudos. Las cantidades indicadas sirven para tres personas (¡o dos muy hambrientas!), pero puedes aumentar o disminuir las cantidades dependiendo de para cuánta gente cocinarás. La preparación correcta de huevos en cualquier estilo exige práctica, pero en cuanto domines las técnicas básicas podrás improvisar en cualquier situación. A Jacques le gustan los huevos incluso para cenar. Puedes añadir desde un poco de jamón y queso, ¡hasta salsa de trufas y caviar!

Despierta y prepárate para el día

MANTENTE AL DÍA CON LAS NOTICIAS (RÁPIDO Y SIN ABRUMARTE)

El periodismo de opinión es una excusa para la falta de disciplina. Busca periodistas que te den prioridad a ti y a los hechos por encima del partidismo.

JENNA LEE

1. Reconoce la importancia de mantenerte informado (es esencial) y comprométete a hacerlo.
2. Debes saber que no se trata de "todo o nada". Solo porque no tienes dos horas para acurrucarte en el sillón con un periódico y un *latte* con leche de avena no significa que no puedas mantenerte actualizado. Incluso unos minutos al día pueden ayudarte a ser una persona informada.
3. Elige con cuidado algunas fuentes confiables *en distintos medios*, y crea tu *propia* "familia noticiosa", por decirlo de alguna manera. Apégate a estas fuentes en lugar de navegar por todos lados en busca de noticias.
4. Elige un periodista en quien confíes y mantente al día con lo que escriba. Si deseas información imparcial, busca a alguien con antecedentes legítimos en el periodismo.
5. Si quieres opiniones busca un editorialista con un historial consistente de artículos que te hagan reflexionar.
6. Inscríbete a los boletines diarios de tu fuente noticiosa preferida. La mayoría de los medios importantes cubren las mismas historias, así que puedes elegir uno y quedarte con él para evitar que te inunden con correos. También puedes escuchar los resúmenes diarios en la radio o en algún podcast.

7. Mantente al día en tres temas principales: cómo va la economía y tecnología de punta o innovación médica reciente. ¡Con este último le añadirás un poco de optimismo a tu dieta noticiosa!
8. Siempre pregúntate: "¿Cuál es el panorama general en este caso?" Si no puedes responder a esta pregunta (o si la fuente noticiosa no lo hace claro de manera inmediata), es probable que el artículo no valga la pena. No te quedes atrapado en el ruido o las disputas internas.
9. Sigue a reporteros gráficos en redes sociales. Como están físicamente *en* la región sobre la que reportan, pueden añadir una perspectiva interesante.

La experta:

Jenna Lee es periodista, escritora y productora estadounidense. Fundadora de Leep Media LLC y de SmartHERNews.com. Antes de iniciar su propio negocio fue copresentadora de un diario noticioso de dos horas para Fox News Channel en el que reportó las noticias domésticas e internacionales más importantes de la última década.

La explicación:

Para asegurarte de que puedes confiar en la información que obtendrás, es fundamental que elijas con cautela los medios a los que recurrirás para obtenerla. Los periodistas definitivamente importan: uno bueno te ahorrará la mitad del tiempo que inviertes en buscar respuestas porque será capaz de proveerte una historia completa e imparcial. También busca editorialistas competentes que te hagan pensar de manera distinta respecto a los temas de actualidad sobre los que podrías entablar una conversación. Así tendrás tus hechos, pero también contarás con un punto de vista interesante que podrás discutir con otras personas. Y antes de invertir tiempo en leer *cualquier cosa*, piensa en el panorama general. A las noticias con frecuencia las sostiene una estructura que se centra en los detalles en lugar de explicar por qué cierta historia o tema es relevante. Por último, siempre date algo de tiempo para enfocarte en "buenas" noticias como las que surgen en el ámbito de la innovación. Piensa en las notas sobre tecnología de punta, ¿hay algo de lo que deberías estar al tanto? ¿Hay un nuevo estudio que desafía la manera en que pensamos respecto a la salud o en que podemos mejorar nuestra vida? Encontrar algo nuevo que aprender te recordará que debes ver más allá de los encabezados, y enfocarte en el horizonte y en las ilimitadas y emocionantes posibilidades que se vislumbran a futuro.

Información adicional

Prueba las aplicaciones de las agencias noticiosas. Associated Press, por ejemplo, es una agencia internacional que te da acceso a una variedad de sucesos en todo el mundo. En general transmite noticias imparciales, lo cual te ayudará a mantenerte enfocado: cuando las noticias no se mezclan con las opiniones editoriales, es más sencillo absorber lo que necesitas y pasar a otra cosa.

Un consejo respecto a mantenerte informado:

"Independientemente de tus opiniones políticas, eres ciudadano de un país. Creo que saber lo que está sucediendo y conocer los temas más relevantes es una tarea esencial. En muchos sentidos, mantenerse al día es una excelente forma de ejercer el patriotismo. Un poco de información respecto al país en el que vives, recibida de manera regular, enriquece tu vida de muchas maneras." Jenna Lee.

Consejo profesional: "Si ocasionalmente te sientes demasiado ansioso respecto a la situación mundial, tómate un momento para separar tu consumo noticioso de tu consumo de redes sociales. Sabemos que estos se intersecan, pero invertirás mejor tu tiempo si lees un artículo noticioso de calidad sobre un suceso actual, que uno sin contexto de los que se encuentran comúnmente en redes sociales. De hecho, el consumo intencional de noticias *disminuirá* tu atención y aumentará tu conciencia. Privilegia la calidad, no la cantidad. Sé que este consejo es un lugar común, ¡pero sigue vigente por alguna razón!" Jenna Lee.

2

Ve del punto *A* al punto *B*

SAL DE CASA POR LA MAÑANA (CON CALMA Y SIN OLVIDAR NADA)

> *Entre el momento en que te pones los zapatos y el instante en que sales por la cochera de tu casa suceden muchas cosas. La mayoría de la gente cree lo contrario, y por eso siempre llega cinco minutos tarde a todos lados.*
>
> LAURA VANDERKAM

1. Asigna un lugar para guardar todo lo que necesitarás llevar contigo para el día. Puede ser el vestíbulo, el recibidor o el pasillo de la puerta de tu casa o departamento.
2. Asegúrate de que todos en casa sepan de este lugar. Dales sus propios ganchos, recipientes o entrepaños para colocar abrigos, bolsos, zapatos y otros objetos.
3. Cualquier cosa que pertenezca a esta área y aparezca en otro lugar deberá ser devuelta de inmediato a la zona de almacenaje. Lo ideal es que lo devuelva la persona

responsable de la migración del objeto, porque si no ¿de qué otra forma aprenden los miembros de la familia?

4. Asigna una bolsa o cartera para los artículos importantes que siempre necesitas. Si sacas algo de ahí, tómate 8.5 segundos para volver a ponerlo en su lugar. Hazlo ahora mismo, aquí te espero.

5. En general, trata de llevar contigo menos objetos. ¿Qué es lo que *realmente* necesitas en tu bolsa o portafolio? Saca cosas, saca cosas, saca cosas.

6. Si hay algo en particular que olvides con frecuencia, consigue *dos* y deja uno en el lugar donde siempre lo necesitas. ¿En tu oficina hay un gimnasio? Entonces deja un par de zapatos deportivos debajo de tu escritorio. No será una inversión enorme, y así siempre los tendrás disponibles aunque los olvides.

7. Conserva ciertos artículos en el automóvil o en una maletita. Un paraguas adicional, bolsas de mandado reutilizables, un par de gafas oscuras. Si usas estas cosas, devuélvelas a su sitio. ¿Ya empezaste a notar la tendencia?

8. Agrupa los artículos para forzarte a recordarlos. Digamos, por ejemplo, que no quieres olvidar la ensalada de pollo que sobró de la cena y que empacaste para el almuerzo. Entonces, la noche anterior deja tus llaves sobre el recipiente con las sobras, en el refrigerador.

9. Si necesitas recordar algo realmente importante, escríbete una nota a ti mismo y pégala en un lugar donde estés seguro que la verás antes de salir de casa. Puede ser en la puerta misma, por ejemplo.

10. Tómate un momento y revisa mentalmente la lista de lo que necesitas llevar contigo el día de hoy.

Ve del punto A al punto B

La experta:

Laura Vanderkam es experta en eficiencia en la organización del tiempo. Es autora de *Qué hace la gente exitosa con su tiempo libre*, *Qué hace la gente exitosa antes del desayuno* y *168 Hours: You Have More Time Than You Think*. ¿Cuál es su truco para asegurarse de que sus hijos nunca olviden el almuerzo? ¡Todos lo compran en la escuela!

La explicación:

Efectivamente, una salida pacífica comienza por aprender a colocar las cosas en el lugar al que pertenecen. Tener un lugar específico sirve para que cuando tú o algún miembro de tu familia diga: "Oigan, ¡¿dónde está mi *X*?!", solo pueda estar en el sitio que, en general, se encuentra junto a la salida. Así lo *tendrás* que ver forzosamente cuando salgas de casa. Mucha gente recomienda: "Prepara tus cosas la noche anterior para no perder tiempo en la mañana", pero si haces eso, en realidad usas *más* tiempo porque, en pocas palabras, te preparas dos veces para salir. Y no solo eso, también terminas acostándote más tarde porque después de preparar todo para la mañana siguiente querrás dedicarte un tiempo a ti mismo. Además, acostarse más tarde hace que la mañana sea menos agradable, hagas lo que hagas. Lo mejor es asignarle un sitio a todas tus pertenencias para que, más que tener que colocar todo ahí la noche anterior, cada cosa tenga un lugar en el que siempre la encuentres. Todos esos objetos que necesitas deberán estar *dentro* de algo que siempre lleves contigo. Guarda el dinero en efectivo, las tarjetas, el pase de transporte y los lentes oscuros en la misma cartera, portafolios o bolso. Cuando empiezas a cambiar de portafolios o de bolso surgen los "¡Oh, &#!@,

mi licencia está en el otro! Los objetos que es más probable que olvides son los que *puedes* dejar en casa sin problema, así que mejor agrúpalos con algo que *no puedas* dejar ahí. Guarda las llaves en tus pantalones, por ejemplo. Las notas, colocadas en el lugar correcto, también pueden servir; y si tienes niños, deja junto a la puerta un calendario semanal de sus actividades para que puedas echarle un vistazo. Si por las mañanas necesitas recordar tantas cosas que te hace falta una lista escrita, ¡tal vez sea porque tu vida es demasiado complicada! Reduce tus actividades.

APRENDE A CIRCULAR EN LOS CRUCES DE CUATRO SENTIDOS

1. Detente por completo.
2. Si necesitas dar vuelta, asegúrate de que tu direccional esté encendida.
3. Haz contacto visual con los otros conductores.
4. El automóvil que llegó primero al cruce tiene preferencia. Es una cuestión básica de etiqueta y también es aplicable en las intersecciones.
5. Pero, espera, ¿y si dos personas llegan al mismo tiempo? El automóvil que esté más pegado a la derecha avanza primero. Si tres automóviles llegan al mismo tiempo se aplica la misma regla, luego avanzan por turnos siguiendo el sentido de las manecillas del reloj, lo que significa que el automóvil más pegado a la izquierda tiene que esperar hasta que hayan pasado los otros dos.
6. Cuando dos automóviles llegan al mismo tiempo y están a la misma altura, pero uno de ellos planea dar la vuelta

y el otro quiere seguir derecho, el que seguirá *derecho* tendrá preferencia. Si ambos continúan *derecho*, es decir, si ninguno tiene la direccional encendida, o si van a dar vuelta en direcciones opuestas, deberán proceder al mismo tiempo, pero con lentitud, porque nunca se sabe si el otro conductor realmente hará lo que indicó que haría.

7. Si cuatro automóviles llegan al mismo tiempo, no hay reglas, solo espera a que el conductor más agresivo avance primero (¡siempre hay uno!). Luego procede *con cuidado* y siguiendo las instrucciones anteriores.

La experta:

Emily Stein es presidenta de Safe Roads Alliance, una organización sin fines de lucro dedicada a educar a los conductores para que circulen con mayor cuidado en calles y carreteras. Esta organización trabaja extensamente en Massachusetts y en todo Estados Unidos para aumentar la conciencia pública respecto a los conductores distraídos. Asimismo, Safe Roads Alliance publica *The Parent's Supervised Driving Program* (Programa de conducción supervisada para padres): una guía gratuita para los padres de conductores adolescentes.

La explicación:

Efectivamente, siempre debes detenerte cuando veas una señal de alto, incluso si tienes prisa y no hay otros automóviles. Si *sí hay* otros automóviles, es fundamental que hagas contacto visual porque necesitas que los otros te vean y sepan que ya los viste. Es una regla importante de seguridad, en especial porque hay muchos conductores distraídos. Incluso los conductores que usan las tecnologías "manos libres" cuando hablan por celular (porque sabes que la gente lo hace), en realidad no le están prestando toda la atención necesaria al camino. Además, hay muchos conductores que no usan las señales o lo hacen de manera incorrecta. Si ves un automóvil detenido en un cruce peatonal al que te estás acercando, lo primero que debes pensar es: *peatones*. "Mira alrededor y trata de detectar llantas y pies." Esta frase te ayuda a recordar que compartimos las calles con gente que anda a pie o en bicicleta. Si hay una persona en el cruce, los conductores deberán darle prioridad. La cortesía ayuda muchísimo cuando manejas, y realmente puede mejorar o arruinar el traslado de una persona. ¿Acaso no es hermoso cuando dejas pasar a alguien frente a ti y te contesta con un gesto de agradecimiento? ¿Y no es una $*&@% cuando *a ti* no te dejan pasar o no te agradecen? Naturalmente, la amabilidad puede generar más amabilidad cuando todos se sienten generosos ese día y hacen un gesto para indicar que dejarán pasar al otro primero. Y cuando se llegue a dar el: "Pase. No, pase usted. No, pase *usted*...", solo ríete un poco, aligera la situación y avanza. Pero que alguien avance, *quien sea*, ¡que avance!

Información adicional

¿Y qué hay de las rotondas y las glorietas? Cuando te vayas acercando reduce la velocidad y pégate al auto en la *izquierda*, es decir, si alguien se acerca a la rotonda desde la izquierda y no te da tiempo de entrar, *tú* tienes que detenerte. Si alguien *ya está en* la rotonda, *esa persona* tendrá derecho a avanzar, lo que significa que no deberás esperar que disminuya la velocidad para cederte el camino. Si tú

Ve del punto A al punto B

eres el automovilista en la rotonda, NO te detengas para dejar pasar a otros: no es tu misión ni deberás hacerlo "por cortesía", ya que puede generar grandes problemas. Una buena manera de circular en las rotondas es indicando cuáles son tus intenciones. Si estás dentro pero te encuentras a tres cuartos del camino hacia fuera, enciende tu intermitente izquierda para indicar que no vas a salir aún. Esto les hará saber a los conductores que están esperando que no deberán adelantarse y colocarse frente a ti. Cuando *ya estés* listo para salir, *indícalo* encendiendo la direccional del lado derecho.

Consejo profesional: varios estudios han demostrado que utilizar tu celular de cualquier forma mientras manejas (incluso si se trata de una llamada con manos libres) produce una distracción cognitiva y, por lo tanto, afecta tu capacidad para manejar. Incluso mirar el celular durante una luz roja puede provocar un "efecto resaca" que hace que el cerebro se mantenga distraído hasta 27 segundos antes de regresar a la situación presente, o sea, ese momento en que los otros automóviles pasan a tu lado a 100 kilómetros por hora. Como dicen por ahí: "Manos libres no significa libre de riesgo".

PONLE GASOLINA A TU AUTOMÓVIL TÚ MISMO[1]

1. Averigua de qué lado de tu automóvil está el tanque. (Pista: mira la aguja en el tablero, ahí encontrarás un pequeño icono de una bomba de gas con una flecha junto que señala el lado. ¡A que no lo sabías!)

---

[1] Una habilidad muy útil para cuando viajes al extranjero. [N. de la T.]

2. Entra a la estación del lado correcto y estaciónate de tal forma que el tanque quede frente a la bomba, pero deja unos pasos de espacio entre ambos.
3. *Antes* de bajar del auto libera la portezuela del tanque.
4. Apaga el motor y toma tu tarjeta de crédito o débito. Sal del automóvil para pagar. Si quieres pagar en efectivo tendrás que entrar al local y calcular cuánta gasolina vas a cargar.
5. Desenrosca la tapa del tanque de gasolina, pero solo hasta que estés listo para cargar el combustible.
6. Elige el combustible que quieras cargar y presiona el botón que le corresponde. Luego toma la boca de la manguera de la bomba (tal vez también necesites levantar la palanca) e insértala en el tanque. Asegúrate de que embone bien y deja descansar el mango.
7. Aprieta el mango para empezar a bombear. Para que el combustible fluya libremente, ubica el segurito cerca del mango y dóblalo para insertarlo en las perforaciones debajo del mismo.
8. Cuando el tanque esté lleno (escucharás cuando se detenga el flujo) saca la boca de la manguera con la punta *hacia arriba* para que no gotee. Luego regresa la manguera a su base (si necesitaste levantar una palanca antes de empezar, bájala en este momento).
9. Vuelve a colocar la tapa del tanque y asegúrate de cerrarlo bien (debes escuchar tres "clic", pero si tu tanque no es de ese tipo, aprieta hasta que se detenga abruptamente.
10. Recoge tu recibo, vuelve a tu automóvil y aléjate lentamente de la bomba.

Ve del punto A al punto B

El experto:

Chris Riley es fundador de AutoWise, una comunidad en línea de expertos en automóviles que ofrecen las noticias más recientes, información privilegiada y consejos para los entusiastas del automovilismo en todo el mundo y para gente común que maneja automóviles comunes.

La explicación:

Para hacer esta parada técnica de manera eficiente necesitas palomear varias cosas de tu lista *antes* de siquiera abrir la puerta de tu automóvil. ¿Abriste la puertita del tanque? ¿Apagaste el motor? ¿Tienes la tarjeta de crédito en la mano? Si haces esto no tendrás que volver a entrar cuatro o cinco veces al auto. Antes de quitar la tapa del tanque asegúrate de estar verdaderamente listo, porque en cuanto lo abras dejará escapar vapores de combustible hacia la atmósfera, lo cual no es nada favorable para el medio ambiente. La parte más difícil de bombear gasolina es tener que quedarse de pie y esperar mientras se llena el tanque. No debes alejarte mucho, pero mientras tanto puedes revisar los fluidos del automóvil y asegurarte de que no necesitas llenarlos. O usa los artículos para el aseo del automóvil y limpia el parabrisas. Cuando estés listo para alejarte, hazlo con cuidado: habrá personas maniobrando porque olvidaron de qué lado está su tanque (como yo lo hacía siempre que iba a la gasolinera... hasta que escribí este libro).

Información adicional

Algunas cosas que no deberás hacer jamás:

- **Nunca** fumes cerca de las bombas de gasolina. No tendría ni que decir esto, pero de todas formas lo haré: el combustible es inflamable y no se necesita gran cosa para provocar un desastre.
- **Nunca** uses tu celular mientras bombees gasolina. No es muy probable, pero existe la posibilidad de que una chispa del mismo produzca un incendio o incluso una explosión. Además, usar el celular es una distracción innecesaria: podrías bombear la gasolina incorrecta, o se te podría olvidar que tienes que volver a colocarle la tapa al tanque. En algunos estados incluso hay leyes que prohíben usar el celular en las instalaciones de la gasolinera.
- **No** vuelvas a abordar tu vehículo mientras estés cargando gasolina. Si necesitas volver a entrar por alguna razón, asegúrate de tocar el marco de metal del automóvil para descargar toda la electricidad estática.

Dato curioso: Nueva Jersey es el único estado en Estados Unidos donde sigue siendo ilegal cargar tu propia gasolina.

PASA CORRIENTE ELÉCTRICA DE UN AUTOMÓVIL A OTRO

1. Ubica la batería del automóvil que tiene energía y del que no. Las baterías usualmente se encuentran en el cofre, pero también pueden estar en la cajuela o debajo de un asiento.

Ve del punto A al punto B

2. Estaciona el automóvil con energía junto al que no tiene. El objetivo es que queden suficientemente cerca para que los cables lleguen a ambas baterías, pero que también quede un espacio para que puedas maniobrar. Apaga el automóvil.
3. Separa los cables. De cada lado deberás tener un mango con un cable rojo y uno con cable negro. Deja los cables en el suelo, cerca de cada batería. A partir de este momento no permitas que los mangos se toquen entre sí.
4. Encuentra las piezas negativa y positiva de cada batería. Esta pieza es el pequeño perno o botón sobre la batería o a un lado de la misma. La pieza positiva debe tener las letras "POS" o el signo "+" y, por lo general, es roja. La negativa dice "NEG" o el signo "−", y usualmente es negra.
5. Engancha el mango rojo a la pieza positiva del automóvil sin corriente.
6. Ve al automóvil con corriente y engancha el otro mango rojo a la pieza positiva, y el mango negro a la pieza negativa.
7. Regresa al automóvil sin corriente eléctrica y engancha el último mango negro en la pieza negativa de la batería.
8. Enciende el automóvil que tiene energía y deja el motor encendido un minuto.
9. Enciende el automóvil sin corriente eléctrica. (Si quieres puedes cruzar los dedos antes de este paso.)
10. Deja los dos automóviles encendidos. Desconecta con cuidado los cables para pasar corriente en orden inverso al que usaste para conectarlos: desengancha el mango negro del automóvil al que pasaste corriente, luego el mango negro y el rojo del otro auto, y por último el mango rojo

del automóvil al que le pasaste corriente. No permitas que los mangos se toquen hasta que no estén todos desconectados.

El experto:

Harry Hendrickson es propietario de Hendrickson Car Care en Halesite, Nueva York, ciudad en la que ha sido un mecánico adorado por muchos durante más de 50 años. Harry ya perdió la cuenta de a cuántos automóviles les ha pasado corriente, pero dice que es cosa de todos los días.

La explicación:

Esta es una de esas tareas en las que el orden de los pasos importa tanto que si no lo sigues saldrán chispas y no será nada agradable. Si permites que los mangos positivo y negativo se toquen mientras los otros extremos de los cables están conectados a la batería, se formará un "arco". Esto quiere decir que la electricidad que pasa por ellos podría derretir el metal… y producir chispas. Y claro, nadie quiere chispas cerca de un motor porque alrededor hay vapores de gasolina. Esta es otra de las razones por las que Harry dice que no debes fumar mientras pases corriente: ¡anotado! Se comienza enganchando el mango rojo a la batería muerta porque es la que tiene menos energía y, por lo tanto, es la menos riesgosa. Recuerda: rojo a rojo, y negro a negro. Conectar los cables de forma incorrecta podría provocar que la computadora del automóvil haga cortocircuito. Antes de pasar corriente también gira un poco los mangos y quita los cables del camino para cerciorarte de que tus conexiones sean seguras. De hecho, tal vez sea bueno que arranques esta página del libro y la guardes en la guantera del automóvil. No me sentiré ofendida.

Consejo profesional: si la corriente pasa correctamente y tu automóvil enciende (si tienes buenos cables y seguiste paso a paso las instrucciones, ¡debería funcionar!), no apagues el motor. Maneja un poco o déjalo encendido por lo menos una media hora para recargar la batería. Si el automóvil no enciende la próxima vez que lo uses, significa que debes remplazarla.

3

Trabaja de manera más eficiente

VÍSTETE PARA UN GRAN DÍA DE TRABAJO

> *Planea tu atuendo como si fueras a cocinar algo especial: entre más pasos des anticipadamente, menores serán el estrés y las probabilidades de fallar en el momento en que tengas que ensamblar todo.*
>
> SALI CHRISTESON

1. Planea el atuendo por lo menos un día completo antes de tu reunión o presentación. Esto podría implicar ir corriendo a la tintorería para recoger algo, así que no esperes hasta las 6:00 p.m. del día anterior.
2. Cuando sientas duda, usa algo que te haga sentir increíble incluso si no es la ropa más nueva o elegante que tengas.
3. Elige un color que te agrade, pero que también te favorezca. ¿No estás segura? Presta atención a lo que dicen tus amigos y amigas: "¡Vaya, ese color te va súper bien!".
4. Si vas a aparecer en una pantalla (Zoom, Skype, entrevista en el programa de televisión) deja a un lado los

estampados porque pueden distraer, y evita los colores que te resten vivacidad. En general, el color bermellón le favorece a la mayoría de la gente que tiene que aparecer en cámara.
5. Asegúrate de que todas las piezas importantes estén bien planchadas o tratadas al vapor. **Para aprender a planchar una camisa ve directo a la página 163.**
6. Reúne todo lo demás que necesites para completar tu atuendo: joyería, ropa interior, zapatos. Cuelga todo junto en tu armario.
7. Por la mañana haz todo lo que puedas hacer *antes* de vestirte: peinado, maquillaje, desayuno, alimentar/besar o incluso mirar a tus niños. No te arriesgues a manchar una camisa o blusa con maquillaje o con alimento para bebé. Mejor usa una camiseta antes de ponerte la prenda que preparaste.
8. Termina de vestirte justo antes de estar lista para salir por la puerta.
9. Tómate una fotografía frente al espejo o pídele a alguien que viva contigo que lo haga. De esta manera recordarás este atuendo la próxima vez que te estés quebrando la cabeza para elegir qué ponerte.
10. Sal de casa. **Para aprender a entrar con confianza a un lugar dirígete a la página 303.**

La experta:

Sali Christeson es fundadora y directora ejecutiva de Argent, una marca de moda emergente en la primera línea de la revolución en la ropa femenina para la oficina. Antes de lanzar Argent, Sali trabajó 10 años en las industrias de finanzas y tecnología, y en ese tiempo batalló para encontrar prendas que lucieran bien, pero que también fueran prácticas y profesionales. Los sacos de Argent tienen bolsillos ocultos en el interior para guardar celulares, tarjetas de crédito, gel antibacterial o lo que sea. Entre sus clientes se encuentran Hillary Clinton, Kamala Harris, Amy Poehler y América Ferrera.

La explicación:

Toma todas tus decisiones anticipadamente para que la mañana de tu gran día en la oficina puedas enfocarte en tu presentación/entrevista/evento, y no en qué $¡#!&"% te vas a poner. Las mujeres pierden entre 20 y 30 minutos en promedio, y a veces hasta una hora completa, probándose distintos conjuntos. ¡Es una práctica totalmente improductiva! No olvides ubicar la ropa interior y el sostén que necesitarás para un atuendo específico. Saber qué color le favorece más a tu tono de piel también es esencial porque necesitas colores que te hagan destacar. Este detalle te hará lucir atrevida y confiada, y ayudará a que la gente te recuerde. Por supuesto, la clave para que todo esto fluya bien consiste en que *realmente* te agraden las opciones que tienes en tu armario. Tal vez necesites comprar algo para una ocasión especial. La mayoría de las empresas que producen ropa para la oficina cuentan con estilistas cuya labor consiste en encontrar las prendas adecuadas para ti, para tu tipo de cuerpo y para la industria en que te desenvuelves. Los estilistas te tomarán varias Polaroid y te ofrecerán un montón de combinaciones distintas de atuendos para que veas cómo lucen en la vida real.

Información adicional

Las prendas básicas que toda mujer debería tener en su armario (para que ese lapso del día en que tiene que prepararse, sea más breve… y libre de palabrotas):

- Un traje sastre hecho a la medida y de excelente calidad. El traje deberá incluir pantalones y saco que se puedan usar juntos o mezclarse con otras prendas. Por ejemplo, el saco con un traje enterizo; los pantalones, con una chamarra de mezclilla.
- Unos pantalones de mezclilla bonitos y apropiados para la oficina, en especial ahora que la moda laboral apunta hacia un *look* más casual.
- Pantalones negros básicos.
- Un saco de color distinto al del traje sastre.
- Una chamarra de mezclilla y tal vez también una de cuero.
- Una buena gabardina.

Prefiere la calidad en lugar de la cantidad, piensa que se trata de "prendas de inversión" que se convertirán en la base de tu guardarropa. Luego podrás comprar periódicamente nuevas blusas con y sin mangas, bufandas y accesorios más económicos que te ayudarán a revigorizar las prendas esenciales.

SIÉNTATE BIEN EN TU SILLA

1. Ponte de pie frente a la silla.
2. Párate bien en el suelo, ubica la parte interior y exterior de tus pies, y plántalas bien.

3. Utiliza tu centro y dobla las rodillas para sentarte, pero siempre manteniendo la parte superior del cuerpo lo más extendida hacia arriba que te sea posible. El centro te ayudará a apoyarte para esta operación.
4. Cuando estés sentado enfócate en la pelvis y levanta los huesos de la cadera hasta que te sientas cómodo.
5. Inclínate hacia el frente para montar el torso directamente sobre la pelvis.
6. Encoge los hombros hacia las orejas, lánzalos hacia atrás y, por último, bájalos.
7. Levanta la cabeza mirando hacia el frente y echándola ligeramente hacia atrás para que se mantenga elevada y alineada con la pelvis y el torso.
8. Coloca tu silla de tal forma que la cadera esté encima o al mismo nivel que las rodillas, es decir, las rodillas deberán estar flexionadas en un ángulo de 90 grados o más.

El experto:

Steven Weiniger es experto en la postura. Goza de reconocimiento internacional y es autor de *Stand Taller—Live Longer: An Anti-aging Strategy*.

La explicación:

Naturalmente, tener una buena postura disminuye el estrés en tus músculos y articulaciones, sin embargo, los estudios también han demostrado que la gente que se sienta despatarrada en su asiento produce cantidades mayores de cortisol, la hormona del estrés; así como menos testosterona. Y ni siquiera voy a mencionar la pésima impresión que das cuando estás completamente encorvado. Sentarse y ponerse de pie extendiendo el cuerpo hacia arriba te hace lucir más confiado y tranquilo, por eso el primer paso para sentarse bien consiste en *pararse* adecuadamente. La buena postura comienza desde la base, así que enfócate en los pies, luego en la pelvis, el torso y, por último, la cabeza. Cuando la gente se sienta, lo primero que hace es echar el cuerpo hacia delante, pero si te aseguras de que tu cadera nunca esté por debajo de las rodillas, podrás evitar esto. Para lograrlo tal vez tengas que ajustar la altura de la silla. Cuando te sientas bien, tus manos deben yacer de manera cómoda sobre el escritorio, y los brazos formar ángulos casi rectos a partir de los codos. Si te enfocas en tu trabajo, ¿olvidarás todo esto? Por supuesto. Sin embargo, si recuerdas revisar tu postura algunas veces durante el día, y te vuelves a sentar de la manera correcta, notarás una gran diferencia. Además, entre más derecho te sientas, más se involucrará tu centro y… ¿cuadritos en el vientre? ¡Bienvenidos sean!

Información adicional

Independientemente de cuán bien logres sentarte, trata de levantarte y moverte con mayor frecuencia a lo largo del día. Los lineamientos generales indican que debes hacerlo cada media hora. Piensa en hábitos de trabajo que puedas formarte para mantenerte en movimiento como, por ejemplo, caminar a tus reuniones de trabajo. El cuerpo no fue creado para permanecer sentado tanto como lo hacemos.

Trabaja de manera más eficiente

ENVÍA UN CORREO ELECTRÓNICO EFICAZ

Una de las principales razones por las que la gente termina trabajando hasta tarde es porque es pésima para escribir correos electrónicos.

JUSTIN KERR

1. Escribe una línea sencilla para el asunto. Usa siete palabras o menos (para poder leerse bien, la oración necesita caber en un solo renglón en la pantalla de un celular).
2. Evita los saludos largos. Lo único que necesitas antes de ir al tema que te interesa es un "Hola, Nick".
3. Comienza con tu conclusión, es decir, con lo que esperas obtener con ese correo electrónico.
4. Usa viñetas para enlistar las acciones que se necesitan realizar. ¿Te parece que es claro lo que le estás pidiendo al destinatario? Asegúrate de que tus ideas estén organizadas, eso facilitará que la persona diga "sí".
5. Deja algunos renglones en blanco.
6. Verifica el formato. ¿Cómo lucirá el correo electrónico cuando lo reciba el destinatario (es decir, cuando se vea reducido a una pantalla de 5 × 10 centímetros)? Los bloques interminables que se forman cuando los textos son exageradamente largos abruman a cualquiera.
7. Elimina cualquier idea superflua y dale más aire al texto con renglones en blanco.
8. Elige una palabra para despedirte ("buena suerte", "gracias", "saludos") y apégate a ella.
9. Escribe tu nombre incluso si no incluyes la palabra de despedida. De lo contrario, el correo se sentirá un poco

despectivo, en especial si le estás pidiendo al destinatario que haga algo por ti.
10. Elimina las firmas largas que incluyan frases inspiradoras, imágenes o todo tu perfil de LinkedIn. Las firmas generan basura en las bandejas de recibido de la gente porque con frecuencia llegan como documentos anexos y, en general, hacen que al destinatario se le dificulte leer y responder con rapidez.

El experto:

Justin Kerr es consultor de eficiencia en el trabajo. Es el creador del podcast Mr. Corpo, y autor de *How to Write an Email*, *How to Be Great at Work* y *How to Cry at Work*.

La explicación:

El propósito de un correo electrónico es obtener la información que necesitas de la manera más rápida y sencilla posible, y esto comienza con una oración clara en el asunto. Si tienes otros temas que tratar con esa persona, cuando inicies una conversación acerca de uno nuevo hazlo en otra cadena de correo y con una oración diferente en el asunto. De otra forma, es probable que el destinatario lo ignore porque pensará que se trata de información obsoleta. En la primaria nos enseñan a escribir introducciones, presentar evidencia y redactar la conclusión. El correo electrónico laboral es lo opuesto: primero escribes la conclusión, luego los pasos necesarios y, por último, la evidencia de apoyo (si acaso la persona llega a leer el final del correo). El secreto para redactar correos realmente efectivos radica en usar viñetas. Piensa en la *experiencia* que tendrá el destinatario al recibir tu correo. Tal vez tú estés escribiéndolo en una enorme computadora de escritorio o en una laptop, pero es probable que quien lo reciba lo *lea* en su celular entre dos reuniones o mientras va bajando de un Uber. El espacio en blanco airea el texto y permite que sea más fácil de comprender y responder. Para despedirte busca una palabra que te represente y apégate a ella. De esta manera tendrás una decisión menos que tomar al día, como Steve Jobs, quien decidió usar el mismo atuendo siempre. Piensa que el "Saludos" será como tu jersey con cuello de tortuga.

Información adicional

Si las cosas comienzan a ponerse difíciles en un correo electrónico, no respondas. No puedes ganar una batalla de correos electrónicos con otro correo. Aléjate de la computadora y resuelve el asunto de manera directa, ya sea por teléfono o en persona. La buena noticia es que las personas pendencieras suelen retractarse en el momento de la confrontación. Di algo como: "Hola, me parece que tenemos un desacuerdo". Lo más probable es que te contesten: "Oh, no, lo haremos como *tú* quieras… Solo fue un comentario". Si se trata de un correo grupal es importante que les respondas a todos para anunciar la decisión: "Escuchen, ya se resolvió el asunto, haremos *X*". De esta manera todos sabrán que la posibilidad de que se librara una batalla por correo electrónico quedó eliminada. Esto también te dará credibilidad porque te mostrarás como una persona capaz de resolver problemas… y de ganar batallas en internet.

DEJA UN CORREO DE VOZ

Regla de oro: si el destinatario tiene que volver a escuchar el mensaje, probablemente no lo grabaste bien.

JOEL SCHWARTZBERG

1. Al hablar, piensa que estás usando viñetas, no párrafos.
2. Practica varias veces en voz alta, esto te ayudará a preparar tu mente y tu boca para que trabajen en conjunto.
3. Cuando escuches el tono, comienza con un saludo breve ("Hola, Sarah"), e identifícate inmediatamente junto con el nombre de tu empresa ("Soy Amy Smith de ABC Corporation"). Dilo *muy* lentamente y haz énfasis en la *articulación*.
4. Da tu número telefónico desde el principio.
5. De ser necesario, señala brevemente la conexión que tienes con el destinatario: "Nos conocimos en la conferencia corporativa la semana pasada" o "Kevin, un amigo mutuo, me dio tus datos".
6. Evita las introducciones prolongadas que suenan a apología (¿crees que decir "Lamento molestarte con esto, pero…" atenuará la molestia?) y ve al grano de inmediato. ¿Deseas hacer una cita?, ¿obtener una dirección de correo electrónico?, ¿que te paguen? Solo dilo.
7. Tu petición deberá ser sencilla y clara. Pide *solamente una cosa*.
8. Repite tu información de contacto de manera lenta y perfectamente bien articulada. Repítela una vez más.
9. Termina con dos cosas: una frase de agradecimiento ("Gracias, Sarah") y la indicación de lo que deseas que

suceda a continuación ("Espero hablar de/trabajar en/tratar este asunto contigo pronto").

El experto:

Joel Schwartzberg es entrenador estratégico de comunicación y autor de *Get to the Point! Sharpen Your Message and Make Your Words Matter*. También es redactor profesional de discursos y campeón nacional de oradores. Ha escrito para *Harvard Business Review, Fast Company* y *Toastmaster Magazine*.

La explicación:

Estoy de acuerdo, dejar mensajes de voz es un poco arcaico (lo siento, papi), pero a veces es necesario. En este caso, la clave obviamente radica en saber lo que vas a decir. La mentalidad de viñetas te ayudará a enfocarte en los mensajes difíciles y a evitar las palabras innecesarias (o sea, ¡ve al grano!). Pedir varias cosas complica el mensaje porque lo convierte en una carga para el destinatario, quien tal vez lo esté escuchando mientras ve Instagram. Perdón, quise decir mientras revisa sus correos del trabajo. Es por esto que debes decir tu nombre desde el principio y con claridad: si te apresuras en esta parte es posible que el destinatario pase el resto del tiempo escuchando tu mensaje y pensando: *Espera, ¿quién es?*, en lugar de prestarle atención a lo que dijiste. La mayoría de la gente espera hasta el final del correo electrónico para dar sus datos de contacto, pero si el destinatario no los entiende desde el principio, se verá forzado a escuchar todo el mensaje de nuevo (y eso es suuuuuuumamente molesto), así que también menciona tu número telefónico o dirección de correo (elige una forma de contacto) desde el principio.

PRESENTA A DOS PERSONAS EN UN CORREO ELECTRÓNICO

1. Incluye el nombre de ambas en el renglón del asunto: "Presentando a Erin y Justin".
2. Dirige el correo electrónico específicamente a cada persona. Si estás contactando a una de ellas por parte de la otra, primero *dirígete* a la persona que estás contactando. "Erin, quisiera presentarte a Justin."
3. Di algo sobre Justin. Tal vez también puedas incluir un enlace a su perfil o sitio de internet.
4. Dirígete a la persona que estás tratando de ayudar: "Justin, Erin es la persona que te mencioné". De ser necesario, añade un renglón de contexto para aclarar por qué estás poniendo en contacto a estas personas.
5. Dales indicaciones sobre lo que deberían hacer a continuación. "Justin, deberías ponerte en contacto con Erin e invitarle un café."
6. Solicita que te añadan en copia para los siguientes correos o que te saquen de la cadena. "No es necesario que me incluyan para dar seguimiento."

El experto:

Justin Kerr es consultor de eficiencia en el trabajo. Es el creador del podcast Mr. Corpo y autor de *How to Write an Email, How to Be Great at Work* y *How to Cry at Work*.

La explicación:

Tómate tiempo para explicar el contexto. Compartir los perfiles de LinkedIn o los enlaces de los sitios de internet te facilitará esta labor. Sé claro respecto a quién debería dar el siguiente paso. Este es posiblemente el mayor dilema para la gente que es presentada por un tercero a través del correo electrónico: ¿Quién responde primero? Dado que eres quien está haciendo la presentación, tu tarea es ayudarles a ambos e indicar quién debería encargarse de organizar una reunión/llamada/cita para tomar un café. El hecho de solicitar que ya no te incluyan en la cadena evitará que tu bandeja de entrada se sature.

TRANSMITE BIEN TUS IDEAS

La gente no recordará las palabras específicas que dijiste, pero sí lo que quisiste decir… si tenías razón o dijiste algo relevante.
                                             JOEL SCHWARTZBERG

1. Identifica qué es lo que quieres decir (no se trata solamente de un tema, debes contar con una idea, un argumento). Pregúntate: "Si mi audiencia se quedara con solamente una idea de lo que voy a decir, ¿cuál me gustaría que fuera?". Esta pregunta debería señalarte tu idea principal.
2. Asegúrate de que la idea realmente sea eso. Hazla pasar la prueba de la frase "Creo que _____". Para esto necesitas escribir lo que piensas en el espacio en blanco. Si se forma una oración completa, es una idea

cabal; si no, reflexiona bien sobre lo que estás tratando de comunicar.
3. Fortalece tu idea con la *premisa de mayor valor*. Es decir, el "¿Y qué?". En lugar de decir: "Si nos preparamos adecuadamente para la reunión impresionaremos al cliente y podremos expresar mejor nuestras ideas, y las cosas fluirán de una manera más eficiente", di: "Si nos preparamos bien para esta reunión, cerraremos el trato". ¡Pum!
4. Evita los adjetivos vacíos, es decir, los que no transmiten ningún valor. En lugar de decir que algo es "genial", explica qué es lo que *lo hace* genial. Se trata de decir el "por qué" y de que lo articules de tal forma que tenga un impacto.
5. Entra y sal. Una vez que hayas explicado tu idea, termina tu intervención.

El experto:

Joel Schwartzberg es entrenador estratégico de comunicación y autor de *Get to the Point! Sharpen Your Message and Make Your Words Matter*. También es redactor profesional de discursos y campeón nacional de oradores. Ha escrito para *Harvard Business Review*, *Fast Company* y *Toastmaster Magazine*.

La explicación:

Resulta obvio que antes de presentar una idea en público es necesario articularla, sin embargo, te sorprendería la cantidad de gente que solo habla y habla, y espera que los otros sean capaces de asimilar todo lo que están exponiendo. Para causar un impacto necesitas proponer algo de valor, y por eso es esencial que perfecciones tu mensaje. También es indispensable que te edites a ti mismo, en especial en lo referente a adjetivos como *excelente, fantástico* o *genial* porque son palabras engañosas (¿quién no querría vincularse con un proyecto excelente?), y para colmo, en realidad no significan nada. Creo que casi todos sabemos que "menos es más", pero también necesitamos entender que "más es menos". Si tienes varias ideas que transmitir, no trates de incluirlas todas en una sola frase. Elige la más importante y enfócate en ella. Deja las otras para después y preséntalas una por una. No divagues. La gente recuerda lo último que dijiste, así que continuar hablando de lo mismo por horas solo diluirá la idea y te distraerá de lo que realmente quieres transmitir.

BRINDA RETROALIMENTACIÓN CONSTRUCTIVA

1. Pídele a la persona permiso y/o tiempo para brindarle retroalimentación. "Disculpa, me pregunto si podría darte un consejo, ¿te parecería bien?"
2. Explica tus intenciones, es decir, por qué ofreces la retroalimentación. Antes de comenzar, asegúrate de que tu intención sea clara para ti mismo. Jamás deberás ofrecer tu opinión para avergonzar o degradar a la persona, solo para ayudarla a ser más exitosa.
3. Nombra lo que observaste. Me refiero al "qué": deberá ser algo objetivo, moralmente neutro y cuantificable.[1]

---

[1] Si le estás dando retroalimentación a alguien que es receptivo, que le importa la calidad de su trabajo y su relación contigo, tal vez no necesites ir más allá de este paso. Es posible que desde el principio te diga: "Comprendo, gracias, trabajaré en ello".

4. Explícale a la persona en qué difiere lo que observaste de la norma. Aquí es donde "comparas con base en un parámetro". Si no comunicaste la norma previamente, es el momento de decir: "Esto es lo que yo esperaba".
5. Comparte el impacto del comportamiento, el "¿y qué pasará si me comporto así?". Esto garantizará que la persona comprenda el impacto que tendrá este cambio y que se enfoque en él.
6. Explica el comportamiento en contexto, este es el paso en que dirás "esto es lo que sé de ti". "Una de las cosas que sé de ti es que te importa mucho el cliente, por eso me gustaría que consideraras modificar algo que podría reflejar mejor este rasgo."
7. Pregunta: "¿Qué opinas?"
8. Propón un plan de acción, el "¿Ahora qué sigue?". Lo ideal es que sea un plan colaborativo, pero de no ser posible, debería ser más bien una propuesta de la otra persona, más que de ti.
9. Muestra tu agradecimiento. Es necesario que refuerces el comportamiento de quienes son capaces de recibir retroalimentación. Si alguien lo hace, y lo hace bien, házselo saber.

La experta:

Deborah Grayson Riegel es directora ejecutiva y *coach* en jefe de comunicación de Talk Support, una agencia ejecutiva de entrenamiento enfocada en las habilidades de liderazgo y comunicación. Deborah ha dado clases en la Wharton School de la Universidad de Pensilvania, en Columbia Business School, y en Duke Corporate Education. Es autora de *Overcoming Overthinking: 36 Ways to Tame Anxiety for Work, School, and Life*.

La explicación:

Si eres el jefe, no tienes que pedir permiso para ofrecer retroalimentación. Sin embargo, debes preparar el escenario para asegurarte de hacerlo de manera eficaz, y de que la información conduzca a un cambio rápido y productivo. Puedes decir: "¿Podría darte en este momento algo de retroalimentación respecto a esa reunión con el cliente?". Expresa tu intención con una frase como: "Creo que de esta manera podrás atender mejor al cliente". Luego pasa por los siguientes seis pasos esenciales:

1. "Qué." Asegúrate de que el "qué" se refiera al comportamiento, no a la personalidad ni al carácter. Di: "En nuestra reunión vi que interrumpiste al cliente en tres ocasiones", en lugar de: "Fuiste grosero con el cliente". Porque decir que fue "grosero" es una interpretación. La interrupción, en cambio, es algo demostrable y concreto.
2. "Qué comparado con qué."
3. "¿Y qué pasará si me comporto así?"
4. "Lo que sé de ti." Para que la persona no tome la retroalimentación constructiva de una forma totalmente negativa, es necesario que la expreses en el contexto de todo lo positivo que sabes respecto a ella.
5. "¿Qué opinas?" Lo ideal es que cuando preguntes esto se sienta más como un diálogo que como un monólogo. A veces esta pregunta llega tardíamente, pero lo importante

es no omitirla. Di: "Ya llevo un rato hablando sobre mi perspectiva. ¿Cuál es la tuya? ¿En qué coincidimos y en qué no?".

6. "¿Ahora qué sigue?" Fija una fecha en el calendario para retomar el tema. Cuando le ofrecemos retroalimentación a alguien, ya sea a nuestros hijos, nuestro cónyuge o un empleado, con frecuencia pensamos: "Ay, por Dios, espero no tener que volver a tocar el asunto, ¡qué desagradable!". Tienes que eliminar ese temor y ansiedad de la ecuación, y eso solo se logra *planeando* retomar el tema.

DIRIGE UNA REUNIÓN PRODUCTIVA

1. Asegúrate de ser perfectamente claro respecto al propósito de la reunión. Luego pregúntate: "¿Es necesaria esta junta?". De ser así…
2. Elige un buen lugar. Si organizas esa misma vieja y aburrida junta en el mismo viejo y aburrido lugar, obtendrás los mismos viejos y aburridos resultados.
3. Piensa bien quiénes necesitan asistir y *confirma que lo harán*.
4. Acláreles a todas las personas que asistirán cuál es el propósito de la reunión para que lleguen preparadas.
5. Planea cómo se llevará a cabo la reunión. No hablo solamente de la orden del día, sino del *proceso*, para cada punto. ¿Este punto requerirá una lluvia de ideas ilimitada y por lo tanto tendremos que realizarla? ¿Para este punto necesitamos tomar una decisión? ¿Este punto es solo para informar a todos?

6. Decide cómo se documentará la reunión, quién llevará el registro de los sucesos, y qué tan detallado deberá ser este.
7. Comienza puntualmente. Dije **PUNTUALMENTE**.
8. Si tu junta tiene que durar más de dos horas, permite que la gente tome algunos descansos. Si los asistentes saben de antemano que podrán revisar los mensajes en su celular durante la pausa será menos probable que se distraigan.
9. Explica a todos los siguientes pasos y sé claro respecto a quién hará qué y cuándo. En cada uno de los puntos define con precisión cómo deberá lucir el "resultado final" para que todos tengan expectativas similares al respecto.
10. Termina puntualmente, y si quieres hacer felices de verdad a los asistentes, un poco antes.

La experta:

Rebecca Sutherns, Ph.D., es fundadora de Sage Solutions, una agencia de consultoría que se especializa en el planeamiento estratégico colaborativo. Entre otras cosas, Rebecca va a las empresas y le enseña a la gente a organizar reuniones exitosas y a prepararse para las mismas. Su libro más reciente se llama *Nimble, Off Script But Still on Track*.

La explicación:

Organizar reuniones solo por costumbre no resulta conveniente. Piensa en cuál es el formato mínimo viable para la discusión en puerta, ¿podría ser una llamada telefónica?, ¿un correo electrónico?, ¿una videoconferencia? Recuerda que la principal razón para organizar una reunión presencial es reducir los puntos ciegos y aumentar el nivel de aceptación entre los involucrados. Definir hasta sus últimas consecuencias el propósito de la junta puede ayudarte a decidir si siquiera vale la pena realizarla y a mantener al grupo en el mismo canal a lo largo de todo el proceso. Si no sabes a lo que me refiero con "en el mismo canal", ¡lo más probable es que divagues de todas maneras! Mucha gente recibe invitaciones a juntas en las que no tendría por qué participar. Todos hemos asistido a reuniones en las que la gente dice: "Ay, pero yo no puedo decidir al respecto, tengo que preguntarle a fulanito y perenganito". Por esta razón, mejor cerciórate de que la lista de invitados sea adecuada y que fulanito y perenganito estén presentes. Además, la gente piensa de manera más creativa cuando se encuentra en espacios creativos, ya sea en la oficina o fuera de ella. De hecho, no se trata tanto de los rasgos del espacio mismo, sino más bien de cambiar de lugar; aunque claro, ambos factores son importantes. Si puedes lidiar bien con los detalles y con la claridad de la reunión, la gente se involucrará a fondo. Recuerda que los aspectos visuales les ayudan a las personas a mantenerse interesadas y a retener información. Por último, piensa que lo que se apunte continuará vigente después de la reunión, así que asegúrate de documentar el evento, de que el registro sea preciso, y de no hacerlo tan largo y aburrido que nadie quiera leerlo después.

Consejo profesional: en cuanto la junta termine, todo deberá acabar. No hay necesidad de quedarse por ahí cotorreando. Si eres uno de los asistentes, puedes preguntar: "¿Ya tienen todo lo que yo necesito darles por el día de hoy?". Si la respuesta es positiva, sal de ahí. No tienes por qué explicarle a nadie *por qué* no quieres quedarte más tiempo ni cuál es ese otro asunto urgente que tienes que atender (¡porque generalmente son tus propios pendientes de trabajo!). Y definitivamente tampoco es necesario mencionar que estás súúúúper ocupado, ya que eso solo les hará sentir a los otros que estás tratando de demostrar que eres más importante, y eso no le agrada a nadie.

SAL TEMPRANO DE UN EVENTO DE TRABAJO

1. Antes de abandonar el lugar haz un análisis interno de *por qué* debes irte, y por qué es correcto que te escabullas.
2. Responde a tus expectativas y a las de los demás. Para esto deberás informar de tu plan a la gente clave.
3. No dejes tu abrigo o saco en el guardarropa.
4. Concéntrate desde el principio en tu trabajo de *networking*.
5. Despídete y agradece como corresponde, no solo salgas huyendo de ahí.
6. Sal sin sentir ninguna culpa. El hecho de que hayas asistido fue una victoria para ti, pero también para ellos.
7. Aprovecha el tiempo del trayecto entre el lugar del evento y tu hogar para relajarte un poco. Respira hondo. Si no manejas tú, termina de enviar correos electrónicos, toma algunas notas o haz algo que te ayude a hacer la transición para salir de tu actividad previa y pasar a la siguiente.

La experta:

Lauren Smith Brody es fundadora de la agencia consultora Fifth Trimester, la cual ayuda a las empresas a conservar a su talento femenino a través del apoyo a las actividades de crianza en el lugar de trabajo. Es autora de *The Fifth Trimester: The Working Mom's Guide to Style, Sanity, and Success After Baby*.

La explicación:

Respetar tu propia decisión es el paso más importante para escabullirte de un evento de trabajo, por eso debes debatir en tu mente por qué te quieres ir y qué obtendrás si te quedas. Prepárate para abandonar el lugar incluso si en ese momento está sucediendo algo realmente interesante, y avísales a tus compañeros de trabajo que para cuando se sirva el postre, tu lugar en la mesa estará vacío. Cuando llegues prepárate para salir con facilidad de ahí, es decir, no te sientes en medio de una hilera sino en la orilla. Mientras estés en el lugar deberás aprovechar el tiempo al máximo, así que habla con otros y asegúrate de que te vean quienes importa que sepan que estuviste presente. Incluso podrías llegar un poco más temprano para hacer eso. Sé que es difícil acercarse a un grupo pequeño y presentarse, pero permite que el hecho de tener el tiempo contado te imbuya algo de temeridad. No te quedes hablando con una sola persona nada más porque, aunque no es esencial, es con quien te sientes más cómodo o cómoda. O sea, no te quedes con tu mejor amigo. Y ni siquiera pienses en simplemente desaparecer. Tal vez solo se requiera de un susurro y de asentir con la cabeza, de dar un abrazo de oso, o incluso de conversar rápidamente con alguien para dejar claro que te dio gusto asistir, que obtuviste algo al ir, y que tienes muchos deseos de enterarte al día siguiente de cómo salieron las cosas.

Consejo profesional: "Si tienes que salir del evento porque eres padre o madre y además trabajas, esa misma noche, o al día siguiente en la mañana, cuéntales a tus hijos dónde estuviste, qué hiciste y por qué fue importante que asistieras. Debes sentirte cómodo de hablar en la oficina de tus actividades como padre o madre, pero también de compartir con tu familia lo que haces en el trabajo. De esta manera tus niños entenderán que no simplemente desapareces todos los días en medio de una nube de humo. No hay ninguna razón por la que debas ocultar que trabajas, por qué lo haces y, mucho menos, tus desafíos y tus victorias. Todo esto te ayuda a ser un ser humano integral, y es importante que tus hijos lo vean." Lauren Smith Brody.

SOLICITA UN AUMENTO DE SUELDO

1. Piensa en el aumento que quieres, pero recuerda que no se trata solamente del dinero. ¿Quieres más flexibilidad?, ¿más días de vacaciones?, ¿más responsabilidades o un cambio de cargo?
2. Identifica lo mínimo que estás dispuesto a aceptar. Podría ser tu salario actual o un salario más elevado en caso de que tengas otro lugar adonde ir. Antes de iniciar la conversación sobre el aumento de sueldo habla con la gente de Recursos Humanos para averiguar si tu compensación es justa. También averigua el promedio de tu salario en el mercado, define cuán temerarias serán tus aspiraciones, y averigua a partir de qué punto puedes empezar a negociar. Esta base es la cantidad que terminarás solicitando, pero recuerda que deberá ser mayor a lo que esperas obtener para que tengas margen para negociar.

3. Ten algo más a qué recurrir, es decir, otra oferta de trabajo, un papel en otro departamento, o incluso una reunión programada con Recursos Humanos para ver si hay otras oportunidades en el mismo departamento, división o empresa.
4. Piensa en lo que es importante para tu supervisor, y en lo que él o ella podría necesitar.
5. Encuentra el momento adecuado para solicitar un espacio en la agenda de tu supervisor y dile sobre qué tratará la reunión. No solo lo abordes en un pasillo para solicitar el aumento.
6. Comienza la negociación diciendo algo como: "Me gustaría hablar sobre un aumento de sueldo y algunos otros aspectos que son importantes para mí, pero también quisiera hablar sobre lo que es importante para usted y sobre cómo podríamos llegar a un acuerdo que nos conviniera a ambos".
7. Discute algunos de los aspectos que identificaste en el paso 4. Tal vez tu jefe o jefa necesita hacer mucho *networking* que lo obligan a llegar tarde a casa y lo mantienen alejado de la familia. En ese caso podrías ofrecer hacerte cargo de parte de esa responsabilidad.
8. Tarde o temprano tu superior te preguntará: "De acuerdo, ¿cuánto estás pidiendo?". Ha llegado el momento de presentar completo el panorama de lo mucho que vales, de las cosas que haces bien, de por qué eres tan increíble, y de lo que quieres como base.
9. Si te da la impresión de que no recibirás una respuesta favorable, recurre al paso 3. "Para mí es muy importante hablar de este aumento porque tengo actualmente otra

oferta. A mí me gustaría quedarme aquí, y por eso quisiera que encontremos juntos la manera de que eso suceda."

El experto:

Tad Mayer es presidente de Career Negotiations, empresa en la que entrena a individuos y corporaciones para estimular el avance en liderazgo, la participación de los empleados y el progreso personal (es decir, cómo obtener ese aumento).

La explicación:

Entre más te prepares para esta conversación, mejor te irá. Si solo entras a la oficina de tu supervisor o supervisora pidiendo "más" o "un pilón", probablemente no obtengas tanto como deseas. Evidentemente, contar con otra oferta de trabajo es magnífico porque te da apalancamiento, pero esta ventaja solo deberás usarla como un punto de información, no como amenaza. Tampoco trates de dirigir la negociación con base en tus premios y galardones, mejor enfoca la conversación en lo que puedes hacer por la otra persona. Ni siquiera con eso estará contenta de tener esta conversación, pero la idea es involucrarla lo suficiente para que en algún momento te pregunte *a ti* lo que *quieres*. Quien pueda satisfacer mejor las necesidades del otro, o quien tenga la mejor alternativa para hacer algo sin contar con el otro, tendrá más fuerza para negociar. Si le puedes dar a tu supervisor o supervisora algo que necesite, tendrá una mejor disposición para llegar a un acuerdo contigo.

4

Ten una jornada laboral productiva

ORGANIZA TU DÍA LABORAL

El equilibrio tiene que ver tanto con cómo administrar tu atención como con cómo administrar tu día. Diseñar un esquema sólido para tener un horario sostenible no solo te permite tomar un respiro, también garantiza que estarás consciente de a qué le asignas tu tiempo y cómo lo haces.

NICOLE LAPIN

1. Dale prioridad a tu lista de pendientes. Mira lo que ya está programado para el día e identifica los puntos no negociables. **PARA APRENDER A REDACTAR UNA LISTA DE PENDIENTES QUE REALMENTE CUMPLIRÁS VE A LA PÁGINA 135.**
2. Procrastina. ¡Hablo en serio! Deja para mañana o para más adelante todos los pendientes de la lista que no sean urgentes.
3. Identifica cuáles de las tareas pendientes coinciden con tus objetivos y elimina las que no. Luego califica las restantes en orden descendente de prioridad.

4. Según cuentan, Mark Twain dijo: "Cómete ese sapo". Esto quiere decir: "Si tu trabajo implica comerte un sapo, lo mejor es que lo hagas en la mañana, y si implica comerte dos, lo mejor es comerte el más grande primero". Dicho de otra forma, haz primero las tareas más pesadas o desagradables.
5. Préstale atención a tu reloj biológico y a la manera en que te sientes en diferentes momentos del día, y planea tu trabajo de acuerdo con eso. Por ejemplo, aborda las tareas que exijan mayor enfoque cuando tengas la mente más despejada.
6. Programa un bloque de tiempo para responder correos electrónicos o para hacer "trabajo cerebral" en la mañana, cuando te sientas más despierto.
7. Planea las reuniones para después de la hora del almuerzo. Las investigaciones muestran que la tarde, en especial a las 3:00 p.m., es el momento óptimo para las actividades sociales como las juntas y reuniones.
8. No programes nada para que dure media o una hora solo porque así tu calendario luce organizado. Si una junta solo requiere siete minutos, ¡hecho! ¡Ya recuperaste 23 minutos de tu vida!

La experta:

Nicole Lapin es autora del libro *Becoming Super Woman: A Simple 12-Step Plan to Go from Burnout to Balance*. Fue la presentadora más joven de CNN y luego también tuvo este título en CNBC, donde participó en el programa matutino de la cadena al mismo tiempo que cubría temas de negocios para MSNBC y para *Today*. Es autora de *Rich Bitch* y *Boss Bitch*.

Ten una jornada laboral productiva

La explicación:

La clave para diseñar un plan productivo para tu día laboral es la priorización, lo que significa que necesariamente tendrás que dejar algunas cosas para mañana o para después. Asimismo, cuando planees tu día siempre deberás tomar en cuenta tus ritmos naturales. En las dos primeras horas después de que abres los ojos por la mañana, tu cerebro está más despierto que en cualquier otro momento. Y si hablamos sobre cómo priorizar, piensa que postergar y estresarte respecto a las tareas que más temor te dan solo te hace desperdiciar una cantidad mayor de energía cerebral. Por eso, si tienes que despedir a alguien, hacerte responsable de algo, o lidiar con un proyecto intimidante, hazlo temprano y quítalo del camino. También define si es realmente necesario que tengas esa junta en persona o si no sería más eficaz tratar el asunto por teléfono o en Zoom. **Para dirigir reuniones más productivas visita la página 96.**

Un consejo respecto a estar ocupado:

"La gente 'ocupada' llena su agenda de forma indiscriminada: organiza el escritorio de su computadora, recoge la ropa de la tintorería, se toma una copa con un conocido al que realmente no le interesa ver. La gente 'productiva', en cambio, prioriza sus tareas de acuerdo con sus objetivos y sus necesidades de bienestar emocional. Ten mucho cuidado con lo que haces con tu día, y cuando llenes tu agenda reflexiona bien respecto a tus intenciones." Nicole Lapin.

MANTENTE AL DÍA CON LA BANDEJA DE ENTRADA DE TU CORREO ELECTRÓNICO

El correo electrónico es nuestro lenguaje común y continúa siendo la forma más importante de comunicación en las oficinas.
JUSTIN KERR

1. Llega a la oficina 10 minutos más temprano.
2. Revisa y responde todos los correos electrónicos nuevos antes de que comiencen tus juntas.
3. Envía solamente mensajes breves y concisos. **EN LA PÁGINA 85 ENCONTRARÁS LAS INDICACIONES PARA ESCRIBIR UN CORREO ELECTRÓNICO.**
4. Solo añade al correo electrónico a otras personas en copia si realmente necesitan involucrarse. Esto evitará que te inunden con correos de respuesta "a todos".
5. Si alguien te incluye en un correo grupal, asegúrate de responder a todos para que la gente sepa que tú eres responsable.
6. Cuando le solicites algo a alguien dale fechas límite peculiares, como martes a las 3:22 p.m. Esto hará que *tu* plazo se destaque entre los otros ("Para el jueves antes de salir de la oficina" es lo que se escucha en todos los centros laborales, pero la verdad es que "antes de salir de la oficina" significa algo distinto para todos).
7. Si tienes una larga cadena de correos con alguien y las cosas no parecen ir a ningún lugar, toma el teléfono o visítalo en su escritorio, y resuelve el asunto fuera de internet.

Ten una jornada laboral productiva

El experto:

Justin Kerr es consultor de eficiencia en el trabajo. Es el creador del podcast Mr. Corpo y autor de *How to Write an Email*, *How to Be Great at Work* y *How to Cry at Work*. Justin ofrece 40 conferencias al año en oficinas corporativas para explicarle a la gente que debería enviar *más* correos electrónicos, no menos. Pero no siempre le creen.

La explicación:

El correo electrónico es un juego que consiste en estar más allá de la curva de poder. Es fundamental que de tu bandeja salgan correos para que la gente pueda conseguir *para ti* la información que necesitas para seguir avanzando. Independientemente de cómo sea tu horario, tómate periodos secretos de cinco minutos a lo largo de la jornada laboral y úsalos para responder uno o dos correos. Estos breves estallidos de productividad pueden sumarse y darte hasta 30 minutos o más al día. Si te incluyeron en un correo grupal, sí, tienes que responderles a todos. Tal vez creas que al responder solamente a la persona que lo envió estarás ayudando al grupo, pero en realidad los otros se quedarán con la duda respecto a cuál fue tu decisión y perderán tiempo tratando de darle seguimiento al asunto. Si sientes que todavía estás atascado, al día siguiente añade 10 minutos más para esta tarea. Todos los días continúa llegando cada vez 10 minutos más temprano hasta que sientas que estás al día y que puedes iniciar de cero. Sí, esto significa que durante aproximadamente una semana tendrás que llegar más temprano a la oficina, pero la alternativa es sentirte abrumado los siguientes seis meses.

Información adicional

Nunca envíes correos electrónicos de trabajo los fines de semana o ya tarde por la noche. Para empezar, darás la impresión de que no puedes seguirle el paso a tu trabajo, pero lo peor es que si respondes correos electrónicos a las 11:00 p.m. o los domingos, la gente comenzará a esperar de ti ese mismo nivel de accesibilidad. Oprah nos ha explicado que podemos enseñarles a los demás cómo queremos que nos traten, así que enséñale a la gente que solo respondes correos de trabajo en horas laborables.

CREA CONTRASEÑAS SEGURAS QUE REALMENTE PUEDAS RECORDAR

Una computadora puede calcular y reconocer patrones mucho más rápido que el cerebro humano, pero los humanos continúan siendo mejores en el aspecto creativo. ¡Esta es tu gran ventaja frente al hacking!

LAS EDITORAS DE MakeUseOf

1. Crea una contraseña base. Piensa en una frase, el nombre de un lugar o un nombre y un número telefónico.
2. Ahora hazla menos reconocible. Puedes tomar una frase que te guste mucho, como: "El amor hace girar al mundo", y usar la primera letra de cada palabra para crear un acrónimo: EAHGAM. También puedes remplazar letras con números al azar en una palabra, por ejemplo, "Habilidades" puede transformarse en "H4bilidade5". O escribe una palabra al revés: "Tecnología" se convierte en "aigolonceT".

3. Añádele números o símbolos especiales. Puedes cambiar las letras por números o símbolos específicos que te sea fácil recordar. La "i" cambia a "1" o "!". O cambia la manera de escribir de palabras conocidas: "peso" se convierte en "pe$o".
4. Asegúrate de que tu palabra base cumpla con los siguientes requisitos:

- No aparece en el diccionario.
- Contiene símbolos y números.
- Contiene una mezcla de mayúsculas y minúsculas.
- Contiene por lo menos 10 caracteres.
- No se puede adivinar fácilmente con base en información del usuario. Es decir, no es tu fecha de cumpleaños, código postal, número telefónico, ni la calle donde creciste (¡Ups, me cacharon!).

5. Aprende tu palabra base de memoria. ¡Es posible!
6. Cuando tengas una palabra base fuerte, úsala para crear contraseñas individuales para cada una de tus cuentas de internet, solo añade al final las tres primeras letras del servicio en cuestión, o el principio de la palabra base. Por ejemplo. *contraseñaGma* para tu cuenta de Gmail, o *contraseñaeBa* para eBay. Nota: "Contraseña", ¡no es una buena contraseña!

Las expertas:

Tina Sieber y Yaara Lancet son escritoras de tecnología y editoras de MakeUseOf, una guía en línea que publica diariamente consejos y métodos para aprovechar al máximo internet, los software y las aplicaciones móviles.

La explicación:

Sin pensarlo demasiado, ¿sabes cuántas contraseñas distintas tienes? Si la respuesta es 10 o menos, seguramente usas la misma para varios servicios, y eso te pone en riesgo.

El secreto para recordar un gran número de contraseñas consiste en diseñar una contraseña *base* que puedas modificar de acuerdo con el servicio al que vayas a ingresar. De esta manera realmente solo tendrás que recordar una contraseña y podrás tener una distinta para cada cuenta. ¡Imagina que un hacker averiguara esa contraseña! Algunas cuentas no te permiten usar caracteres especiales, y en ese caso deberás aumentar la longitud y hacer que la contraseña sea lo más abstracta posible. De la misma manera, si la longitud se limita a seis u ocho caracteres, asegúrate de cubrir la mayor cantidad posible de los puntos restantes.

Información adicional

¿Necesitas ayuda para crear una buena palabra para tu contraseña base? Elige un libro que tengas en formato físico, o sea, en papel. Ábrelo en una página al azar o busca un párrafo que realmente te guste, y ubica una palabra que puedas usar. En la página 109 de *Oliver Twist* de Charles Dickens, por ejemplo, encontré la palabra "jocosidad". Es la cuarta palabra del renglón 33 de esa página, así que la contraseña base puede ser 109jocosidad334. Juega con los números y colócalos de tal forma que te sea más fácil recordarlos. Para que tenga una buena longitud, puedes añadir algunos

Ten una jornada laboral productiva

símbolos en lugares estratégicos. Incluso puedes marcar con lápiz la palabra en el libro para asegurarte de que la volverás a encontrar en caso de que llegues a olvidar la contraseña.

> **Consejo profesional:** usa un administrador de contraseñas. Se trata de un software que te permite generar contraseñas prácticamente imposibles de piratear, y que las recuerda por ti. Solo no vayas a olvidar tu contraseña maestra, de esa manera todas las demás estarán almacenadas de forma segura y disponibles cuando las necesites. Este tipo de software es sumamente conveniente porque con solo un clic llena de forma automática los campos de ingreso con tus datos. Algunos incluso pueden almacenar y llenar por sí solos los campos con los detalles de tus tarjetas de crédito y tus direcciones de facturación, lo cual hace que las compras por internet sean mucho más seguras y fáciles.

Dato curioso: dos de las contraseñas más usadas son *contraseña* y *123456*.

DECIDE QUÉ COMER A LA HORA DEL ALMUERZO (PERO QUE SEA LIGERO PARA QUE NO TE ALETARGUE)

1. Haz una lista de tres lugares de los que siempre te sientes cómodo pidiendo comida.
2. Pregúntate: "¿Qué es lo que me gusta comer de ahí y me hace sentir bien en general?".
3. Para reducir las opciones piensa en lo que ordenaste la última vez para comer o como botana. Si solo fueron zanahorias y humus, tal vez necesites pedir algo más.

4. Revisa qué tienen en el menú para comer y a qué hora lo estarás comiendo. Busca variedad y asegúrate de que sea suficiente para saciarte (o no demasiado si se trata de una comida temprana).
5. Mira tu agenda y ve qué tienes que hacer en la tarde. ¿Una junta importante? Trata de no comer granos porque añaden carbohidratos adicionales, ¡y te pueden producir sueño *justo* cuando necesites un estimulante!
6. Piensa de qué manera puedes añadir más verduras a tu orden con base en el tipo de cocina que elijas. Puede ser una ensalada de guarnición, un rollo adicional de verduras, más espinacas en el sándwich o un platillo tipo chili con carne, pero con vegetales.
7. Agrega una bebida sin azúcar. ¡Hidratarse es fundamental!

La experta:

Jaclyn London es dietista certificada (RD, por sus siglas en inglés) y nutrióloga-dietista certificada. Es autora de *Dressing on the Side (and Other Diet Myths Debunked): 11 Science Based Ways to Eat More, Stress Less, and Feel Great About Your Body*. Anteriormente fue directora del Laboratorio de Nutrición de Good Housekeeping Institute y actualmente dirige las áreas de Nutrición y Bienestar de WW (antes Weight Watchers).

La explicación:

En la oficina decidimos comer alimentos menos nutritivos debido simplemente al volumen. Es decir, o no comemos suficiente y entonces terminamos rasguñando el tazón de dulces, o comemos demasiado y a las 3:00 p.m. solo queremos arrastrarnos hasta la parte inferior del escritorio y echarnos a dormir ahí. Tomar estas decisiones con más prudencia puede servirte para tener tardes más productivas. El objetivo es comer una combinación de fibra, proteína y grasas saludables. La fibra te hace sentir satisfecho, pero también ayuda a disminuir la velocidad a la que digieres y absorbes los nutrientes, lo cual permite una liberación más estable de glucosa en tu torrente sanguíneo. En pocas palabras, la fibra evita que te quedes dormido y consumido. Así que come más verduras y con mayor frecuencia, de la manera que puedas (cambia tu mentalidad: no pienses en lo que tienes que eliminar de tus comidas, sino en lo que puedes *añadir*). La hidratación también es fundamental para la energía, así que necesitarás tener a la mano agua u otro tipo de bebidas sin azúcar. La buena noticia es que puedes ingerir más cafeína de la que crees, hasta 400 miligramos al día, lo cual corresponde a ¡cuatro tazas enteras de café! (ocho onzas en cada una).

Información adicional

¿Alguna vez te has sentido como si te hubieras drogado después de consumir una comida fuerte y llena de carbohidratos? La explicación de esto tiene que ver con la bioquímica. Cuando ingieres muchos carbohidratos simples como los que contienen el pan y la pasta, tu cuerpo libera insulina para poder lidiar con toda la glucosa y otros pequeños aminoácidos, y eso provoca que los aminoácidos más grandes como el triptófano vayan directo a tu cerebro sin tener que competir con nadie. Cuando el triptófano llega a tu cerebro se convierte en serotonina y en melatonina, y esto te produce sueño. Si, como mucha gente, eres particularmente proclive a este fenómeno, no consumas ni pasta ni granos a la hora del almuerzo o la comida.

Dato curioso: la causa del aletargamiento que sufres después del Día de Acción de Gracias no es el pavo, sino la tremenda cantidad de carbohidratos que contienen casi todos los otros alimentos que se sirven para acompañarlo. El pavo tiene una cantidad particularmente elevada de proteína que en realidad puede *regular* los niveles de insulina y combatir la fatiga, así que no culpes al pavo sino al relleno.

EVITA (Y APRENDE A MANEJAR) LAS INTERRUPCIONES

1. Solicita de forma asertiva que no te molesten durante X cantidad de tiempo.
2. Explica por qué no quieres que te interrumpan. "Tengo un plazo corto para entregar algo y me gustaría trabajar en ello dos horas sin interrupción."
3. No te disculpes.
4. Pregunta si se podría presentar algún problema. "¿Hay alguna razón por la que te sería imposible respetar mi petición?"
5. Expresa tu gratitud anticipadamente.
6. Cierra tu puerta, ponte los audífonos, apaga las notificaciones y desconéctate de todas las fuentes externas (incluso puedes activar las respuestas automáticas en tu correo electrónico y los mensajes de texto) para indicarles a los demás y *a ti mismo* que estás enfocado en algo importante.

7. Brinda y solicita retroalimentación. Después de un periodo de trabajo en paz y sin interrupciones, averigua qué impacto tuvo tu petición en la gente que te permitió trabajar. Con suerte no habrá sido terrible, ¡así que podrás volver a aplicar este truco!

La experta:

Deborah Grayson Riegel es directora ejecutiva y *coach* en jefe de comunicación de Talk Support, una agencia ejecutiva de entrenamiento enfocada en las habilidades de liderazgo y comunicación. Deborah ha dado clases en la Wharton School de la Universidad de Pensilvania, en Columbia Business School, y en Duke Corporate Education. Es autora de *Overcoming Overthinking: 36 Ways to Tame Anxiety for Work, School, and Life*.

La explicación:

Para adelantarte a las interrupciones, pide que no te molesten, pero asegúrate de explicar *por qué* necesitas ese tiempo. Una de las mejores maneras de establecer lazos de confianza con otros consiste en explicar nuestras decisiones, incluso si la persona no necesariamente está de acuerdo con ellas. Si necesitas ayuda para explicar por qué necesitas este tiempo, considera lo siguiente: varios estudios demuestran que una vez que la concentración se ve interrumpida, se necesitan 30 minutos para recobrar el flujo. Tu solicitud no deberá ser ni agresiva ni pasiva, solo asertiva. La agresividad sirve para satisfacer tus necesidades a costa de las necesidades de los otros, y la pasividad te hace satisfacer las necesidades de los otros a costa de las tuyas. Ser asertivo, en cambio, te permitirá satisfacer tus necesidades y las de los demás al mismo tiempo. Por todo lo anterior, cuando preguntes si hay impedimentos para que respeten tu petición, es posible que tengas que negociar o llegar a un acuerdo. Pero que no tengas miedo de pedir el tiempo que necesitas.

Información adicional

Cuando alguien te interrumpa por alguna razón, trata de explicar lo siguiente: "Estoy a la mitad de algo, puedo atenderte cinco minutos ahora, pero estoy distraído y no tendrás toda mi atención. A las X en punto, sin embargo, puedes tener toda mi atención. ¿Qué prefieres?". Si la persona elige los cinco minutos en ese momento, tendrás que cumplir con lo que ofreciste.

TRABAJA DESDE CASA

1. Asigna un área específica para trabajar (ganarás puntos adicionales si encuentras un lugar con una puerta que puedas cerrar) para que no termines tirado en el sofá con tu laptop... como me encuentro en este preciso momento mientras escribo lo que lees.
2. No empieces a trabajar en el instante que te levantes, date un tiempo para crear una transición hacia tu día.
3. Date una ducha y vístete. No tienes que ponerte traje o ropa de oficina, pero es necesario que te quites la pijama para adoptar la mentalidad adecuada para trabajar.
4. Comunícales con claridad a los integrantes de tu equipo cuándo podrás atenderlos, y *mantente disponible* en todo momento durante el periodo que fijaste.

Ten una jornada laboral productiva

5. Almuerza o toma un descanso, pero antes de salir hazle saber a la gente que no estarás frente a tu computadora.
6. No trates de hacer varias actividades al mismo tiempo ni de adelantar las tareas del hogar. Durante las horas laborales, enfócate en tu trabajo.
7. Date tiempo para las interacciones humanas, reúnete con otros amigos que también trabajen desde casa, y vayan a tomar café o a caminar a la hora del almuerzo.
8. Elige un tiempo para desconectarte de la misma forma que lo haces en la oficina. Cierra tu puerta desde el primer instante.
9. No olvides el trabajo en redes ni el desarrollo profesional. Cuando puedas, ve a tu oficina real para encontrarte en persona con la gente y, de ser posible, asiste a conferencias y organiza reuniones a la hora del almuerzo o la comida.

La experta:

Lauren McGoodwin es autora de *Power Moves* y fundadora y directora de Career Contessa, un sitio profesional construido para las mujeres de una manera inclusiva. Esta empresa ayuda a las mujeres a construir carreras exitosas con asesoría de expertos, entrevistas, reuniones individuales con mentores y cursos basados en habilidades e impartidos por internet. Lauren fundó Career Contessa en 2013 después de enfrentar una brecha en los recursos para el desarrollo profesional de las mujeres.

La explicación:

Diseñar una rutina por la mañana y apegarte a ella te permitirá establecer el tono para todo tu día, e impedirá que trabajes demasiado. Aunque no lo creas, trabajar *demasiado* es un problema increíblemente frecuente entre la gente que teletrabaja desde casa. Si no hay un tiempo específico para comenzar y terminar, las fronteras entre lo laboral y el hogar se desvanecen fácilmente. Vestirte es también una señal con la que podrás indicarle a cualquier persona en casa que, de hecho, estás trabajando. El área designada de trabajo te ayuda a separar aún más la vida laboral de la vida en el hogar. Tómate tiempo para comunicar con precisión los momentos en que trabajas y los momentos en que no. Si estuvieras en una oficina con otras personas y llegara la hora de ir a almorzar, te pondrías de pie y anunciarías: "Voy a almorzar" o "Tengo muchas reuniones". Cuando trabajas desde casa puedes hacer lo mismo. Es decir, no tienes que llevarte el celular al baño solo para probar que estás trabajando. Busca oportunidades para tener interacciones humanas, tanto de manera cotidiana (tomar café con un amigo o amiga) como en tu ámbito laboral (asistir a un evento de *networking*). Como ya sabemos todos actualmente, cuando trabajas desde casa es posible llegar a sentirse solo. Si eres el único que teletrabaja y todos los demás continúan en la oficina, asegúrate de que en tu contrato diga que te pagarán un vuelo una vez al mes o cada dos meses. Si todos los demás pueden verse en persona y tú eres el único que está fuera, evidentemente las cosas no van bien.

Información adicional

Evita el miedo a no hacer cosas. La gente que teletrabaja suele desarrollar un miedo a no hacer cosas porque siente que tiene que ser productiva de manera constante y, además, hacer varias tareas al mismo tiempo. "Vaya, estoy en casa, debería estar lavando los trastes, metiendo ropa a la lavadora y preparándome para llevar la correspondencia al correo." Sin embargo, permitir que tu lista personal de pendientes te distraiga es uno de los mayores obstáculos para trabajar de manera eficaz desde casa. Claro, se requiere disciplina, pero en lugar de hacer una pausa en el trabajo para meter una carga a la lavadora, reúnete con un amigo para almorzar o camina al parque y permite que también tu cerebro descanse.

Consejo profesional: si tienes que salir de una conferencia o de una llamada de Zoom antes de que termine, y si lo sabes desde antes, es importante que le avises al grupo con anticipación. Di que necesitas desconectarte X minutos antes de que termine la llamada, y explica lo que harás en ese momento. Para no interrumpir a la gente, cuando tengas que irte solo cuelga. Si tienes que abandonar la reunión súbitamente, lo mejor es que lo anuncies durante la pausa. Explica amablemente que tendrás que irte, pero que darás seguimiento más adelante. ¡Y salte! Lo que realmente interrumpe una reunión son las personas que se toman horas para despedirse o que esperan que todos los demás se despidan. Así que, por favor, solo vete: rápido y en silencio.

5

Organízate en casa

SIGUE ESTAS ESTRATEGIAS PARA DESHACERSE
DE LOS OBJETOS INNECESARIOS

> *El problema cuando empiezas a liberar un espacio es que te enfocas en los objetos. Pero no se trata de los objetos, sino de ti.*
>
> Peter Walsh

1. Pregúntate: "¿Qué visión tengo para la vida que quiero?".
2. Fíjate en el espacio que estás liberando y los artículos que tienes, y pregúntate: "¿Esto me ayuda a crear la vida que quiero o solo me distrae y *desvía* mi atención?".
3. Comprende que hay dos tipos de objetos: "los objetos del recuerdo", que nos recuerdan a alguien importante, un logro o un suceso, y "los objetos que podría necesitar algún día", como un trozo ordinario de leña, el recipiente para preparar fondue o los jeans entubados que usabas en la universidad. Es decir, los artículos a los que nos aferramos por todos esos futuros imaginarios que podríamos tener.

4. En lugar de pensar lo que quieres *para* un espacio (cortinas, lámparas, almohadas), piensa en lo que quieres *del* espacio (comodidad, escape, motivación).

5. Ahora que estás en el estado mental correcto, dale a cada miembro de la familia dos bolsas de basura y programa 10 minutos en un temporizador. Llena una de las bolsas con basura (o artículos para reciclar) y la otra con objetos que serán donados. Coloca de inmediato los artículos para la basura en el bote y mete las bolsas de donaciones en tu automóvil.

6. Usa la regla de la proporción: En el caso de los tipos de artículos de los que tengas muchas piezas (como libros, juguetes, zapatos), elige un número entre 1 y 10, y proponte lo siguiente: "Por cada *X* de estos que guarde, me desharé de uno". Si no logras que tus objetos quepan en el espacio que les asignaste, repite el proceso y trata de que *X* sea una cantidad menor.

7. Para eliminar las cosas que abarrotan tu cocina, saca todos los artículos de los cajones de utensilios y déjalos un mes completo en una caja de cartón sobre la encimera. Cada vez que uses algo de la caja vuélvelo a guardar en su lugar original. Al final de ese mes fíjate qué artículos quedan en la caja y considera donarlos. Solo recuerda conservar aquellos artículos que definitivamente necesitas a pesar de que no los usas con frecuencia, ¡como la jeringa para inyectar el pavo en Día de Acción de Gracias o Navidad!

8. Para tu armario, pon a prueba la estrategia del gancho a la inversa. Coloca todos los artículos que están colgados mirando en dirección opuesta a la que acostumbras. Cada

vez que uses algo coloca el artículo en su posición original. Seis meses después, excepto por las prendas para ocasiones especiales, deberás donar todo lo que no esté colgado en la dirección original. Con esta dinámica verás que 80% del tiempo usas solamente 20% de tu ropa, ¡y aquí está la prueba!

9. Cuando te deshagas de los artículos de más en el baño, lee los números. El maquillaje tiene una fecha de caducidad o una fecha para la cual es mejor haber usado el producto. La regla de oro es: entre más cerca de los ojos se use el producto, más corta es su calidad de vida. El rímel necesita remplazarse cada cuatro meses, pero otros cosméticos y lociones pueden durar hasta un año. El perfume tiene una vida útil de tres años.

El experto:

Peter Walsh es experto en diseño organizativo, y es popular en televisión y radio. Es autor de numerosos libros bestseller de la lista de *The New York Times*, entre los que se encuentran: *It's All Too Much: An Easy Plan for Living a Richer, Fuller Life with Less Stuff* y *Let It Go: Downsizing Your Way to a Richer, Happier Life*.

La explicación:

El primer paso consiste en repensar la relación que tienes con tus posesiones. Los objetos son algo que debe funcionar y trabajar *para ti*, no al revés. Si ése es el caso con un objeto, genial, si no, pregúntate: "¿Qué hace esto en mi casa?". Los humanos solemos aferrarnos a muchos objetos porque tememos que si los dejamos ir perderemos el recuerdo o agraviaremos a la persona que nos los dio. También es común pensar que algún día los necesitaremos, pero ¿tus objetos te abruman? Si el objeto te saca del presente, si te sientes ansioso o preocupado por lo que podría pasar en el futuro, o si estás deprimido e inquieto por algo que sucedió en el pasado, en realidad no estás aprovechando al máximo la vida que tienes *ahora*. Aquí es donde las dinámicas para deshacerte de objetos inútiles entran en acción. Todas estas estrategias son para ayudarte a respetar el espacio que tienes en tu hogar para que puedas ser verdaderamente feliz ahí.

ORGANIZA TU CAJÓN DE LOS CACHIVACHES

Cuando reorganices tu cajón de los cachivaches piensa que estás haciendo la selección exclusiva de tu propia miscelánea.
SHIRA GILL

1. Libera la encimera de la cocina para que tengas espacio para trabajar.
2. Programa 15 minutos en un temporizador.
3. Saca todo del cajón y ponlo sobre la encimera.
4. Limpia el cajón para eliminar absolutamente todo el polvo, basura y... ¿gotas caramelizadas de jarabe para la tos?
5. Identifica lo que es realmente basura, como envoltorios de goma de mascar, recibos viejos o marcadores secos, y tíralo al cesto.
6. El resto de los objetos divídelos en dos montículos: uno de cosas que quieres volver a colocar en el cajón, y otro de

cosas que te gustaría conservar, pero que deberías guardar en otro lugar.
7. Instala organizadores para cajones no muy profundos. Compra un juego modular con piezas intercambiables y arréglalas de tal forma que funcionen para guardar tus objetos.
8. Vuelve a colocar en el cajón lo que quieras conservar. Deberá ser un conjunto de artículos que tengan relación entre sí, y a los que puedas tener acceso de manera frecuente como Post-it, marcadores permanentes, el control remoto adicional del estacionamiento o pilas.
9. Cámbiale el nombre al cajón. Si normalmente dices que es el "cajón de los cachivaches", lo estás condenando a albergar cachivaches. Así que, de ahora en adelante, refiérete a él como *cajón de artículos útiles*.
10. Reubica los otros objetos que se quedaron sobre la encimera, colócalos en el lugar donde pertenecen.

La experta:

Shira Gill es fundadora de la popular agencia de consultoría de organización en el hogar Shira Gill Home. Es autora de *Minimalista*, libro que será publicado por Ten Speed Press en 2021.

La explicación:

Shira usa el temporizador con sus clientes para demostrarles que organizar un cajón no tiene por qué convertirse en un proyecto monumental. Puedes limpiar el cajón de los cachivaches en un cuarto de hora, es a lo que ella llama "victoria de 15 minutos".

Shira usa el hashtag #15minwin para ayudar a sus clientes y a otras personas de todo el mundo a acumular y celebrar sus victorias personales. La experta me comentó que usualmente 90% de lo que hay en un cajón de cachivaches en verdad son cachivaches. Así que cuando te enfrentes a la pregunta de "¿Qué conservar?", sé amoroso contigo mismo de una manera quizá un poco brutal. ¿Ese adornito roto de Navidad que has querido reparar con pegamento a pesar de que no tiene ningún valor sentimental? ¿En serio? Los organizadores para cajones son importantes porque necesitas un espacio para las plumas y lápices, otro para las tijeras y uno largo para el martillo... Porque sí, ¡Shira guarda herramientas sencillas en su cajón! Organiza el tuyo para que luzca como una tienda miscelánea porque de esta manera tendrás acceso fácilmente a objetos esenciales, y en cuanto los demás noten lo bonito que está y el cuidado con el que has desplegado los objetos, pensarán dos veces las cosas antes de guardar basura en él.

ABRE TU CORRESPONDENCIA

Solo tienes que tocar la correspondencia dos veces: cuando la sacas del buzón y la separas, y cuando estás listo para lidiar con ella de una vez por todas. No abras un sobre "solamente para ver", es un desperdicio de tiempo y de energía mental.

CORINNE MORAHAN

1. Asigna *un solo* lugar para colocar la correspondencia, puede ser una esquina en la encimera de la cocina o una charola sobre la consola cerca de la puerta de entrada. Luego elige *un solo* lugar donde lidiarás con la correspondencia,

puede ser sobre el escritorio de tu oficina en casa. El lugar en el que lidiarás con la correspondencia y decidirás tirarla puede ser el mismo.
2. Saca la correspondencia del buzón todos los días, pero solo cuando cuentes con por lo menos dos minutos.
3. Separa de inmediato las cartas *no abiertas* en dos categorías: SE QUEDA y SE VA.
4. Todo lo que se quede irá al "punto para correspondencia" que elegiste en el paso 1.
5. Tira todo lo que vaya al bote de la basura o al del reciclaje.
6. Cuando tengas 15 minutos para dedicarte a abrir la correspondencia, ya sea diariamente o a la semana, lleva todos los sobres al lugar que asignaste para lidiar con ellos y también lleva contigo tu agenda, teléfono o laptop.
7. ¡Abre las cartas!
8. Si recibes una invitación: revisa tu calendario, envía confirmación, marca la fecha en tu agenda y tira la invitación. Ganarás puntos extra si también aprovechas ese momento para ordenar un regalo por internet. ¡Tu yo del futuro te lo agradecerá!
9. Si abres una factura: programa el pago en ese preciso momento. VE A LA PÁGINA 137 PARA INFORMACIÓN SOBRE CÓMO PAGAR FACTURAS.
10. Si se trata de una tarjeta: léela, escribe un mensaje de texto de agradecimiento, y tírala o archívala.
11. Haz una nota en tu calendario para cualquier asunto con el que no puedas lidiar de inmediato y deja la carta en cuestión en el lugar donde le haces frente a la correspondencia.

La experta:

Corinne Morahan es fundadora y directora ejecutiva de Grid + Glam, una empresa con servicios completos para organización profesional con base en Boston. Grid + Glam combina el aspecto estético con la funcionalidad. En su cuenta de Instagram se muestran cambios de imagen de alacenas y escritorios que te harán babear.

La explicación:

La clave para mantenerse al día con la correspondencia radica en entender que es como lavar los trastes, es decir, se trata de una tarea cotidiana. El proceso tiene dos etapas: en la primera reúnes físicamente las cartas, en la segunda te encargas de revisarlas, y por lo general esto se hace en dos momentos distintos. Abrir tu buzón solo cuando cuentas con un par de minutos para ordenar las cartas es fundamental, no solo tomes la correspondencia camino a tu automóvil porque corres el riesgo de que las facturas *realmente* se caigan y terminen perdidas entre los asientos: créeme, lo sé por experiencia. Tienes que ser inclemente con el fajo de cartas que tires a la basura porque, sí, los catálogos son bonitos, pero solo se acumularán y te mirarán burlones desde un rincón de tu casa. Además, tu tiempo vale mucho más que ese dólar que te ahorrarías al descubrir la oferta del año entre todos esos cupones.

REORGANIZA TUS CAJONES Y EL ARMARIO

1. Usa una o dos cajas de zapatos para formar una separación en tus cajones. De esa manera tendrás un espacio

para camisetas con o sin mangas, blusas, pantalones tipo mallas y otras prendas.

2. Vacía el contenido del cajón en una superficie plana, puede ser sobre tu cama, sobre la cómoda o incluso en el suelo.
3. Elige lo que quieras conservar. No guardes nada que no te encante o que no te produzca felicidad. Sabrás que amas una prenda porque te emociona usarla y porque descubrir que no está limpia te pone de mal humor.
4. Dobla bien las camisas o blusas que quieras conservar.
5. Coloca las camisas o blusas de forma vertical en el cajón, como si estuvieras acomodando expedientes en un archivero. Comienza con las más oscuras. Asegúrate de doblar cada prenda de tal suerte que quede a la altura del cajón, de esa manera aprovecharás el espacio al máximo y no sentirás la tentación de solo arrojar ropa encima para guardarla.
6. Haz lo mismo con los pantalones que usualmente guardas en cajones.
7. Coloca las calcetas o los calcetines pares uno sobre otro, dóblalos en tercios y guárdalos, también de forma vertical, en el cajón correspondiente. La mayoría de la gente solo toma el par de calcetines, lo hace bolita y lo guarda como si fueran papas, pero esto provoca que las fibras elásticas se estiren y desgasten.
8. Cuando pases al armario asegúrate de que todas las prendas y los ganchos miren en la misma dirección. La dirección correcta es un asunto tan controversial como el del papel higiénico en el dispensador del baño, así que elige la dirección que a ti te funcione.

9. Del lado izquierdo cuelga las prendas oscuras, largas y pesadas.
10. Del lado derecho cuelga las prendas claras, cortas y ligeras.

La experta:

Patty Morrissey es experta en organización y estilo de vida. Es fundadora de Clear & Cultivate, una empresa de organización terapéutica y estilo de vida con base en Huntington, Nueva York. En *CBS This Morning* la llamaron "maga", y en el *New York Times*, la "Gurú del orden". En 2016 se convirtió en la primera asesora certificada KonMari fuera de Japón. Patty trabaja de cerca con Marie Kondo como instructora de su programa de certificación de asesores.

La explicación:

La clave para almacenar ropa es la visibilidad. En lugar de apilar las camisas o las blusas una sobre otra como las encuentras en tiendas como Gap, prueba la manera vertical tipo expediente en archivero. Esto reduce las arrugas porque no hay camisas atoradas al fondo. Además, de esta manera no volverás a sacar por error las dos prendas de la parte superior. Cuando estés doblando, aplana cada prenda con la mano: su calor "planchará" la prenda naturalmente. Este paso también te ayuda a notar las imperfecciones: si encuentras alguna mancha o agujero, o si falta un botón, no vuelvas a guardar la prenda. El secreto en el caso del armario es no retacarlo, porque si lo haces, después no podrás deslizar los ganchos. Separar la ropa larga de la corta permite que debajo de la corta quede un espacio que podrás usar para almacenar maletas o cajas. Además, organizar por colores y tonos es perfectamente lógico ("¿Dónde está mi camisa roja? ¡Ah, sí, aquí!") y genera buenas vibraciones (según las investigaciones, ver esas líneas de color en nuestros cajones y armarios produce sentimientos positivos). Cuidar bien los objetos que no ve nadie más que tú también es un acto realmente intenso, porque cuando abres tu cajón o tu clóset, y resulta evidente que tienes control sobre la situación, te embarga una sensación de paz y orden. Lo ideal es organizar los objetos como si se tratara de una boutique, ¡para que sientas la alegría de "comprar" en tu propio armario!

> **Consejo profesional:** guarda en tu armario una "caja de salida" para que cada vez que encuentres algo que ya no te guste puedas guardarlo ahí. Vacía la caja periódicamente; puedes donar los artículos o venderlos a través de alguna aplicación como Mercari o Poshmark.

Consejo de una experta en moda:

"¡Deja de guardar prendas que ya no te quedan!", dice Aya Kanai, editora en jefe de *Marie Claire* y antigua directora de moda de todas las publicaciones Hearst. "Conservar en tu armario prendas que de alguna manera te hacen sentir culpable o mal respecto a ti misma es terrible para tu vida. Nuestro cuerpo cambia, y dejar que esa ropa solo acumule polvo no te ayudará a volver a usarla pronto. ¡Alguien más debería disfrutar de ella!" Como la industria de la moda es la segunda más contaminante del mundo, el mercado de reventa de ropa, es decir, el intercambio comercial de ropa de segunda mano, se ha convertido en una vía muy sólida e importante. Impresionante, ¿no? Tú también puedes colaborar deshaciéndote de la ropa que ya no te queda y permitiendo que alguien más le dé una nueva vida.

6

Haz que tus quehaceres sean más sencillos

ESCRIBE UNA LISTA DE PENDIENTES
QUE REALMENTE VAYAS CUMPLIENDO

1. Piensa cuáles son tus tres o cinco prioridades en el trabajo y la vida.
2. Escribe las prioridades como títulos de columnas en la parte superior de una gran hoja de papel.
3. Enlista tus pendientes debajo de la columna de la prioridad correspondiente. Por ejemplo, "hacer cita para que me den un masaje" iría en la columna de "cuidar mejor de mí mismo".
4. Nota que hay tareas que no coinciden con ninguna de tus prioridades, como llamar a la agencia de renta de automóviles para hablar de ese demencial cargo que hicieron a tu tarjeta. Para estos casos, añade una columna adicional llamada "el otro 5%".
5. Agrega una "etiqueta" para tareas similares. Las tareas que te exijan enfocarte deberán tener la etiqueta "enfoque en pensamiento y trabajo", y las tareas rápidas deberán

separarse en "tareas de acción, cinco minutos" y en "tareas de acción, 15 minutos". Si eres del tipo de persona organizada que necesita pistas visuales, elige un color para representar cada "etiqueta".
6. Piensa en el orden en que te será más sencillo realizar las tareas y numéralas de la manera que corresponda.
7. Pasa los pendientes a tu agenda y programa un bloque de tiempo para "enfoque en pensamiento y trabajo", y otros bloques más cortos para las tareas que implican acción que puedas agrupar.

La experta:

Christine Carter, Ph.D., es autora de *The Sweet Spot: How to Achieve More by Doing Less*. Es socióloga e investigadora del Greater Good Science Center de UC Berkeley.

La explicación:

Para que una lista de pendientes sea satisfactoria y exitosa necesitas sentir que estás trabajando en las tareas correctas, por eso el primer paso es definir las prioridades. Estas podrían ir de "trabajar en mis amistades" a "hacer crecer mi negocio". Limítate a cinco o menos, porque si tratas de enfocarte en demasiadas cosas el cerebro se siente abrumado. Si no eliges tus prioridades de esta manera, es probable que pases todo el día haciendo "el otro 5%", y piensa que no deberías invertir más de tres cuartos de hora en esas molestas tareas administrativas. Ir pasando de un pendiente a otro de la lista también es sumamente ineficaz porque las tareas similares podrían hacerse al mismo tiempo para que no tengas que interrumpir de forma constante tu flujo y pasar a cada rato de las tareas que exigen enfoque a las que requieren acción rápida. Es fundamental que traslades los pendientes a tu agenda o calendario, ya que si el cerebro no sabe *cuándo* tendrá que hacer algo, continuará interrumpiéndote (¡Ay, por Dios! ¡Tengo que recoger la comida del perro!). Además, no basta con externalizar los pendientes escribiéndolos, tienes que saber que los martes debes recoger la comida del perro cuando vayas camino a casa. *Solo así te dejará en paz tu cerebro.*

Consejo profesional: ¿te sientes abrumado o abrumada tan solo de ver tu lista? Entonces estás haciendo algo mal. Si sabes que no tienes tiempo o que, sencillamente, *no harás algo*, entonces *no* lo agregues a la lista. Esto incluye tareas que has querido hacer desde 2016 como arreglar ese $^!+@% álbum de fotografías del viaje a Marbella. El domingo por la noche es un momento perfecto para escribir la lista de pendientes, pero conforme avance la semana puedes revisarla y ponerla al día en unos cuantos minutos. Si ya pasaron cinco minutos y sigues organizando y marcando las etiquetas con colores (¡como yo!), detente y ponte a trabajar.

PAGA TUS FACTURAS

1. Haz los arreglos necesarios para poder hacer pagos electrónicos. Este paso es *fundamental* porque te facilitará las cosas exponencialmente.
2. Determina qué calendario de pagos te conviene. Pregúntate: "¿Voy a ir pagando las facturas conforme vayan

llegando? ¿Apartaré un día para hacerlo cada semana? ¿O cada mes?".
3. Si solo quieres lidiar con las facturas una vez al mes, mueve las fechas límite *al mismo día para todas las facturas*. De otra manera terminarás pagando recargos por pagos tardíos.
4. Cada vez que revises la correspondencia coloca las facturas en el lugar donde "lidias con las cartas". **Para abrir tu correspondencia de la mejor manera ve a la página 128**.
5. Cuando apartes tiempo para abrir las facturas (diaria, semanal o mensualmente, según como lo hayas determinado en el paso 2), abre todos los sobres y paga en ese momento.
6. Archiva o destruye la factura.

La experta:

Corinne Morahan es fundadora y directora ejecutiva de Grid + Glam, una empresa con servicios completos para organización profesional con base en Boston. Grid + Glam combina el aspecto estético con la funcionalidad. En su cuenta de Instagram se muestran cambios de imagen de alacenas y escritorios que te harán babear. Corinne empezó su carrera trabajando en Wall Street y ahora aprovecha su experiencia financiera en su actividad laboral actual.

La explicación:

Para que tu rutina de pago de facturas sea rápida y sencilla, es necesario que inviertas de antemano cierto tiempo, pero créeme que valdrá la pena. Para este proceso necesitarás la información para entrar a tus cuentas de banco, copias de todas tus facturas recurrentes, y aproximadamente entre media hora y 45 minutos. Entra al sitio del banco y añade cada tarjeta de crédito o empresa de servicios como "Beneficiario". Continuamente te preguntarán si quieres eliminar las facturas de papel y recibir estados de cuenta a través del correo electrónico y alertas de texto. Esto es bastante tentador y, por supuesto, ayuda al medio ambiente, pero a menos de que estés *completamente* al día con tu correo electrónico, tal vez sea mejor que sigas recibiendo las facturas en papel. Para que todas las fechas de pago coincidan tendrás que investigar un poco y averiguar cómo maneja este proceso cada empresa. Algunas te permiten hacerlo por internet, directamente en tu cuenta. Otras piden que hagas una llamada telefónica o que solicites el cambio por escrito. La excepción son los servicios de suscripción como Netflix, los cuales te facturan el día que te inscribiste y no tienen flexibilidad para cambiar la fecha. Lo que tendrías que hacer en este caso es cancelar tu suscripción y volver suscribirte en la fecha que quieres que te facturen. También trata de resistir la tentación de abrir los sobres de las facturas cuando vayas caminando del buzón a tu automóvil "solo para ver": limita todos los cobros y el estrés de abrir los sobres de las facturas a un solo tiempo y lugar. Solo te tomará algunos minutos y podrás hacerlo desde tu celular, nunca más necesitarás otro sello o cheque.

> **Consejo profesional:** si no tienes que hacer un retiro en el cajero electrónico, escribe un recordatorio en tu celular o calendario para hacer el pago. Y si de todas formas lo olvidas y terminas pagando después de la fecha límite, siempre vale la pena llamar a la empresa facturadora, mencionar que

eres un cliente súper leal, y pedir que eliminen los cargos e intereses por pago tardío.

LLENA EL LAVAVAJILLAS

1. Coloca todas las tazas y vasos en la bandeja superior, coloca los vasos largos donde quepan mejor sin golpear las aspas rociadoras, la puerta ni el techo del lavavajillas. En algunos casos las áreas más profundas están a los lados; en otros, al centro. Deja un poco de espacio entre los vasos.
2. En la bandeja superior también coloca tazones pequeños y los recipientes plásticos que sí se pueden lavar en lavavajillas. Antes elimina cualquier remanente de comida. Los tazones para cereal deberían ir en la bandeja superior, pero revisa las indicaciones para asegurarte. Deben acomodarse verticalmente entre los dientes que sostienen los platos, pero mirando hacia abajo y al interior, en un ángulo agudo hacia el brazo rociador de la parte inferior. No coloques los tazones completamente horizontales y bocabajo.
3. Carga los tenedores y cucharas con los mangos hacia *abajo* para asegurarte de que las partes sucias de los utensilios tengan contacto con el agua y el detergente. Si las partes sucias quedan escondidas en la canasta, esta actúa como barrera.
4. Coloca el filo de los cuchillos hacia abajo para que no te cortes cuando vacíes el lavavajillas. Si el tuyo tiene canasta abierta, mezcla cucharas, tenedores y cuchillos para evitar que se encajen.

5. Comienza a cargar la bandeja inferior con los platos grandes y completamente sucios. Si no hay nada más en el lavavajillas colócalos bocabajo, y si vas a poner otros artículos a los lados, inclínalos un poco. Revisa las indicaciones de todos tus trastes y utensilios, ahí podrás verificar si pueden ser tratados en lavavajillas.
6. Los artículos más grandes como charolas y tablas para cortar que puedan ser lavadas en lavavajillas deberán colocarse hacia los lados y la parte del fondo para que no bloqueen el rociado del agua y el detergente.
7. Llena la bandeja inferior con los platos grandes entre los dientes de soporte y con platos más pequeños, y asegúrate de que haya un poco de espacio alrededor de cada artículo. ¡No caigas en la tentación de saturar el lavavajillas!
8. Usa un detergente de la mejor calidad y verifica que el dispensador para enjuague esté lleno. Esto permite que el secado sea más rápido y no deje manchas.
9. Antes de encender el lavavajillas deja que corra agua en el fregadero de la cocina hasta que salga caliente. De otra manera, el ciclo de lavado comenzará con agua fría y esto afecta el lavado de los trastes.

El experto:

Consumer Reports es una organización sin fines de lucro que defiende a los consumidores y le ayuda a la gente a tomar decisiones informadas a través de investigaciones y pruebas. Esta organización compra y prueba unos 35 lavavajillas al año, y lava casi 2 mil utensilios y platos completamente sucios para ver qué funciona mejor.

La explicación:

Cargar primero la bandeja superior te permite sacar de tu fregadero y de las encimeras los pequeños platos y utensilios, y tener más espacio para lidiar con los platos más grandes y, a menudo, más sucios. Si prefieres cargar primero la bandeja inferior, también puedes hacerlo, solo carga completamente cada bandeja antes de pasar a la siguiente para llenar el lavavajillas de la manera más eficiente posible. Lo ideal es que la máquina no tenga que procesar comidas enteras (todos conocemos a ese tipo de personas que lo permiten, yo vivo con una), por eso es importante eliminar todos los restos de alimentos. Sin embargo, gracias al preenjuague de los lavavajillas actuales no es estrictamente necesario. Creo que también todos conocen a alguien que casi lava los platos antes de meterlos al lavavajillas... como yo. Los platos que tienen mucha grasa pegada pueden dejarse un rato en remojo en una solución jabonosa. Algunos lavavajillas tienen zonas especiales con motores turbo, busca en tu manual cómo cargar esas zonas porque varían dependiendo del modelo. Cuando metas los trastes recuerda que usualmente hay dos aspas rociadoras, una en la parte inferior y otra pegada a la bandeja superior. Algunos modelos cuentan con una tercera aspa sobre la tina. Asegúrate de que los platos estén colocados de tal forma que reciban el mejor lavado y que no saturen el lavavajillas. Cuando los platos están apretados el agua y el detergente no fluyen, y esto provoca que se formen manchas de agua en los puntos de contacto, e incluso la ruptura de los trastes. Además, seamos honestos, en el tiempo que pasarás volviendo a arreglar todos los trastes en el lavavajillas para que quepa ese tazón, podrías lavar cinco a mano. Recuerda que no hay premio si metes absolutamente todo... Espera, ¡¿es en serio?!

Información adicional

Cosas que no *deberías* meter al lavavajillas: cuchillos grandes de cocina (los detergentes dañan los bordes, y el calor puede suavizar el metal; cualquier objeto fabricado con latón, bronce o madera, así como platos de porcelana con hoja de oro. En general es posible meter las sartenes y cacerolas de aluminio o acero inoxidable, pero las sartenes con teflón deberán lavarse a mano, incluso si en la etiqueta dice que es posible meterlas al lavavajillas. Los plásticos que es posible meter siempre van en la bandeja superior para mantenerlos alejados del calor porque podría deformarlos.

> **Consejo profesional:** siempre que sea necesario, usa un trapo húmedo para limpiar el sello plástico entre la puerta del lavavajillas y la tina, porque ahí se acumulan residuos y partículas de alimentos. El acumulamiento puede provocar malos olores, crecimiento de moho, e incluso impedir que la puerta cierre adecuadamente. Cuando limpies la puerta y la tina de metal inoxidable evita usar toallitas humedecidas con blanqueador, químicos duros, fibras para restregar, y cualquier tipo de abrasivo. Si vives en un área donde el agua es dura, es probable que en el interior de tu lavavajillas se formen películas minerales y que haya decoloración. Estos depósitos los puedes identificar en tus trastes y en el interior del lavavajillas porque se ven como una película nubosa. Para eliminar estos depósitos usa cada mes un detergente para trastes con base ácida como Affresh o Finish.

VACÍA EL LAVAVAJILLAS

> *Pregúntate qué vas a hacer los próximos cuatro o seis minutos de tu vida. ¿Es más importante que contar con platos limpios? Porque ese es el tiempo que te tomará vaciar el lavavajillas.*
>
> Rachel Hoffman

Ten a la mano una toalla para secar platos, y si hay algo mojado, sécalo y guárdalo. No solo lo dejes fuera para que se seque porque eso te dará más trabajo después.

1. Abre el lavavajillas y saca la bandeja inferior.
2. Saca la rejilla de los cubiertos, colócala junto al cajón que les corresponde y guárdalos.
3. Saca todos los platos y apílalos en la encimera, luego lleva esta pila al gabinete donde los guardas.
4. Repite el procedimiento para los platos pequeños y los tazones.
5. En cuanto la bandeja inferior esté completamente vacía, vuelve a colocarla en el lavavajillas y saca la bandeja superior.
6. Saca del lavavajillas los vasos, de dos en dos, y guárdalos.
7. Guarda en su lugar los artículos misceláneos como los recipientes de plástico o los platos demasiado grandes.
8. Ah, ¿y recuerdas esa taza o tenedor necio que sigues dejando en el lavavajillas con la esperanza de que en *esta* sesión de lavado realmente quede limpio? Sácalo, lávalo a mano, sécalo y guárdalo.

La experta:

Rachel Hoffman es experta en limpieza y fundadora de Unfuck Your Habitat, un sistema de organización del hogar y administración de las tareas domésticas. Es autora de *Cleaning Sucks: An Unfuck Your Habitat Guided Journal for Less Mess, Less Stress, and a Home You Don't Hate.*

La explicación:

La gente puede postergar el vaciado de su lavavajillas durante *días*. ¿Pero qué más estarías haciendo con ese periodo de entre cuatro y seis minutos? A menos de que pienses curar el cáncer, mejor solo oblígate a vaciar el lavavajillas. Lo mejor es que lo hagas agrupando los objetos, como los platos con los platos, y los tazones con los tazones. Al cerebro le agrada el orden, así que si tienes un sistema al que recurras siempre, tarde o temprano podrás hacer esta tarea en piloto automático. La razón por la que debes vaciar primero la bandeja inferior es porque el agua se acumula en la parte superior de los vasos de los tazones que están bocabajo en la bandeja superior, y si sacas esta primero, el agua sucia caerá sobre los platos secos. Esto resulta desagradable e ineficiente. Para evitarlo también puedes anticipar la situación y comprar vasos con la base plana para que no se acumule ahí el agua. ¡Anotado!

SAL DE LA TIENDA EXCLUSIVAMENTE CON LO QUE FUISTE A COMPRAR

1. Haz una lista de lo que vas a comprar en la tienda, incluso si solo serán tres productos.

2. Detente en el cajero automático camino a la tienda y saca el efectivo que necesitas para comprar *exclusivamente* el producto o productos en tu lista. (Regresa al paso 1 tantas veces como sea necesario.)
3. Deja tus tarjetas de crédito y débito en la guantera del automóvil.
4. Ve directamente al pasillo donde se encuentra el artículo o artículos que necesitas. (Si no sabes dónde está y crees que terminarás vagando por la tienda, mejor pregunta en el servicio a clientes antes de entrar.)
5. Si ves algo que no está en tu lista pero que tal vez querrías comprar, hazte estas cuatro preguntas: "¿Lo necesito? ¿Me encanta? ¿Me gusta? ¿Lo quiero?". Si la respuesta indica que es una necesidad *o gusto* genuino, está bien. Pero si no, regresa el artículo a su lugar y continúa caminando.
6. Visualízate como una persona mayor con la cabellera llena de canas. ¿Realmente quieres que esa futura versión de ti tenga problemas económicos porque la versión presente no pudo contenerse y tuvo que comprar cojines de piel sintética?

La experta:

Tiffany Aliche, también conocida como la *Budgetnista*, es educadora en el área de finanzas y autora de *The One Week Budget* y *Live Richer Challenge*. En 2019 redactó y ayudó a que se aprobara la ley Budgetnista, la cual hizo obligatorio que se incorporara la educación financiera en todas las escuelas secundarias de Nueva Jersey. Tiffany fundó Live Richer Academy, una institución que les enseña a las mujeres a diseñar, implementar y automatizar su propio plan de libertad financiera.

La explicación:

Necesitas un plan de juego, porque si no, estás condenado. ¿Podrías simplemente caminar apenado de vuelta a tu automóvil para recuperar tus tarjetas de crédito? Sí, claro, y tal vez lo hagas. Sin embargo, verte obligado a hacer un esfuerzo adicional te dará un momento para pensar bien tus compras. Las preguntas para definir tus prioridades tienen el mismo propósito: ¿Es algo que necesito, que me encanta, que me agrada o que quiero? Tiffany, de hecho, usa unos brazaletes que tienen grabadas estas preguntas. Todos tenemos que gastar para cubrir nuestras necesidades (alimentos, vivienda, medicamentos, transporte), pero usualmente soslayamos el amor porque para pagar esas cosas se necesita más paciencia y tiempo. Por eso gastamos en artículos que *queremos* o *nos agradan*. Cuando eres más joven es difícil que te importe mucho tu anciano yo del futuro, por eso es necesario que lo imagines como una caricatura. El yo octogenario de Tiffany es Wanda, una mujer insolente y metiche. Piensa en tu yo como un abuelo. ¿Te atreverías a pedirle a tu abuelita que trabaje para que tú puedas pasártela bien y gastar de más a pesar de que solo tienes treinta o cuarenta y tantos años? En resumen, si no cuidas tu dinero ahora, Wanda tendrá que pagar por tu error en algunos años.

> **Consejo profesional:** consigue una pequeña etiqueta y escribe en ella: "Lo necesito, me encanta, me gusta, lo quiero". Pégala en el mismo lugar donde solía estar tu calcomanía de activación de la tarjeta de crédito, y así, cada vez que

saques esta, recordarás que debes definir tus prioridades. Esto resulta particularmente útil si prefieres usar una tarjeta en especial para los lujos en lugar de efectivo o si, ejem, eh… si tienes una tarjeta de la tienda departamental.

Información adicional

Diseña un plan para poder "decir sí". Identifica algo que te encante y para lo que tendrías que trabajar si quisieras comprarlo, como unos boletos de avión para ir a París, por ejemplo. La próxima vez que te niegues algo que realmente no necesitas, velo de manera distinta: en lugar de volverle a decir que no a una cena en un restaurante, le estarás diciendo que "sí" a París. Esta es una excelente manera de hacerte sentir que en realidad no te estás privando tanto de algo cada vez que evites tus compras de artículos "que te gustan y quieres". Te sentirás vigorizado porque recordarás ese sueño mayor y más valioso para el que estás ahorrando. También funciona con los amigos y las amigas: "Lo siento, este fin de semana no podré almorzar con ustedes porque le estaré diciendo que sí a París". El truco de Tiffany para averiguar si algo te encanta consiste en pensar: si tuvieras la cuenta de banco de Oprah, ¿qué harías?, ¿o qué harías más? ¿Viajar? ¿Iniciar un negocio? ¿Pasar tiempo con tu familia y amigos? ¿Ver una obra de teatro? Todas estas son adquisiciones que hacen que la vida sea plena y divertida. Si te enfocas en las necesidades y en las cosas que te encantan, en lugar de las que solo te gustan o quieres, estarás eligiendo usar tu dinero para vivir con más pasión y propósito.

HAZ UNA LISTA PARA EL SUPERMERCADO

1. Saca tu calendario y ve tus actividades de la semana. ¿Cuántas noches será necesario que cocines?, ¿tendrás que empacar almuerzos?, ¿habrá actividades especiales o recibirás visitas el fin de semana?
2. Planea las comidas que puedes preparar y escribe los ingredientes.
3. Revisa tu refrigerador y la alacena para ver qué alimentos básicos te faltan (huevos, verduras, café, ese excelente queso con trufa) y añádelos a la lista.
4. Revisa los lugares donde guardas los alimentos de más. ¿Es en el estacionamiento?, ¿el sótano?, ¿el gabinete del rincón que tanto trabajo te cuesta abrir? Ve si *tienes* alguno de los productos de la lista en tu casa. De ser así, táchalo de la lista. ¡Qué bien se siente!
5. Revisa la lista y trata de organizarla por secciones de la tienda. Si crees que reescribirla te ayudará, hazlo.
6. Mete en tu automóvil las bolsas reutilizables *ahora* para que no las olvides cuando vayas al supermercado. O solo mantenlas en la cajuela.

La experta:

Michele Vig es fundadora y organizadora en jefe de Neat Little Nest, una empresa para la organización del hogar con base en Minneapolis.

La explicación:

El paso más importante para no comprar de más es saber cuánta comida necesitas (o no necesitas) para la semana. Esto te ayudará a controlar tu presupuesto y el desperdicio. Porque tirar a la basura comida que ni siquiera tocaste y caducó o dejó de estar en condiciones adecuadas para usarse es muy deprimente. Parte de volverse adulto implica ser un poco más consciente de lo que se avecina para no actuar sin pensar. Si es más probable que camino a casa pases a la rosticería a comprar un pollo en lugar de cocinarlo, no incluyas "pollo" en la lista. Y ahórrate la culpa por favor: todos tomamos atajos. ¿Tus amigos te visitarán el sábado? Compra las botanas *hoy*. Asegúrate de tener tus preferidas *en casa* o en la lista. Si organizas tu lista por tipos de artículos, recorrerás a toda velocidad los pasillos de la tienda sin detenerte.

> **Consejo profesional:** organizar bien tu alacena y el refrigerador hace que comprar comestibles sea mucho más sencillo. Michele recomienda "decantar", es decir, sacar los alimentos de los empaques de cartón o plástico, y almacenarlos en frascos de vidrio o recipientes de plástico traslúcido. Con esta técnica la comida se mantiene más fresca y luce mejor, por supuesto, pero también te ahorra tiempo y evita la frustración. Si las barras de granola, por ejemplo, las tienes en una canasta, y el cereal en un recipiente, te será más sencillo hacer un inventario porque podrás ver exactamente cuánto te queda de cada cosa. Ya no necesitarás agitar la caja. Además, si la alacena se ve limpia y organizada, y no está repleta de la contaminación visual y la estimulación excesiva de los empaques modernos de alimentos, inyectarás alegría y

paz inusitadas en un lugar en el que normalmente no las había. A su vez, esto hará que los momentos en que comes tus alimentos o los guardas sean un poco más divertidos. ¡Sí, por favor!

EMPACA TUS VÍVERES

1. Cuando hagas las compras coloca los artículos más pesados en la parte del frente del carrito o en la parte inferior, de donde podrás tomarlos con mayor facilidad. A menos de que tu niño ocupe la canastilla del carrito, coloca ahí los productos ligeros o que corran riesgo de dañarse.
2. Cuando pases los productos a la banda transportadora sepáralos por peso. Coloca los más pesados *primero* y luego agrega los productos envasados en cajas.
3. Cuando coloques los alimentos en la banda transportadora, deja las hierbas, frituras y artículos más ligeros *al último*.
4. Usa bolsas reutilizables. Es bueno para el medio ambiente, pero también para el empacador porque no se rompen y puedes meter más productos en ellas.
5. Cuando manipules las bolsas, hazlo como si estuvieras construyendo una casa. Comienza con las paredes, es decir, los productos en cajas (cereal, pañuelos desechables, barras de granola). Colócalos alrededor de los bordes de la bolsa.
6. En el centro de la bolsa coloca los artículos envasados en latas y frascos, así como otros productos pesados: estos serán los "muebles" de la casa. Solo no permitas que los frascos se toquen entre sí.

7. Las verduras, frituras y otros productos ligeros deberás colocarlos sobre lo más pesado, serán como la "decoración". Digamos que estarán en *el piso de arriba* de la casa.
8. Coloca los artículos congelados juntos para que se mantengan fríos y para que sepas qué bolsa desempacar primero cuando llegues a casa.
9. Siempre coloca los huevos y el pan en la parte superior de alguna de las bolsas.
10. Empaca la carne cruda en una bolsa aparte. También es bueno empacar por separado cualquier producto químico o de limpieza. Lo mejor es usar bolsas de plástico para las carnes por si llegan a derramarse los jugos: nadie quiere que estos ensucien el automóvil o las bolsas reutilizables. La buena noticia es que ahora muchas tiendas usan bolsas plásticas que pueden tirarse al sistema de composta.
11. Si en la caja de la tienda hay un empacador, permite que él o ella guarden los productos en tus bolsas.

El experto:

Dwayne Campbell es empleado veterano de la cadena de supermercados Hy-Vee y ganador del Campeonato Nacional 2019 como mejor empacador en la competencia de National Grocers Association. Los criterios para calificar a los participantes incluyen velocidad, técnica adecuada para llenar las bolsas, y distribución del peso, pero también actitud y estilo. Hy-Vee es una empresa que les pertenece a los empleados y opera más de 265 tiendas al menudeo en ocho estados del Medio Oeste de Estados Unidos.

Haz que tus quehaceres sean más sencillos

La explicación:

La clave para empacar con facilidad y eficiencia consiste en colocar los productos en el orden adecuado en la banda transportadora, lo cual implica cobrar conciencia sobre cómo organizas los productos en tu carrito. Si pones todos los productos ligeros en la parte superior, terminarán en la parte inferior de las bolsas o se desbordarán y estorbarán en el área de la caja donde se empaca, y nadie quiere que esto suceda. Tener un poco de cuidado con la manera en que colocas tus productos en la banda les permite, a ti o al empacador, acomodar todo bien en las bolsas. Las "paredes" que se construyen en los bordes de las bolsas mantienen en posición vertical los frascos de salsa de tomate, las bolsas de manzanas o papas, y las botellas. Así la bolsa conserva su forma y se puede manipular. Esto también evita que las latas rompan las bolsas y se salgan por ahí. Lo ideal es que todas las bolsas pesen más o menos lo mismo para que puedas cargarlas sin problemas, así que evita llenarlas demasiado. Y deja las frituras al final. Son lo más difícil de empacar porque ocupan mucho espacio y no es posible manipularlas bien debido al aire que contienen las bolsas. Cuando "construyes una casa" con una bolsa de plástico tienes que ser un poco más diligente porque las esquinas de las cajas pueden rasgarlas. Empaca con cuidado y construye casas más pequeñas, coloca menos productos en cada bolsa. En Hy-Vee dicen: "Ocho es perfecto".

> **Consejo profesional:** coloca todos los productos que van a la alacena en una sola bolsa o en dos. Así, cuando llegues a casa solo tendrás que llevar esas bolsas a la alacena y desempacar todo al mismo tiempo.

LAVA UNA CARGA DE ROPA

1. Elige *una* carga para cada día (ropa oscura, ropa blanca o ropa delicada, por ejemplo. O elige la ropa de un solo miembro de la familia).
2. Deshaz las bolitas de calcetines o calcetas, saca las cosas de los bolsillos y rocía las manchas difíciles con líquido especial (**EN LA PÁGINA 156 ENCONTRARÁS LA MANERA DE TRATAR MANCHAS DIFÍCILES**). Por último, mete todo a la lavadora.
3. Mete la mano al tambor de la lavadora para asegurarte de que las prendas se puedan mover libremente en la máquina, es decir, no la sobrecargues.
4. Coloca el detergente en el dispensador y ajusta la configuración de lavado. En general, la ropa oscura se lava con agua fría, la blanca con agua tibia o caliente, y la delicada se lava en el ciclo de delicados o "a mano". Nota: en las lavadoras que se cargan por el frente, a veces el detergente en polvo se disuelve mejor si lo colocas en el tambor.
5. Si piensas que podrías olvidar que acabas de cargar la lavadora (¡como yo!), programa una alarma en tu teléfono celular.
6. En cuanto termine el ciclo de lavado saca todas las prendas, sacúdelas y métalas a la secadora. Separa las prendas que prefieras secar colgadas, como esos pantalones nuevos de mezclilla que te quedan un poquitito justos.
7. Saca la pelusa de la rejilla de ventilación, cierra la secadora e inicia el ciclo.
8. En cuanto termine el ciclo de la secadora lleva la ropa directamente al lugar donde te gusta doblarla (lo más común son las habitaciones), **DÓBLALA. Y. GUÁRDALA.**

La experta:

Becky Rapinchuk, también conocida como *Clean Mama*, es experta en limpieza y organización del hogar. Es autora de tres libros, entre los que se encuentran *Simply Clean: The Proven Method for Keeping Your Home Organized, Clean, and Beautiful in Just 10 Minutes a Day* y *Clean Mama's Guide to a Healthy Home*. Becky también es creadora de la línea de productos Clean Mama.

La explicación:

Tal vez la idea de lavar diariamente una carga de ropa de principio a fin (lavar, secar, doblar y *guardar*) suene abrumadora, pero lavar un poquito todos los días es más fácil que lavar *todo* en un solo día. Además, ¡así siempre tendrás ropa limpia! Mete la ropa a la lavadora a primera hora de la mañana o en la noche, y programa la máquina para que empiece a funcionar una hora antes de que te levantes. ¿No tienes suficientes prendas para una carga diaria? Entonces lava cada tercer día, y si te parece que nunca reúnes suficiente ropa blanca para armar una carga, toma en cuenta que en realidad puedes lavar casi la mayoría de las prendas con agua fría. En particular con la ropa de los niños, Becky sugiere separar las cargas por *niño* en lugar de por color. De esa manera la ropa de cada quien se mantendrá en un solo lugar a lo largo de todo el proceso y no tendrás que perder tiempo en separarla. Pon al derecho la ropa que lavaste al revés justo cuando la sacas de la secadora —¡el nombre técnico para este paso debería ser "desenrevesar"!—, te ahorrará tiempo cuando llegue el momento de doblar y guardar, que es la parte más pesada del proceso.

Información adicional

Alternativas caseras y más seguras. La mayoría de los suavizantes de telas y de láminas para secado contienen fragancias artificiales e ingredientes tóxicos. Además dejan una capa en las fibras de la ropa que hacen que con el tiempo sea más difícil lavarla. Mejor vacía un cuarto de taza de vinagre blanco en el dispensador de suavizante de la lavadora (¡te prometo que no olerá a aderezo de ensalada!) y usa torundas de lana para el secado. La lana es biodegradable y contiene agentes antimicrobianos naturales. Con cada carga de ropa mete tres torundas y reduce el tiempo de secado. Son reutilizables y duran mil ciclos. Si crees que extrañarás el aroma a ropa lavada, añádele a cada torunda un par de gotas de aceite esencial.

ELIMINA UNA MANCHA

1. En el fregadero o sobre un lavabo, aplícale solución especial a la mancha.
2. Usa tu dedo o un cepillo limpio con cerdas suaves para extender bien la solución sobre el área manchada.
3. Deja caer agua caliente sobre la mancha desde cierta altura, es más eficaz de esta manera. Si es una mancha de sangre, colócala justo debajo del grifo para que la presión del agua ayude a eliminarla, pero usa exclusivamente agua *fría*. Nunca uses agua caliente para la seda, la lana o el casimir, solo agua fría.
4. Remoja la prenda en agua caliente (para manchas de sangre y telas delicadas como seda y casimir, usa agua fría y no remojes por más de media hora en cada ocasión).

5. Si la mancha se atenuó, pero no desapareció por completo, repite el proceso hasta que te satisfaga el resultado.
6. Lava la prenda como usualmente lo haces. Las prendas de seda, lana o casimir deberán lavarse a mano con agua fría.
7. Para eliminar manchas difíciles haz una pasta con solución para manchas y alguna alternativa de blanqueador para todo propósito. Aplica la pasta a la mancha con un cepillo y sigue los pasos 3 a 5. No uses las alternativas de blanqueador en seda, lana o casimir.
8. Asegúrate de eliminar todas las manchas antes de meter las prendas a la secadora. Los artículos de seda, lana o casimir necesitarán secarse colgados o extendidos.
9. No planches prendas manchadas.

Las expertas:

Gwen Whiting y Lindsey Boyd son cofundadoras de Laundress, una marca premium mundial con una línea de productos amigables para el medio ambiente que incluye detergente, líquido para cuidar telas, y productos de limpieza para el hogar. La misión de Laundress es transformar los necesarios quehaceres en una experiencia suntuosa gracias a la combinación de productos eficaces y un conocimiento profundo de la limpieza.

La explicación:

Para eliminar manchas de la mejor manera posible deberás leer la etiqueta de tratamiento para cada tela y mancha que enfrentes. Así podrás elegir el producto, temperatura del agua y técnica adecuados. En el sitio de Laundress tienen una guía con campos que puedes llenar para obtener las instrucciones precisas para una mancha y prenda en particular. Es importante que uses una solución que pueda atacar y eliminar manchas difíciles como las que dejan el vino tinto, las salsas, el chocolate, el pasto, el café, el té y el sudor en las axilas. Verter agua en la mancha y luego remojarla es un paso importante pero necesita adaptarse dependiendo del tipo de daño y de la tela. La sangre, por ejemplo, requiere de agua fría porque el agua caliente hace que se fije en la prenda.

Información adicional

Para las manchas con base oleosa puedes usar una barra para manchas. Laundress fabrica una barra llamada Wash & Stain con este propósito. También puedes probar esta técnica de Becky *Clean Mama* Rapinchuk: guarda un poco de gis blanco en la zona de lavandería para frotarlo sobre este tipo de manchas y absorber el aceite. El gis también debería funcionar con manchas de mantequilla, aderezo para ensaladas, aceite para cocinar, etcétera. Luego de aplicar el gis lava de la manera que acostumbras. ¡La prenda debería salir limpia de la lavadora!

MANTÉN TUS TOALLAS FRESCAS, SUAVES Y CON BUEN AROMA

1. Asegúrate de que tu método de almacenaje de toallas sea el mejor para que no guarden olores. (Si mi hijo de 12 años está leyendo esto: "hechas bola en el piso de tu habitación" no es la mejor opción.) Guarda las toallas en un lugar limpio y seco.

2. Después de la ducha cuelga las toallas que hayas usado para que se puedan secar por completo entre este uso y el siguiente. Si en tu baño se encierra el vapor y no hay ventilador, considera colgar las toallas en tu habitación hasta que se sequen.
3. Usa las toallas de baño máximo dos veces antes de lavarlas.
4. No coloques toallas mojadas directamente en la canasta de la ropa sucia. Primero cuélgalas para que se sequen y *solo entonces* ponlas con la demás ropa sucia.
5. Cambia con frecuencia tus toallas para las manos. Lo ideal es hacerlo diario.
6. Nunca dejes más de un par de horas en la lavadora las toallas, ni ninguna otra prenda. Las toallas mojadas en espacios cerrados son un campo fértil para las bacterias, y estas provocan malos olores.
7. No retaques la lavadora ni la secadora. Para lavar y secar tus toallas, y cualquier tipo de prenda, es esencial que durante los ciclos de lavado y secado haya un flujo adecuado de agua y de aire, respectivamente.
8. Si tienes toallas en verdad apestosas, ponlas en un ciclo de lavado con ½ taza de bicarbonato de sodio. Luego lávalas de nuevo con el detergente que acostumbras.
9. Deja de usar suavizante de telas: este solo cubre las fibras con una capa que impide que las toallas queden esponjadas y realmente limpias. Y ni hablar de las potencialmente dañinas sustancias químicas que no necesitas en tu hogar. **En la página 156 encontrarás una alternativa que puedes producir en casa.**
10. Dobla las toallas en cuanto las saques de la secadora.

11. Limpia tu lavadora con regularidad. Lee el manual de instrucciones para hacerlo de la mejor manera.

La experta:

Becky Rapinchuk, también conocida como *Clean Mama*, es experta en limpieza y organización del hogar. Es autora de tres libros, entre los que se encuentran *Simply Clean: The Proven Method for Keeping Your Home Organized, Clean, and Beautiful in Just 10 Minutes a Day* y *Clean Mama's Guide to a Healthy Home*. Becky también es creadora de la línea de productos Clean Mama.

La explicación:

Las toallas absorben agua porque, después de todo, ese es su propósito, pero si no se cuelgan de manera adecuada, el agua se queda demasiado tiempo en ellas y se convierte en campo fértil para la proliferación de bacterias. Luego empiezan a apestar y es más difícil eliminar los olores. Dejar demasiadas toallas en el cesto de la ropa sucia, en la lavadora o en la secadora, también crea problemas. Dales a tus toallas espacio para que respiren, y dóblalas en cuanto las saques de la secadora para evitar que se arruguen y se pongan tiesas. Obtendrás puntos adicionales si *las guardas* de inmediato.

Información adicional

Una forma sencilla de simplificar el lavado: usa exclusivamente toallas blancas. Y sábanas blancas también, ya que estamos en esto. ¿Por qué? Porque así puedes lavar todo al mismo tiempo y, cuando sea necesario, también puedes darles tratamiento con agua caliente o desinfectante sin que se destiñan. Asimismo, puedes lavarlas con una alternativa al blanqueador cuando necesites eliminar manchas o mugre. Por si eso fuera poco, las toallas blancas dan a los baños una apariencia de spa y combinan con prácticamente cualquier color o tipo de decoración.

Consejo profesional: ¿tienes una camiseta apestosa a la que no le puedes quitar el olor? Guárdala en una bolsa Ziploc y déjala toda la noche en el congelador. Esto matará las bacterias que hacen que la tela huela mal.

DOBLA UNA SÁBANA AJUSTABLE

1. Coloca la sábana en una superficie plana con las esquinas fruncidas viendo hacia arriba.
2. Encuadra y aplana todas las esquinas y los pliegues elásticos tanto como puedas.

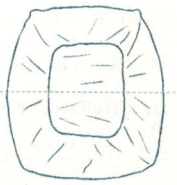
PASO 1

3. Dobla la sábana a la mitad horizontalmente y ten cuidado de que la parte que se ajusta a la cama quede bien guardada y pareja. Aplana la sábana de tal forma que los dobleces queden alineados unos sobre los otros y que no quede ningún bulto debajo.

PASO 2

PASO 3

4. Mete las esquinas ajustables de arriba en las esquinas ajustables de abajo.

PASO 4
PASO 5
PASO 6

5. Vuelve a doblar la sábana de forma horizontal para que las cuatro esquinas ajustables queden apiladas.
6. Aplana con tus manos.
7. Vuelve a meter las esquinas ajustables de arriba en las de abajo.
8. Dobla la sábana a la mitad hacia el otro lado, y luego otra vez a la mitad. Este doblez lo puedes repetir tantas veces como gustes.

La experta:

Ariel Kaye es fundadora y directora ejecutiva de Parachute, una moderna marca de estilo de vida, y autora de *How to Make a House a Home: Creating a Purposeful, Personal Space*. Lanzó Parachute como una marca exclusivamente en línea con una variedad selecta de productos para cama (¡la marca se llama así por la manera en que la tela se ahueca cuando sacudes las sábanas!). Desde su fundación, Parachute ha abierto tiendas físicas en todo Estados Unidos y se ha expandido. Ahora incluye productos para baño, muebles, mesas y una colección para bebés.

La explicación:

La lucha es real, ¡pero no tiene por qué ser así! Todos saben que la sábana ajustable es difícil de doblar, pero si lo haces paso por paso puedes ahorrarte tiempo y conservar la cordura (¡y espacio en tu armario!). La clave para que una vez doblada no quede abultada consiste en ir aplanando cada capa. Hay una técnica ligeramente menos madura que yo solía aplicar hasta antes de escribir este libro: no tengas más de un juego de sábanas. Así, después de lavarlas tendrás que volver a colocarlas en la cama el mismo día, ¡y no tendrás que volver a doblar nada!

PLANCHA UNA CAMISA

1. Lee la etiqueta para ver qué temperatura usar y ajusta los niveles en la plancha.
2. Levanta el cuello y plancha el interior, luego voltea y plancha la parte exterior presionando desde las puntas hacia el centro. Mantén el cuello parado hasta que hayas terminado de planchar el resto de la camisa.
3. Asegúrate de que los puños no estén abotonados y plancha cada uno de forma horizontal con la punta de la plancha dirigida hacia la manga, comenzando desde el interior. Luego voltea el puño para repetir en la cara exterior.

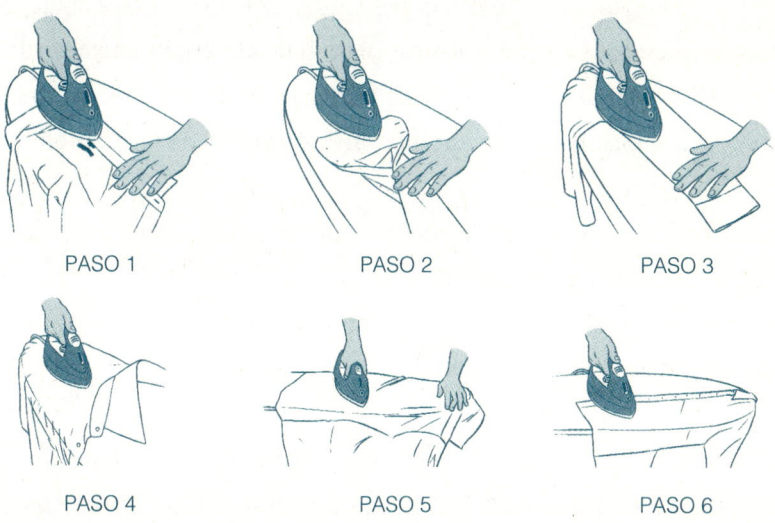

PASO 1   PASO 2   PASO 3

PASO 4   PASO 5   PASO 6

4. Sobre la tabla de planchado extiende una manga con el lado interior mirando hacia arriba, y aplana las capas del frente y la parte trasera. Antes de pasar la plancha verifica que no haya pliegues en la parte superior del brazo. Voltea y plancha la parte del frente, luego repite todo el proceso con la otra manga.
5. Desliza la manga abierta sobre la punta de la tabla y plancha bien los hombros.
6. Extiende la camisa abierta mirando hacia abajo y plancha el canesú. ¿Qué es el canesú?, te estarás preguntando. Es esa línea de doble capa a lo largo de la espalda que conecta el cuello con el cuerpo. Pasa la plancha del hombro a la parte central de la espalda en cada lado. Luego termina de planchar la espalda, es decir, cubre la parte debajo del canesú planchando de arriba hacia abajo.
7. Plancha el frente, primero el lado donde no hay botones. Comienza con la banda donde están los ojales (dato curioso: esta cinta se llama galón) y ve avanzando hacia el exterior con movimientos largos, del cuello hacia abajo. Si la camisa tiene bolsillo, plánchalo de abajo hacia arriba.
8. Termina con el lado del frente donde están los botones, ve pasando la plancha con movimientos serpenteantes entre estos.
9. Cuelga la camisa inmediatamente para que no tengas que volver a plancharla.

Las expertas:

Gwen Whiting y Lindsey Boyd son cofundadoras de Laundress, una marca con una línea de productos amigables para el medio ambiente que incluye detergente, líquido para cuidar telas y productos de limpieza para el hogar. Los productos se venden en todo el mundo, ¡incluso en Estonia!

La explicación:

Siempre lee la etiqueta antes, pero no te limites si esta dice "lavado en seco". En 90% de las ocasiones es posible lavar y planchar las prendas en casa. Las prendas de algodón y la ropa de cama siempre se pueden planchar. Si tu camisa es sintética, primero haz la prueba en un área pequeña. Nunca planches lana, terciopelo ni pana porque el calor aplanará el pelo de la tela. El cuello se debe planchar primero, porque si lo dejas hasta el final arrugarás toda la camisa y el esfuerzo será doble, ¡oh, no! Cuando llegues a los brazos levanta primero una manga y estira firmemente a lo largo de la costura para formar un doblez recto del hombro al puño antes de plancharlo. Esto evitará que marques líneas no deseadas con la plancha. Las mangas y el cuerpo se dejan para el final porque de esa manera será más fácil corregir errores en las áreas en las que necesitas más pulcritud, es decir, la parte que tú ves en el espejo o que ve la gente cuando te acercas a ella.

COLOCA LA FUNDA DE UN EDREDÓN

1. Extiende sobre la cama el edredón que vas a insertar.
2. Voltea completamente la funda del edredón, de tal suerte que las capas interiores queden afuera.
3. Identifica las dos esquinas superiores de la funda.

4. Mete las manos en la funda y sujeta esas dos esquinas por dentro. Ahora toma las dos esquinas superiores del edredón, cubriéndolas con las de la funda.
5. Sujeta bien las esquinas del edredón con tus manos aún dentro la funda.
6. Voltea cuidadosamente la funda y ve cubriendo al mismo tiempo el edredón.
7. Cuando el edredón esté cubierto, sacude y extiende para asegurarte de que la funda lo cubra por completo.
8. Haz coincidir las esquinas inferiores del edredón con las de la funda.
9. Abotona la abertura para la inserción.
10. Vuelve a sacudir y extiende el edredón cubierto sobre toda la cama.

La experta:

Ariel Kaye es fundadora y directora ejecutiva de Parachute, una moderna marca de estilo de vida, y autora de *How to Make a House a Home: Creating a Purposeful, Personal Space*. Lanzó Parachute como una marca exclusivamente en línea con una variedad selecta de productos para cama (¡la marca se llama así por la manera en que la tela se ahueca cuando sacudes las sábanas!). Desde su fundación, Parachute ha abierto tiendas físicas en todo el país y se ha expandido. Ahora incluye productos para baño, muebles, mesas y una colección para bebés.

La explicación:

Colocar la #$@%*¡ funda de un edredón es casi tan difícil como doblar una sábana ajustable, pero es importante. ¿Sabías que 40%

de los estadounidenses no usan una sábana superior y solo duermen entre la sábana ajustable y un edredón o *duvet*? En Europa tienen la misma costumbre. La sábana superior es una opción personal, está disponible, pero solo si la quieres (Parachute vende sus sábanas superiores por separado). A algunas personas les parece más natural y menos restrictivo porque solo meten a la lavadora la funda del edredón y la sábana inferior. Naturalmente, esto hace que lavar con regularidad la funda de tu edredón sea aún más importante porque las grasas de tu piel están en contacto directo con ella. Por cierto, ¡EN LA PÁGINA 33 ENCONTRARÁS LAS INSTRUCCIONES PARA HACER TU CAMA!

7

Limpia cualquier cosa

ORDENA UNA HABITACIÓN EN 10 MINUTOS O MENOS

1. Lleva a la habitación que limpiarás algunas toallas de papel o un trapo, y un atomizador con solución limpiadora.
2. Programa 10 minutos en un temporizador.
3. Busca todo aquello que podría oler mal como platos con comida, basura o ropa sucia, y llévalos al lugar donde deben estar.
4. Revisa las superficies planas y guarda todo lo que encuentres sobre ellas o ve apilándolo.
5. Usa las toallas de papel o el trapo para limpiar las superficies expuestas.
6. Sal un momento de la habitación, regresa e identifica las zonas aún sucias que capten tu atención. Límpialas.

La experta:

Rachel Hoffman es la fundadora de Unfuck Your Habitat, un sistema de organización y administración de las tareas domésticas.

Es autora de *Unfuck Your Habitat: You're Better Than Your Mess* y de *Cleaning Sucks: An Unfuck Your Habitat Guided Journal for Less Mess, Less Stress, and a Home You Don't Hate*.

La explicación:

Programar el temporizador evitará que la enormidad de esta tarea te abrume. También cambia tu mentalidad y te permite pensar que limpiar es algo que se puede hacer en periodos breves. Es decir, que no tienes que dejar que los quehaceres se acumulen hasta que tengas tiempo para una sesión maratónica. No importa qué parte de la casa vayas a limpiar, siempre atiende primero todo aquello que podría terminar oliendo mal, y luego las superficies planas como las mesas, cómodas o encimeras. Como ahí es donde se acumulan más cosas, limpiarlas hará que todo el lugar se sienta más limpio de inmediato. Salir de la habitación un momento y luego regresar te permite identificar lo que le podría estar molestando a tu subconsciente, y eliminarlo. Estas son las bases de la limpieza. En 10 minutos notarás una diferencia, y esto te hará sentir una mayor disposición a mantener el lugar limpio y a invertir 10 minutos más cuando los tengas.

Información adicional

Aprende este mantra para cuando entres a casa: "No dejes esto ahí, guárdalo en su lugar". Tus zapatos, por ejemplo. ¿Cuánto tiempo más te tomará guardarlos en el armario en lugar de solo dejarlos tirados en el piso? Menos de 30 segundos. Sin embargo, una semana después, cuando haya siete pares de zapatos junto a la puerta que necesitas guardar, la tarea se habrá vuelto más pesada y, obviamente, querrás evitarla todavía más. Y como es más sencillo "guardar" los objetos si estos tienen un lugar adónde ir, encuéntrale hogar a todo. Puedes usar repisas, canastas, ganchos y perchas. ¿Tienes niños? Coloca las perchas a su altura, ¡y enséñales a colgar su propia ropa!

LIMPIA TUS PISOS

> *Si limpias con más frecuencia, limpiarás menos.*
> DONNA SMALLIN KUPER

1. Levanta todo lo que encuentres en el piso: zapatos, juguetes, libros, etcétera.
2. Enrolla todos los tapetitos. Encontrarás mugre *en* y *debajo* de ellos. Sácalos de la casa y sacúdelos.
3. Aspira la basura suelta de los pisos duros o usa una escoba para reunirla y, cuando la hayas juntado toda, aspírala.
4. Ahora que tienes la aspiradora a la mano, usa el cepillo adicional para aspirar el alféizar de las ventanas, las pantallas de las lámparas y las cenefas.
5. Si tienes que trapear pisos duros, usa solamente agua. (¡Te lo digo por experiencia!)
6. Trapea la habitación de adentro hacia fuera, comienza en el punto más alejado de la puerta y ve retrocediendo hacia esta. No camines sobre el piso cuando aún esté mojado porque podrías dejar huellas, en especial si no traes zapatos.
7. Cuando termines, asea tus artículos de limpieza. Retira el pelo y la pelusa de la escoba, vacía el contenedor de la

aspiradora, elimina el cabello largo o los hilos del cepillo del rodillo.

La experta:

Donna Smallin Kuper es técnica certificada en limpieza del hogar, experta en organización, y autora de *Cleaning Plain & Simple*.

La explicación:

Antes de trapear es necesario eliminar la mayor cantidad posible de pelusa y polvo, porque de otra manera solo los estarás empujando y esparciendo. Y sí, lo único que necesitas para los pisos duros es agua. Qué liberador, ¿no? También es favorable para el medio ambiente. Los fabricantes recomiendan agua y, de hecho, algunos podrían cancelar tu garantía si usas algún producto de limpieza. Si alguna zona necesita tratamiento especial, límpiala por separado. Compra un trapeador y dos cabezas adicionales de microfibra para que siempre tengas una disponible. Solo rocía con agua.

Información adicional

Siempre sacude antes de aspirar. ¿Por qué? Por la gravedad. Esta es también la razón por la que debes sacudir de arriba hacia abajo. Vas a necesitar una tela de microfibra y agua. Llena un rociador con agua para que no tengas que pasar la tela debajo del grifo para humedecerla. De esa forma también evitarás que se moje demasiado y no funcione. Recuerda que tienes que *recoger* el polvo, no dejarlo caer. Sacude lenta y deliberadamente, y no olvides las partes más escondidas: las aspas del ventilador del techo pueden llegar a ensuciarse muchísimo, en especial en la cocina. También sacude las cenefas porque en ellas se acumula la mugre, y una vez que eso sucede ya no es posible solo sacudirlas. Incorpora estas áreas a tu rutina de limpieza para evitar que sea más difícil limpiarlas después.

Un consejo respecto a la rutina:

¡Necesitas tener una! Entre más rutinario sea el proceso de limpieza, más fácil y rápido te resultará seguirlo. Lo mejor es respetar siempre el mismo orden: hazlo como te funcione mejor, pero siempre de la misma manera. Si te aprendes el proceso al dedillo, podrás realizar todas las tareas con más eficiencia. Asimismo, si todos los días trapeas rápidamente, tus pisos se mantendrán más limpios. Como dice Donna: "En lo que a la limpieza se refiere, es mucho más fácil seguirle el paso que ponerse al día".

Un consejo respecto a la microfibra:

Los trapos de microfibra están fabricados con fibras sintéticas pequeñísimas (de ahí su nombre) que capturan mugre, polvo e incluso bacterias. Son sumamente absorbentes y se secan con rapidez; los puedes usar para limpiar prácticamente cualquier superficie con solo un poquito de agua. Para cuidarlos adecuadamente, lávalos juntos (separados de toallas y otros tipos de trapos), con agua caliente y un poco de detergente sin suavizante, y sécalos a temperatura baja o colgados. Deberían durarte unas 50 lavadas, pero si no los cuidas bien, los pequeños tentáculos se obstruirán y ya no funcionarán adecuadamente.

> **Consejo profesional:** cuando aspiras alfombras y empujas la aspiradora hacia el frente, la estás colocando en "posición

de pase". El objetivo de este movimiento es colocar la aspiradora en la posición correcta. Cuando la jalas hacia atrás, estás utilizando la "posición de trabajo", es decir, el movimiento que realmente jala la mugre. Es por esto que debes hacerlo lentamente.

LIMPIA LA COCINA DESPUÉS DE COMER

Antes de irte a acostar llega al punto "cero trastes en el fregadero". Este es el punto de reinicio. Si dejas cosas remojándose para el día siguiente estarás creándote más trabajo. Hazle un favor a tu yo del futuro y organiza todo para tener una mejor mañana.

RACHEL HOFFMAN

1. Despeja una encimera para usarla como la zona de trabajo para los platos sucios. Si fuiste limpiando a medida que cocinaste, es probable que ya hayas hecho esto.
2. Apila las cacerolas, sartenes y artículos grandes en algún lugar donde no estorben, pero que te queden al alcance de la mano. La estufa es un buen lugar. Si tienes que remojar alguno, llénalo con agua jabonosa tibia y déjalo sobre la estufa mientras avanzas en los siguientes pasos.
3. Empaca las sobras —**VE A LA PÁGINA 224**— y guarda todo lo que hayas sacado del refrigerador o la alacena. De ser necesario, límpialo rápidamente con un trapo húmedo o con una toalla de papel mojada. Obviamente estoy pensando en el frasco de cátsup.

Limpia cualquier cosa

4. Vacía el fregadero, coloca todo en el lavavajillas o lávalo a mano y ponlo a secar.
5. a) Si eres el tipo de persona que necesita ver el panorama completo de la tarea a realizar, lleva todo de la mesa a la encimera limpia.

    b) Si te abrumas con facilidad y es menos probable que acabes todo el trabajo si te parece que es demasiado, ve liberando espacios *por etapas*. Primero todos los cubiertos, luego los platos, después los vasos. También puedes enfocarte en una sola área a la vez y lidiar con cada grupo antes de regresar a la mesa por lo demás.
6. Tira los restos de comida, enjuaga y mete al lavavajillas todo lo que quepa. **VE A LA PÁGINA 140 PARA VER LAS INSTRUCCIONES DE CÓMO LLENAR EL LAVAVAJILLAS DE LA MEJOR MANERA.**
7. Lava en el fregadero las cacerolas y las sartenes más grandes, una a la vez.
8. Limpia todas las encimeras y la mesa de la cocina.
9. Lava todos los enseres que se hayan ensuciado, limpia las agarraderas del refrigerador con un trapo húmedo y barre los pisos o recoge las migajas que hayan salido volando de la mesa.

La experta:

Rachel Hoffman es experta en limpieza y fundadora de Unfuck Your Habitat, un sistema de organización del hogar y administración de las tareas domésticas. Es autora de *Cleaning Sucks: An Unfuck Your Habitat Guided Journal for Less Mess, Less Stress, and a Home You Don't Hate*.

La explicación:

En lo que a la limpieza se refiere, es necesario hacer espacio para las tareas que vas a abordar, por eso es fundamental despejar una encimera. Además, ver esa superficie inmaculada te motivará a seguir adelante, porque la limpieza genera limpieza. Evita poner todos los platos y cacerolas sucios en el fregadero, porque esto te impedirá usarlo. Es muy difícil y frustrante enjuagar platos si el fregadero está lleno de cacerolas y sartenes. La manera de despejar la mesa depende de tus preferencias personales, solo asegúrate de no apilar los platos llenos de comida porque las papas en un plato quedarán aplastadas con el que pongas encima y esto solo duplicará tu trabajo. Ahora bien, te diré algo respecto a remojar trastes: es una forma de postergar el lavado. Claro que necesitan remojo, pero sabes que piensas dejarlos en el fregadero, ¿no es cierto? Evita eso, simplemente no los pongas ahí para empezar, no hay ninguna ley que diga que tienes que remojar los platos sucios en el fregadero. Cuando termine el día lo mejor será que todo quede limpio, no hagas que tu yo del futuro pague por la pereza de tu yo del presente. Seca las cacerolas y guárdalas antes de que llegue el momento de cerrar la cocina. Ganarás una enorme cantidad de puntos adicionales si el lavavajillas acaba su ciclo y lo vacías antes de irte a acostar. **Para consejos sobre cómo hacer esto ve a la página 144.**

Un consejo respecto a la limpieza y los niños:

Los niños siempre escuchan lo que dices, así que asegúrate de no hacerles pensar que los quehaceres son realmente quehaceres. Si estás limpiando la cocina, no te quejes de lo espantoso que es hacerlo. No tienes que bailar alegremente cada vez que llenes el lavavajillas, pero piensa en el tipo de mensaje que les transmites a tus hijos si siempre te quejas respecto a este tema. Es mejor que muestres una buena actitud respecto a las tareas del hogar. No, no es súper divertido, pero es lo que hacemos y forma parte de nuestra vida diaria al igual que el cepillado de dientes. También piénsalo dos veces antes de usar los quehaceres como medio de castigo: ¡el trauma les provocará a tus hijos aversiones que dificultarán que quieran limpiar más adelante!

LIMPIA UNA DUCHA O UNA TINA

1. Quita todo del área de la ducha: botellas, jabones, esponjas.
2. Recorre las cortinas para que no estorben. Puedes voltearlas y colgarlas sobre la misma barra o simplemente quitarlas.
3. Primero rocía el limpiador generosamente sobre las paredes de la ducha, pero no en la tina ni en el piso.
4. Espera cinco minutos para que se activen las sustancias.
5. Usa el lado para fregar de una esponja de doble textura, y friega sección por sección de las paredes de la ducha. Empieza por la parte superior y baja como si fueras serpenteando. Continúa así hasta que hayas limpiado todas las paredes. No enjuagues.
6. Repite los pasos 3, 4 y 5 en la tina. ¡Pero cuidado! Si tu tina es de acrílico, solo usa la parte suave de la esponja: la parte que friega podría arruinar el acabado. En caso de que tengas que meterte a la tina para alcanzar los mosaicos, lávala en segundo lugar. Si no es necesario que

te metas en ella, puedes lavar la tina y los mosaicos al mismo tiempo.
7. Deja correr agua caliente de la ducha y usa la regadera de teléfono para rociar las paredes usando el mismo movimiento con el que las limpiaste. Si no tienes regadera de teléfono, llena una jarra con agua para enjuagar las paredes.
8. Usa un trapo de microfibra o un pequeño jalador si cuentas con él, y pásalo por las paredes hasta que queden secas y relucientes. Repite la operación en la tina, ¡y no olvides sacarle brillo a las partes cromadas!

La experta:

Melissa Maker es la anfitriona del canal de YouTube CleanMySpace, el cual tiene más de 1.3 millones de suscriptores. También es fundadora de Clean My Space, un servicio de mantenimiento del hogar con base en Canadá, de donde es originaria. Es autora de *Clean My Space: The Secret to Cleaning Better, Faster—and Loving Your Home Every Day*.

La explicación:

Cuando se trata de las paredes de la ducha realmente tienes que apegarte al patrón serpenteante y evitar la tentación de tallar en círculos porque esta técnica es una verdadera pérdida de tiempo. Como la clave es eliminar toda la capa de suciedad que forma el jabón, es sumamente importante que uses un buen producto de limpieza y que le des suficiente "tiempo de asentamiento" para que trabaje. Entre más tiempo lo dejes actuar, mayor será la capa de mugre que romperá, y tú trabajarás mucho menos. No te preocupes por atomizar a una altura mayor que la de la persona más alta que usa la ducha porque la capa de jabón no llega ahí. Si tu cancel de la ducha es de vidrio, vierte el vinagre más potente que encuentres en un atomizador y rocía como si fuera tu limpiador de costumbre. En cuanto a la tina, enrolla una toalla para que te puedas arrodillar sobre ella, y recuerda lavar las paredes interiores mientras estés en esa posición, porque muchos suelen olvidar esa zona.

Información adicional

Lava todas las superficies planas usando el patrón serpenteante que sugiere Melissa. Comienza en la esquina superior izquierda del área en cuestión y aplica presión constante. Limpia hacia la esquina del lado derecho, muévete hacia abajo y avanza a la izquierda, ve zigzagueando hasta llegar al suelo. Este es uno de los métodos más eficientes para limpiar y debería remplazar el método circular que casi todos usamos porque, piénsalo: cuando limpias en círculo solo estás llevando la mugre de la zona por la que aún no has pasado hacia la zona que acabas de limpiar.

> **Consejo profesional:** la mayoría de la gente no se da cuenta de que los productos limpiadores de alto poder pueden ser muy útiles, pero solo si se usan de la manera correcta. Muchos no los usamos como deberíamos y luego ponemos en duda su eficacia. Necesitas aplicarlos de manera generosa y darles tiempo para que actúen, entre tres y cinco minutos para que penetren la mugre y la suciedad de la superficie que se va a limpiar.

LIMPIA UN INODORO (¡EN TRES MINUTOS!)

No le temas a este tipo de tarea: te mantiene humilde y te recuerda que debes apreciar los espacios limpios.
MELISSA MAKER

1. Atomiza todo el inodoro con un limpiador multipropósito, de arriba hacia abajo. También atomiza la base y el suelo alrededor, en especial si hay varones en tu casa. *Chicos: ya saben lo que hicieron.*
2. Aplica el limpiador de la taza alrededor de la misma y déjalo actuar algunos minutos.
3. Usa una toalla de papel y sigue un patrón serpenteante para limpiar la tapa del tanque, la manija de la cadena y el tanque mismo, en este orden preciso.
4. Limpia la parte superior de la tapa del inodoro y luego levántala para limpiar la parte que mira hacia dentro.
5. Arruga esa misma toalla de papel para formar algunas esquinas rígidas y úsalas para limpiar la zona alrededor de las bisagras. Tira esa toalla.
6. Usa una nueva toalla de papel para secar la parte superior del asiento y luego la parte de abajo. Deja el asiento levantado y tira esa toalla de papel también.
7. Toma una nueva toalla de papel, limpia el área alrededor de la taza y ve bajando hacia el exterior, limpia la base y el piso alrededor.
8. Usa el cepillo para el inodoro y talla debajo del borde interior de la taza. No lo hagas con demasiada fuerza porque podrías salpicar. Talla alrededor de todo el borde. Ahora comienza a bajar en espiral dentro de la taza. Comienza

en la parte superior y talla dando vueltas hasta llegar al fondo. Mete y saca varias veces el cepillo cuando llegues al fondo, como si bombearas.
9. Jala la cadena y aprovecha el agua limpia para enjuagar el cepillo.
10. Coloca el cepillo perpendicularmente sobre el borde interior de la taza y baja el asiento para que enganche el mango, de tal forma que el cepillo quede colgando sobre el agua. Déjalo ahí para que escurra y se seque.

La experta:

Melissa Maker es la anfitriona del canal de YouTube CleanMySpace, el cual tiene más de 1.3 millones de suscriptores. También es fundadora de Clean My Space, un servicio de mantenimiento del hogar con base en Canadá, de donde es originaria. Es autora de *Clean My Space: The Secret to Cleaning Better, Faster—and Loving Your Home Every Day*.

La explicación:

Recuerda rociar el producto limpiador de manera generosa para que actúe bien y tú no tengas que trabajar. Seguramente notarás que los limpiadores para la taza tienen la boca en ángulo: es para que puedas aplicarlos debajo del borde interior sin dificultades. Solo desliza la boquilla alrededor del borde y aprieta al mismo tiempo el envase para producir un flujo constante y uniforme.

Cuando se trata de limpiar un inodoro es preferible usar toallas de papel que trapos lavables, porque después de todo, ¡son inodoros! Tal vez también quieras usar guantes de hule, como gustes.

Limpia de arriba hacia abajo y ve tirando las toallas de papel a medida que se saturen. Normalmente necesitarás unas cuatro para cada inodoro. Tíralas en el bote de basura del baño, y cuando termines vacíalo. El último paso es esencial para que no tengas que enfrentarte a un cepillo de baño que gotea ni guardarlo mojado, porque eso podría generar situaciones muy desagradables. También puedes limpiar a fondo el cepillo de vez en cuando. Llena una cubeta con una solución de agua caliente y una cucharada grande de blanqueador oxigenado (percarbonato de sodio), sumerge el cepillo en la solución y déjalo ahí media hora. Luego enjuágalo bien y déjalo escurrir y secarse encima de la misma cubeta.

8

Vuélvete hábil en el hogar

CUELGA UN CUADRO

1. Revisa la parte trasera de tu marco para ver si tiene alguna pieza para colgarlo. La mayoría trae algo integrado o, por lo menos, incluye una pieza junto con las instrucciones de ensamblaje.
2. Si no hay ninguna pieza, compra en la ferretería alambre para colgar cuadros y colócalo en la parte anterior del marco.
3. Mide la altura y anchura del marco con una cinta métrica. Luego, basándote en esas dimensiones, coloca cinta de pintor en la sección de la pared donde quieres colgar el cuadro.
4. Aléjate y pasa varias veces junto a la pared para asegurarte de que realmente te gusta el lugar en el que planeas colgar el cuadro. Los cuadros siempre deberían colocarse a la altura del campo visual de la *mayoría* de las personas, pero mucha gente los cuelga demasiado alto.
5. Si vas a colgar un cuadro junto a un sofá de tamaño estándar, asegúrate de que quede por lo menos a unos 15 o

20 centímetros del cojín más alto. Verifica que el cuadro se sienta como parte de los objetos o muebles alrededor, y que no dé la apariencia de simplemente estar volando ahí entre ellos como una pieza ajena.

6. Elige la técnica para colgar el cuadro dependiendo del peso. Para artículos medianos de hasta 15 kilos usa un gancho de fotografías. Son piezas metálicas en forma de V que venden en las ferreterías. Los artículos más pequeños los puedes colgar con un clavo o tornillo; y cualquier cosa que pese más de 15 kilos necesitará un dispositivo de seguridad y lo mejor será que permitas que lo cuelgue un profesional.
7. Usa una cinta métrica para averiguar qué tan debajo de la parte superior del marco queda el gancho.
8. Marca ese punto en la pared. Básate en la distancia que obtuviste en el paso anterior y comienza a partir de la parte superior de la cinta para pintor.
9. Clava o atornilla el artefacto que hayas elegido para sostener el cuadro en la pared.
10. Cuelga tu cuadro.

La experta:

Jasmine Roth es anfitriona de la emisión *Hidden Potential* de HGTV y ganadora del programa *Rock the Block* de la misma cadena. En *Hidden Potential* transforma casas sencillas y desprovistas en hogares de ensueño pensados en cada cliente. También fundó y dirige Built Custom Homes, empresa que se enfoca en el diseño de proyectos nuevos de construcción residencial a partir de cero, en Huntington Beach, California.

La explicación:

Aquí es muy pertinente el viejo dicho "mide dos veces, corta una". Entre más te prepares, más fácil será el proceso. Tómate tu tiempo, mide todo bien, medita sobre el lugar que elegiste, y *luego* comienza a agujerar la pared. Si llegaras a equivocarte, ¡no hay problema! EN LA SIGUIENTE PÁGINA ENCONTRARÁS LAS INSTRUCCIONES PARA RELLENAR AGUJEROS EN LA PARED. El paso 3 es esencial porque te permite hacer un mapa de dónde quieres ubicar el cuadro. Si no cuentas con una cinta métrica a pesar de que, como Jasmine y yo creemos, en *todo* hogar debería haber una, puedes usar un listón o agujeta para medir. El alambre para colgar cuadros es muy útil porque te permite ajustar y enderezar el cuadro cuando ya está colgado. Esto significa que no tienes que comprar nada más. Y hay algo aún mejor: la masa para terremotos. Jasmine la descubrió cuando se mudó a California y dice que le cambió la vida. Esta masa mantendrá el cuadro en su lugar si de entrada no lo colgaste precisamente a un buen nivel, y los cuadros no se soltarán ni se irán de lado cada vez que cierres con fuerza una puerta o que tiemble. Será particularmente útil si piensas armar un *collage*, porque si los cuadros no están bien alineados el conjunto se verá desordenado.

Un consejo respecto a los collages de cuadros o fotografías:

En lo referente a los *collages*, lo mejor es elegir piezas grandes. En general esta es la tendencia para el arte que se coloca en paredes. Si eliges marcos pequeños tu casa se sentirá atiborrada de elementos. Esto no quiere decir que no puedas colgar una fotografía pequeña por aquí o por allá, solo que para hacer un *collage* es mejor colgar siete marcos grandes que 15 pequeños. Asimismo, es preferible que tengas un número impar de elementos. Por último, recuerda usar el truco de la cinta para pintores porque te permitirá ver dónde quedará ubicado cada elemento y cuál se ve mejor en qué sitio.

Información adicional

La regla de oro de Jasmine para cuadros y fotografías: en cada habitación, incluso en el baño, debería haber fotografías enmarcadas. No necesitan ser fotografías profesionales, solo enmarca una *selfie*, una fotografía cándida o esa imagen de tu perro con la lengua de fuera: ¡cualquier cosa que te haga feliz! Las imágenes divertidas que te hacen exclamar: "¡Ay, por Dios! ¿Recuerdas lo que sucedió cuando tomamos esta foto?", a menudo son más elocuentes que los estudios fotográficos profesionales.

> **Consejo profesional:** si quieres ampliar y enmarcar una fotografía en blanco y negro, pero no quieres pagar una fortuna, puedes imprimirla en alguna tienda grande de artículos de oficina como si fuera "plano arquitectónico" y pedir que usen papel ordinario en lugar de papel fotográfico. Cuando la enmarques y quede detrás del vidrio ¡se verá genial y el costo habrá sido mínimo!

RELLENA UN AGUJERITO EN LA PARED

1. Consigue un recipiente pequeño de pasta para rellenar, una espátula y un bloque de lija. Todo esto lo puedes encontrar en las ferreterías o tiendas de herramientas y artículos de construcción.

2. Coloca un poco de pasta en tu espátula y extiéndela sobre el agujero como si le estuvieras untando mantequilla a una rebanada de pan. Pasa la espátula de ida y vuelta para ir llenando los huequitos.
3. Asegúrate de rellenar perfectamente el agujero y elimina cualquier exceso de pasta con la espátula en un ángulo de aproximadamente 45 grados.
4. Deja que seque la pasta. Esto podría tomar hasta 12 horas, dependiendo de la humedad y del tamaño del agujero. Lee las instrucciones en el recipiente, ya que el material de las pastas varía en cada caso.
5. Usa el bloque para lijar con suavidad alrededor del área que rellenaste. Elimina cualquier rugosidad: la pared debe sentirse tersa cuando la toques.
6. Pasa un trapo ligeramente húmedo sobre la superficie para deshacerte del polvo que haya quedado.
7. Repite todos los pasos si es necesario. Pasa los dedos sobre el agujero, y si sientes que la pasta se hundió, necesitarás aplicar un poco más.

La experta:

Jasmine Roth es anfitriona de la emisión *Hidden Potential* de HGTV y ganadora del programa *Rock the Block* de la misma cadena. En *Hidden Potential* transforma casas sencillas y desprovistas en hogares de ensueño pensados en cada cliente. También fundó y dirige Built Custom Homes, empresa que se enfoca en el diseño de proyectos nuevos de construcción residencial a partir de cero, en Huntington Beach, California.

La explicación:

El hecho de poder rellenar un agujero de clavo o tornillo en la pared hace que la tarea de colgar un cuadro o fotografía sea mucho más manejable. De pronto te das cuenta de que, si las cosas no salen bien, ¡no habrá problema! Los agujeros más grandes, como el que hizo el trasero de mi cuñado en mi sótano en aquella reunión de Día de Acción de Gracias cuando se lanzó en clavado para alcanzar una pelota de ping pong, necesitarán una reparación formal hecha por un profesional que, en nuestro caso, fue mi papá. Los pintores pueden reparar agujeros en la pared, así que no hay necesidad de contratar a otro profesional. Todos los demás agujeros pequeños hechos con clavos o tornillos los puedes reparar tú mismo sin problemas. No uses demasiada pasta (recuerda que es para rellenar el agujero, no para cubrir la pared), y asegúrate de limpiar todo el polvo antes de pintar encima. Si lo haces de la manera correcta, no se deberá notar ni el agujero ni tu reparación.

> **Consejo profesional:** si no tienes pasta y te urge rellenar el agujero, el secreto de los profesionales es usar un poco de pasta dental. Coloca una cantidad pequeña en la yema de tu dedo y presiónala sobre el hueco para rellenarlo. Empareja la superficie y deja secar. Si la pared no es blanca, toma un poco de la pintura que hayas usado, colócala en tu dedo y dale palmaditas a la pared para cubrir la pasta seca como si estuvieras aplicando corrector.

COMPRA UNA PLANTA PARA EL HOGAR (Y MANTENLA VIVA)

> *La gente no nace con buena o mala mano para las plantas, la diferencia es que quien dice que tiene buena mano decidió hacer el trabajo necesario para lograrlo. Todos pueden tener buena mano para las plantas.*
>
> Hilton Carter

1. Presta atención a qué tipo de luz tienes en tu espacio interior: ¿de dónde viene?, ¿en qué habitaciones hay más?, ¿qué tan grandes son tus ventanas? También necesitarás saber qué orientación tienen tus ventanas, pero no te preocupes, nadie te juzgará si tienes que usar la aplicación de brújula para responder a esta pregunta.
2. Piensa qué tipo de persona eres. ¿Tienes tiempo y el nivel de compromiso o interés para meterte de lleno y entender completamente lo que se necesita para cuidar un tipo específico de planta? Hay que responder con honestidad.
3. Escribe algunas notas sobre tu casa. "Vivo en Nueva York, en un departamento cuyas ventanas dan al oeste, pero hay otro edificio enfrente", o "Mi casa tiene grandes ventanales que dan al sur, pero justo afuera hay árboles grandes".
4. Ve al vivero con tus notas y pregunta qué tipo de planta te vendría mejor de acuerdo con la información que les des. También anota si tienes mascotas, porque algunas plantas son tóxicas para nuestros amiguitos peludos.
5. Antes de salir de ahí pregunta cuál es la mejor manera de cuidar la planta. Con qué frecuencia tienes que regarla

y con cuánta agua, o cuánta luz necesita. Necesitas *escuchar con atención*. Mejor aún: escribe lo que te digan.

6. Al llegar a casa no cambies la planta de maceta de inmediato. Colócala en el lugar en el que vivirá y dale oportunidad de aclimatarse. Es posible que se le caigan algunas hojas: algunas de las más maduras de la base se pondrán amarillas o cafés, y luego se desprenderán. Pero es normal, no entres en pánico. No la cambies de maceta hasta que no veas que las raíces se salen por los agujeros de drenaje.

7. Revisa si la planta necesita agua. En la mayoría de los casos solo necesitan ser regadas cuando los cinco centímetros superiores de tierra están secos, así que puedes hacer la prueba del dedo: hunde el dedo índice cinco centímetros en la tierra y, si está seca, riega la planta.

8. Cuando riegues las plantas hazlo lenta y deliberadamente, no solo les viertas el medio vaso de agua que ya no bebiste (¡ups!). Usa agua tibia porque la fría les provoca un shock a las raíces, y viértela con cuidado. Permite que la tierra la vaya absorbiendo hasta que la veas salir por los agujeros de drenaje de la maceta.

9. Deja que el agua se acumule en la charola de la base de la maceta durante 15 o 20 minutos, y luego drena. Si es una planta grande que no puedes mover con facilidad, seca el agua de la charola con una toalla o usa una pera o inyector para pavo. Solo asegúrate de no dejar que el agua se quede estancada porque pudrirá las raíces, y eso no es conveniente.

10. Cada tres semanas limpia las hojas con un trapo húmedo. Eliminar el polvo y las plagas de la superficie de las hojas permite que el tejido reciba mejor los rayos solares.

El experto:

Hilton Carter es el "Médico de las plantas" de Apartment Therapy. Es autor de *Wild at Home: How to Style and Care for Beautiful Plants* y de *Wild Interiors: Beautiful Plants in Beautiful Spaces*. Tiene más de 200 plantas en su departamento en Baltimore.

La explicación:

Uno no puede simplemente decir: "Tengo un rincón vacío que necesita algo verde" o comprar una planta solo porque aparece por todas partes en Instagram (sí, me refiero a ti, ¡higuera hoja de violín!). Es importante que tengas conciencia del espacio y de tus hábitos. Algunas plantas solo necesitan luz filtrada y otras tienen que recibir los rayos solares directamente, y no debemos confundirlas. El paso de aclimatación es fundamental porque permite que la planta se adapte a su nueva vida con menos luz, menos cuidado y menos amor que los que le proveían los jardineros profesionales en el vivero (sin ofender). Sobre todo, riégalas con muchísimo cuidado. Una de las causas más comunes de muerte entre las plantas es el riego excesivo de dueños sobreprotectores. En general, las hojas amarillas son producto de demasiada agua, y las puntas cafés, de falta de riego. Cuando baje la temperatura en el exterior ten cuidado con las corrientes cerca de las ventanas, y si sientes que hace demasiado frío, aleja las plantas de ahí.

Información adicional

Ponles nombre a las plantas. ¿Te parece tonto? Posiblemente. Sin embargo es una excelente manera de cobrar conciencia del nivel de cuidado que debe tener el dueño de una planta. Tal vez creas que tirar a la basura un crisantemo rojo no sea mayor problema, ¡¿pero deshacerte de Bob?! ¡Eres un monstruo! Habla con tus plantas ("Hola, Bob, ¿cómo estás?, ¿tienes sed?") y pasa tiempo con ellas. Cuando tienes un bebé o una mascota compras libros para aprender a cuidarlos, tomas clases, investigas y te preparas para brindarles la mejor vida posible. Con las plantas hay que hacer lo mismo porque son seres vivos, no ornamentos.

Un consejo respecto a las orquídeas:

Muchos creen que si la flor se marchita es porque mataron a su planta, pero no, la planta no murió, ¡solo la flor! No tires a la basura la orquídea, con un poco de amoroso cuidado puedes lograr que vuelva a florecer.

Información adicional

¿Estás listo para cambiar tu planta de maceta? Estos son los consejos de Hilton:

1. Busca una maceta que tenga cinco centímetros más que en la que se encuentra actualmente la planta.
2. Llena un tercio de la nueva maceta con mezcla fresca de tierra para sembrar.
3. Sostén la vieja maceta sobre la nueva y saca con cuidado la planta. Deja que la tierra caiga en la nueva maceta. Si tu planta todavía está en una de esas macetitas endebles de plástico que dan en los viveros, antes de replantarla aprieta la maceta un poco para aflojar la tierra.

4. Toma con cuidado entre tus manos las raíces y la tierra de la planta, y colócalas en la nueva maceta.
5. Añade un poco de tierra fresca en la parte superior y dale palmaditas. Deja un espacio de dos centímetros y medio para que el agua no se desborde de la maceta cada vez que riegues la planta. Asegúrate de conseguir la mezcla de tierra adecuada para tu planta. Las plantas suculentas, por ejemplo, necesitan tierra especial. ¡Y solo riégala si lo necesita!

DALE MANTENIMIENTO AL CÉSPED

El césped es la única parte viva de tu bien inmueble, así que tienes que tratarlo de manera distinta, no se trata nada más de otro quehacer del hogar.

ALLYN HANE

1. Poda el césped con frecuencia, por lo menos una vez a la semana, y dos veces en temporada de lluvias. Nunca cortes más de $1/3$ de la longitud de la hoja del césped en una sola sesión de podado.
2. Asegúrate de que la navaja de la podadora esté afilada para que el corte sea limpio. Si las puntas del pasto se desgarran, las enfermedades pueden meterse en sus tejidos como sucede con las heridas abiertas en los humanos.
3. Deja los restos de pasto podado en el jardín. Si tu podadora es de alta capacidad, si podas con frecuencia, y si los restos no empiezan a amontonarse, regrésalos al jardín.

Esta práctica es muy favorable para el medio ambiente porque los restos contienen nutrientes.
4. Pasa el rastrillo para barrer las hojas. Demasiadas hojas pueden bloquear los rayos solares e impedir que le lleguen al pasto, pero si solo lo cubren superficialmente, puedes podar sin quitarlas. De esta manera se mezclarán con los restos de pasto y formarán abono.
5. Riega por la mañana. Como regla general, los jardines necesitan aproximadamente unos dos centímetros y medio a la semana, aunque esto puede variar dependiendo del tipo de pasto.
6. Fertiliza cada cuatro o seis semanas. Las tiendas grandes de artículos de construcción y herramientas ofrecen opciones orgánicas de fertilizante, pero el centro local de jardinería podría tener incluso mejores productos naturales y más adecuados para tu tipo específico de tierra.
7. Para evitar el césped salvaje, implementa control preventivo cuando la primavera comience.
8. Si ya tienes césped salvaje, trátalo dependiendo de las necesidades. Como no hay herbicidas preventivos para todos los tipos de pasto como sucede con el diente de león, tendrás que lidiar con la hierba salvaje a medida que esta vaya surgiendo y por zonas.

La experta:

Allyn Hane es experta en el cuidado del césped y su canal de YouTube se llama "The Lawn Care Nut". En su programa semanal les enseña a los jardineros autodidactas a imponerse en su calle con los jardines más verdes, gruesos y hermosos de la cuadra. Ha trabajado 15 años para TruGreen, el servicio más importante en el mundo de cuidado del césped.

La explicación:

Lo mejor que puedes hacer por tu césped es podarlo de manera correcta. Si no empiezas por ahí, siempre batallarás con el pasto. Piensa que las hojas de pasto son como antenas parabólicas que absorben señales del sol. Es necesario que las mantengas bajo control, no permitas que crezcan demasiado, pero tampoco las cortes por completo. De aquí surge la regla de $1/3$, la cual deja suficiente espacio de superficie verde para que se lleve a cabo la fotosíntesis. Anteriormente la costumbre era aplicar enormes cantidades de fertilizante sintético en la primavera y luego otra vez en el otoño, pero resulta que es mejor darle a tu pasto "cucharaditas" de fertilizante orgánico, es decir, dosis menores, pero más frecuentes. A veces el pasto se verá delgado o enfermo, y necesitará ayuda adicional. En esos momentos puedes entrar en un ciclo de cantidades mayores. Hay dos maneras de atacar el pasto salvaje: 1) Evita que aparezca. El pasto salvaje comienza a crecer cuando la temperatura de la tierra en primavera llega a los 12 grados, así que debes aplicar el fertilizante en ese momento para formar una barrera en la tierra. 2) Compra productos premezclados de control de pasto salvaje y atomiza directamente el diente de león, los tréboles o cualquier cosa que surja en cuanto el clima se vaya haciendo más cálido.

Un consejo respecto al riego:

Si riegas en la mañana, luego saldrá el sol y secará el jardín. Si riegas en la noche, particularmente en las temporadas húmedas del año, el agua se quedará estancada en el pasto toda la noche y eso podría provocar enfermedades. Dicho lo anterior, es mejor regar en la noche que no regar en absoluto. Para averiguar cuánto son dos centímetros y medio, haz el desafío del atún: coloca una o dos latas vacías de atún en tu jardín, enciende los aspersores y enciende tu temporizador. En cuanto las latas estén llenas, mira el temporizador. *Ese* es el tiempo que necesitarás mantener encendidos los aspersores semanalmente. Divide ese tiempo en dos días de riego de un centímetro y medio que podrás realizar el miércoles y el domingo, por ejemplo. Si riegas diario, las raíces se mantendrán cerca de la superficie y terminarás con un jardín con raíces superficiales. Es necesario que las raíces penetren profundamente en la tierra porque esa zona es más fresca y mantiene el pasto regulado. La única excepción es cuando estás tratando de hacer que crezca pasto nuevo, en ese caso tendrás que mantenerlo húmedo de forma constante durante unos 20 días.

RIEGA TU JARDÍN

1. Revisa el pronóstico del clima para cerciorarte de que no lloverá en las próximas 12 o 24 horas.
2. Si no va a llover, sal entre las 7:30 y 8:00 a.m.
3. Enciende la manguera y acércala al área que deseas regar. Trata de no aplastar ninguna planta cuando lo hagas.
4. Pon la boca de la manguera en la función "riego" y rocía generosamente cada planta imitando una lluvia de entre dos y medio y cinco centímetros.
5. Rocía más tiempo sobre cualquier cosa que hayas plantado recientemente. Todo lo nuevo deberá regarse cinco

veces por semana, pero los arbustos perennes y los árboles solo necesitarán regarse entre dos y tres veces a la semana, dependiendo del clima.

6. Apunta la manguera a la base de la planta y de ahí hacia fuera, hasta llegar a la "línea de goteo", es decir, la sombrilla que se forma con la zona hacia donde apuntan las ramas. La línea de goteo es el punto en el suelo donde el agua goteará desde las ramas más amplias de la planta.

El experto:

Chris Lambton es anfitrión de los programas *Lawn and Order* y *Yard Crashers* de la cadena DIY. También es invitado regular de *Going Yard* de HGTV. Trabaja en Cape Cod, donde dirige el negocio de paisajismo de su familia: E. Lambton Landscaping. Vive ahí con su esposa Peyton y con sus dos hijos, Lyla y Hayes.

La explicación:

Un buen día de lluvia equivale a tres o cuatro sesiones de riego, ya sea con manguera o con tu sistema de irrigación. Así que si el clima lo permite, suelta la manguera y saca todas las plantas en maceta que estén debajo de los aleros de tu casa. Dependiendo del tipo de plantas, si llueve abundantemente tal vez no tengas que regar. Cuando vuelvas a regar, hazlo antes de que la tierra y las plantas se calienten debido al sol. Si esperas hasta, digamos, las 2:00 p.m., el agua tocará las plantas, pero se evaporará antes de hidratarlas, y cuando se evapore quemará la flor. Si riegas en la noche, tu jardín permanecerá húmedo y eso podría provocar que las raíces se pudran. Lo ideal es programar tu sistema de irrigación para que se encienda a las 5:30 a.m. Y no te obsesiones con regar justo en la base porque las raíces de una planta llegan hasta donde esta se extiende, así que puedes regar toda la zona hasta la línea de goteo.

> **Consejo profesional:** si no te encanta regar el jardín o no crees poder hacerte cargo de cosas vivas, apégate a las plantas y las flores endémicas. Estas no requieren tanta agua porque están acostumbradas a la temperatura, al tipo de tierra y al índice de precipitación de tu zona (busca en Google la "base de datos de plantas endémicas" de tu región).

Información adicional

Si vas a salir de casa y te preocupan tus plantas en maceta porque se secan más rápido, pon a prueba esta divertida técnica: consigue una botella de vino vacía y llénala de agua. Colócala bocabajo en la maceta. La tierra irá absorbiendo poco a poco el agua. También puedes hacerle agujeros a una botella de refresco o a una botella pequeña de agua (depende del tamaño de tu maceta), y enterrarla de tal forma que la parte superior sobresalga un poco. Luego llénala de agua. Por supuesto, todo dependerá del tamaño de tu planta, pero tanto la botella de vino como la botella de plástico te darán un par de semanas de riego.

EVITA Y DESHAZTE DE LA HIERBA SALVAJE EN TU JARDÍN

1. Después de haber plantado tus arbustos y flores, coloca entre 10 y 15 centímetros de abono. También puedes

agregarles abono a los bulbos porque en el invierno los protegerá con una agradable cubierta que cuando se rompa también servirá para fertilizarlos.
2. Es inevitable que surja hierba salvaje, pero lo mejor es esperar al día *siguiente* de que llueva para empezar a arrancarla.
3. Toma una cubeta o un recipiente vacío de plástico (las plantas a veces vienen en ellos, guarda algunos) y una pala común puntiaguda o pala de jardinería.
4. Elige un área de poco menos de un metro cuadrado (puedes decir "de este rosal a esas hortensias") y enfócate *solo* en ella.
5. Arranca la hierba *con* las raíces y usa tus herramientas si es necesario. Arrójalas a la cubeta. Mientras haces esto puedes atender una llamada de trabajo o escuchar un podcast.
6. Cuando hayas limpiado completamente la primera zona, aléjate, admira tu trabajo, y luego pasa a la siguiente área de un metro. O ve a descansar y déjalo para el día siguiente.

El experto:

Chris Lambton es anfitrión de los programas *Lawn and Order* y *Yard Crashers* de la cadena DIY. También es invitado regular de *Going Yard* de HGTV. Trabaja en Cape Cod, donde dirige el negocio de paisajismo de su familia: E. Lambton Landscaping. La empresa se llama así en honor a su padre, quien solía pagarles a Chris y a sus hermanos 25 centavos de dólar por cada diente de león que arrancaran del jardín con un cuchillo de carnicero para asegurarse de que también sacaran la raíz. Chris vive en Cape Code con su esposa Peyton y con sus dos hijos, Lyla y Hayes.

La explicación:

Lo mejor que puedes hacer por tu jardín es ponerle abono. (Solicita a una empresa de paisajismo que te lleven a casa una "yarda". La "yarda" es una unidad de medida. La yarda de abono equivale a tres pies cúbicos y es mucho más económica que el abono en bolsas individuales.) Cuando el abono se descompone se convierte en composta que luego se transforma en calor que quema la hierba salvaje antes de que esta surja siquiera. Las ardillas y las aves transportan esporas que de todas formas producirán cierta cantidad de hierba salvaje. Enfócate en ella para evitar que les robe nutrientes a tus flores. La lluvia te permitirá arrancar la hierba desde la raíz con mayor facilidad, lo cual es necesario, porque de otra manera en una semana la tendrás de vuelta en el jardín. No empieces a arrancar hierba sin un plan, si divides el proyecto en áreas de un metro la tarea no te abrumará. Además, la gratificación será instantánea porque notarás la diferencia y esto te motivará a seguir trabajando. Este método también lo puedes usar en la entrada para el automóvil o en un patio.

Consejo profesional: si no quieres usar guantes (Chris no lo hace porque le resulta más fácil trabajar sin ellos), rasguña una barra de jabón para evitar que la tierra y la suciedad se acumule en tus uñas. Si hay jabón entre estas y tu piel, ¡la tierra no podrá meterse ahí!

ENCIENDE EL FUEGO DE LA CHIMENEA

1. Abre el regulador del respiradero (el respiradero es el tubo que sale de la chimenea hacia arriba y el regulador es la pestaña en la parte inferior del respiradero que se abre y se cierra.
2. Si ya se acumularon, quita las cenizas de debajo de la rejilla. Y si usaste la chimenea recientemente, da por hecho que las cenizas siguen ardiendo, así que deshazte de ellas de una manera segura y apropiada.
3. Arruga algunas hojas de papel periódico o de otro material que arda fácilmente y colócalas en la rejilla (las bolsas de papel para el mandado funcionan bien, y al usarlas te desharás de cualquier sentimiento de culpa que aún tengas por haber olvidado nuevamente usar bolsas reutilizables).
4. Coloca una capa de leña sobre el periódico. Puedes utilizar trocitos o varas de madera, y también "restos de madera" si tienes algunos en casa. Solo cerciórate de que el material no haya sido tratado a presión y que no esté pintado con pintura de plomo.
5. Coloca pequeñas piezas de madera en ángulos al azar hasta cubrir el periódico, pero deja algunos espacios entre los leños.
6. Apila los leños más grandes sobre los más pequeños y deja algo de espacio entre las distintas piezas.
7. Enrolla algunas hojas de periódico como si fueran una antorcha y enciende uno de los extremos. Mantén el papel sobre la chimenea unos 30 segundos, hasta que veas que empieza a salir humo del mismo.

8. Con un cerillo, o con la misma antorcha de papel si es que aún sigue encendida, enciende el papel periódico que está debajo de los leños.

El experto:

John Zammett es mi papá. Ha encendido fuegos feroces durante 65 años. Cuando yo era niña, él solía cortar nuestra propia leña, y en su camino nunca ha habido un trozo de madera que no haya podido transformar en leña. (De hecho, se horrorizaría si supiera cuántos leños Duraflame tengo que usar cada invierno.)

La explicación:

La apertura del regulador es el paso más importante, si llegas a equivocarte en esto, te darás cuenta de inmediato. Por eso la primera tarea siempre consistirá en verificar que esté abierto. En el caso de algunos respiradores es difícil saber si están abiertos, por lo que, si es la primera vez que enciendes el fuego de una chimenea en particular, no te saltes el paso 7. Y si hace demasiado frío o viento, abre el respiradero justo antes de pasar al paso 7, porque el aire frío que baje por el ducto de la chimenea podría obligar al humo a regresar a tu casa en cuanto enciendas el fuego. Como el fuego requiere de oxígeno, es esencial que debajo de la rejilla haya un buen flujo de aire. Por eso también es indispensable que elimines los grandes montículos de cenizas que puedan impedir el libre paso del aire. Sostener la antorcha donde inicia el ducto permite calentar el interior y hace que el aire fluya hacia arriba, lo cual atrae el oxígeno a las flamas. También es una buena manera de verificar que el respiradero esté abierto. Hay muchas formas de colocar la madera para encender un fuego, pero este método permite que los leños más pequeños ardan antes y ayuden a los más grandes a encenderse.

Consejo profesional: abrir una ventana cercana puede acelerar el proceso de encendido del fuego porque deja que las flamas jalen más oxígeno. Si el fuego produce mucho humo, significa que la combustión es incompleta: entre más humo haya, menos material estará ardiendo realmente. En otras palabras, un fuego humeante es un fuego mal hecho. Para colmo, hará que tu cabello, tu ropa y toda tu casa huelan a fogata durante días.

9

La hora de la cena

GUARDA Y LAVA LAS VERDURAS

1. No laves las verduras sino hasta que las vayas a comer o cocinar.
2. Coloca las bayas sin lavar en un recipiente de vidrio forrado con una toalla de papel. Lo ideal es usar toallas de papel oscuro porque las blancas son tratadas con blanqueadores y, de ser posible, hay que evitar que entren en contacto con los alimentos. Cubre las bayas con otra toalla de papel, cierra el recipiente y almacena en el refrigerador.
3. Guarda las bolsas grandes de verduras de hoja verde en los cajones inferiores del refrigerador. Ahí conservarán mejor su frescura.
4. Refrigera las manzanas, si las dejas en un frutero en la encimera durarán menos tiempo.
5. Saca los hongos o champiñones de los recipientes de plástico y guárdalos en bolsas de papel estraza en el refrigerador.

6. Almacena las verduras como cebollas, ajo o aguacate en charolas planas en lugar de en tazones; las charolas en pisos funcionan bien para este propósito y se ven muy lindas. Si mezclas frutas con vegetales y llenas con ellos los fruteros en la encimera, algunas cosas se quedarán en el fondo y las olvidarás… ¡Ay, hola, vieja y arrugada mandarinita!
7. En cuanto los aguacates se suavicen mételos al refrigerador. Ahí durarán dos o tres días más.
8. Cuando ya vayas a comer o preparar los alimentos, primero lávate las manos y *luego* lava las verduras.
9. Rocía las frutas o vegetales con líquido para verduras o usa una mezcla de vinagre y agua (tres partes de agua por una de vinagre en una botella atomizadora es una excelente manera de eliminar pesticidas y residuos). Enjuaga bien con agua fría y usa tus manos o un cepillo para verduras para tallar cualquier rastro de tierra o suciedad.
10. Enjuaga las verduras de hoja verde para ensaladas con agua fresca. Si tienes centrifugadora para ensaladas, úsala. Si tienes centrifugadora *e* hijos pequeños, puedes pedirles que ellos hagan girar el mecanismo. ¡En general les encanta!

La experta:

Catherine McCord es experta en alimentos. Es fundadora de la marca Weelicious, una fuente confiable de contenidos con una encantadora cuenta de Instagram. Weelicious se enfoca en la familia y los alimentos. Catherine es autora de *Smoothie Project*, *Weelicious* y *Weelicious Lunches*.

La explicación:

Cuando regreses a casa del mercado de productores locales o del supermercado, saca todo de los recipientes de plástico o cartón. Es imperativo que mantengas los alimentos secos hasta que vayas a usarlos, en especial las bayas, y particularmente las frambuesas, porque son muy porosas. Las bayas son como esponjas que absorben cualquier líquido que las toque, por eso se llenan de hongos si las guardas mojadas. Las toallas de papel sirven para absorber cualquier humedad que haya en ellas. Lo mismo sucede con las hojas verdes y con todas las verduras. Siempre almacena los alimentos de manera que puedas verlos: en charolas planas, recipientes de vidrio o bolsas transparentes de plástico degradable que se puedan añadir a la composta. De esta manera será más probable que uses las frutas y verduras, ¡nuestro verdadero objetivo!

Consejo profesional: no tires a la basura la fruta o las verduras frescas que empiecen a mancharse o madurar demasiado. Córtalas en cubos, pon los cubos sobre una charola para hornear forrada con papel encerado, congélalas por la noche y luego guárdalas en bolsas de congelación. Así durarán hasta cuatro meses. Escribe en la bolsa cuál es el contenido y la fecha en que lo congelaste.

DESCONGELA LA CARNE

1. Saca la carne del congelador un día antes de que la vayas a cocinar, colócala en un plato y guárdala en el refrigerador.

2. ¡Espera! ¿Olvidaste sacar la carne un día antes? Sumérgela media hora en un gran tazón con agua templada, pero sin extraerla del empaque plástico al vacío. Si el agua se enfría demasiado puedes cambiarla en algún momento.
3. No metas la carne al horno de microondas jamás, ni siquiera en el programa de descongelación. No lo hagas por ninguna razón. Como las carnes son empacadas en plástico, si las metes al microondas el plástico interactuará con lo que estés descongelando y terminarás comiendo plástico junto con la carne.
4. Si vas a preparar un pollo entero puedes sacarlo del empaque y dejar correr agua fría a través de la cavidad del cuerpo para que se descongele más rápido.
5. En cuanto esté descongelado haz una prueba de olor para verificar que la carne se encuentre en buen estado. El pollo a veces tiene un ligero olor a huevo o a azufre, pero generalmente se le puede quitar fácilmente enjuagándolo. Si no puedes eliminar el olor tira el pollo a la basura.
6. Una vez que hayas descongelado una pieza de carne no vuelvas a meterla al congelador a menos de que la hayas cocinado en caldo, sopa o salsa.

La experta:

Anya Fernald es experta en alimentos sustentables. Es carnicera y fundadora y directora ejecutiva de Belcampo Meat Company, una empresa formada por una carnicería, granjas y restaurantes. ¡Incluso organizan campamentos de carne! Anya ha participado

La hora de la cena

como juez de los programas *Iron Chef America* y *The Next Iron Chef* de Food Network. Es autora del libro *Home Cooked: Essential Recipes for a New Way to Cook*.

La explicación:

De acuerdo, en un mundo ideal podríamos planear nuestras comidas con anticipación y sacar la carne del congelador un día antes. Pero ¿cuántos realmente recordamos hacerlo siempre? Si no queda remedio, el truco del agua templada funciona muy bien (por cierto, templada significa ligeramente tibia). Es una técnica segura y funciona para todo tipo de carnes, incluso para la de la salsa boloñesa y el chili con carne. Antes de sumergir la carne, solo asegúrate de que el empaque sea al vacío y a prueba de agua. Y definitivamente no saques el pollo del empaque antes de sumergirlo en agua porque la piel se pondrá pastosa. Los procesos de congelación y descongelación no afectan el perfil nutricional de estos alimentos. Asimismo, si usas carne de buena calidad y la congelas en bolsas selladas al vacío, no se quemará y sabrá exactamente igual que si no la hubieras congelado. Anya ha hecho catas a ciegas de sus carnes, una junto a la otra, ¡y no puede distinguir la diferencia entre la carne fresca y la congelada! Como regla general, entre mejor sea el producto en un principio, mejor integridad conservará independientemente del tipo de almacenamiento al que lo sometas. La congeles o no, si la carne es mala, de ganado alimentado con maíz, no va a saber bien. Las carnes de mayor calidad contienen menos agua, lo que significa que, al congelarlas, esta no formará cristales de hielo escarpados que puedan poner en riesgo las fibras musculares y volverlas pastosas. Las etiquetas que dicen "de granja" o "ecológica", así como "enfriamiento por aire", indican que la carne proviene de productores de alta calidad. El enfriamiento por aire es muy importante en el caso del pollo porque no solo significa que casi no hay agua en él, sino que se permitió que la temperatura del cuerpo descendiera hasta alcanzar la temperatura del refrigerador a través del contacto natural con aire, y no sumergiéndolo en una solución de blanqueador. Porque sí, ese es el proceso al que someten a la mayoría de los pollos.

Consejo profesional: si vas a congelar carne (una habilidad que tal vez todos hemos desarrollado recientemente), lo mejor es que esté sellada al vacío. Puedes pedirle al carnicero que la selle en cuanto te la entregue, pero también puedes comprarla ya sellada. Solo verifica que el paquete no contenga mucha agua. Un empaque adecuado evita que se formen bacterias, que se pierda humedad, y que la carne se queme debido a que le llegó agua. Si no puedes conseguir un sellado al vacío, envuelve ceñidamente la carne en plástico (en envoltura Saran o en una bolsa grande de Ziploc) y presiona para sacar todas las burbujas. Asegúrate de que las partes suaves de la carne estén en contacto total con el plástico; si este no está perfectamente adherido a la grasa y al pellejo, no hay problema porque es menos probable que estos se quemen durante el proceso de congelación.

Ponle una etiqueta al paquete (qué es y en qué fecha lo congelaste) y no conserves en el congelador carne por más de un año.

La hora de la cena

PREPÁRATE PARA COCINAR LA CENA

1. Haz un recorrido mental de lo que comerás. Lee la receta de principio a fin o visualiza los pasos si ya los tienes en la cabeza.
2. Relájate. Sírvete una copa de vino o una taza de té, pon tu música favorita o enciende la televisión en algún programa y déjalo como sonido de fondo. Si necesitas precalentar el horno para la receta, hazlo ahora.
3. Coloca una tabla grande para cortar junto a la estufa. Si no tienes espacio suficiente, ponla sobre el fregadero.
4. Junto a tu zona de trabajo pon un tazón vacío para reunir todos los restos de alimentos mientras cocinas. Será tu "tazón de basura", un concepto que te cambiará la vida.
5. Saca todas las cacerolas, sartenes y utensilios que necesitarás, y déjalos cerca de la zona donde vas a cocinar.
6. Reúne los ingredientes y arréglalos sobre tu zona de trabajo en el orden en que los usarás. Si es necesario, repite el paso 1.
7. Corta primero los vegetales a los que les toma más tiempo cocerse y luego sigue con los que requieren menos cocción.
8. Mientras todo se esté cociendo ordena la zona de trabajo y vacía el tazón de basura si ya está lleno.

La experta:

Rachael Ray es cocinera, autora y personalidad de televisión. Actualmente conduce *Rachael Ray*, programa diurno de entrevistas ganador de un Emmy, así como la emisión *30 Minute Meals* de Food Network. Es fundadora y directora editorial de la revista *Rachael Ray In Season*, y recientemente publicó su recetario de cocina número 26: *Rachael Ray 50: Memories and Meals from a Sweet and Savory Life*. Este libro ingresó instantáneamente en la lista de bestsellers de *The New York Times*.

La explicación:

Como lo mejor es no llevarse sorpresas al cocinar, hacer un recuento mental previo de la receta te ayudará a identificar qué ingredientes necesitas, si hace falta equipo especial, y qué te tomará más tiempo cocinar (es lo primero que debes cortar). También es importante encontrarse en el estado mental adecuado antes de siquiera encender la estufa, porque de lo contrario el platillo no será un éxito y tú no querrás volver a cocinar en un buen rato. Si el menú incluye varios tiempos, reúne solamente los ingredientes del que prepararás primero para no confundirte ni abarrotar el espacio de trabajo. Deja todo a la mano, incluso el tazón de basura. El proceso será mucho más rápido si no tienes que duplicar el esfuerzo, como cuando necesitas ir hasta el bote de basura y regresar cientos de veces. Cuando uno cocina ¡es preferible no moverse mucho! La clave para cocinar con eficiencia radica en tener todo en su lugar antes de comenzar —el montaje del escenario—, de esta manera no tendrás que buscar la sartén de hierro fundido con las manos llenas de pollo crudo mientras las cebollas se están quemando (créeme, ya he pasado por eso). Para limpiar con más eficiencia, y para que este paso no te abrume al final, ve limpiando entre platillo y platillo. El esposo de Rachael lava los platos en casa... ¡¿No lo harías tú también si te cocinara ella?!

Información adicional

Antes de encender el fuego y poner a calentar una sartén con teflón, saca el aceite, mantequilla o caldo y coloca un poco en la superficie. Si precalientas una sartén de teflón sin nada, empezará a liberar toxinas en el aire y en la sartén misma. Con los utensilios de hierro fundido o acero inoxidable no existe este problema.

PREPARA UNA ENSALADA QUE LES GUSTE A TODOS

1. Saca un tazón grande de acero inoxidable u otro tipo de tazón para mezclar, uno en el que quepa una cantidad mucho mayor a la que vas a preparar.
2. Elige por lo menos dos verduras de hoja verde para la base. Puede ser en general una hoja verde como la arúgula, y una fibrosa con textura como el kale. Asegúrate de lavarlos y secarlos perfectamente antes de colocarlos en el tazón o ensaladera.
3. Prepara las verduras de distintas maneras: ralladas, en trozos, en cubos o en rebanadas. Colócalas en el tazón.
4. Si vas a usar granos cocidos (la quinoa y el farro son excelentes opciones) asegúrate de enfriarlos antes de ponerlos en el tazón.
5. Si la ensalada será el plato fuerte, añade proteína: pollo rostizado en hebras, frijoles, falafel o trozos de filete de res.
6. Prefiere los quesos afeitados o en trozos como el parmesano, el queso azul, el de cabra o el feta. El queso rallado se pegará a la lechuga.

7. Espolvorea algo crujiente como nueces, semillas, chips de tortillas. (Puedes aumentar el sabor de las nueces y las semillas tostándolas o rostizándolas primero.) Luego añade algo dulce y de textura correosa como arándanos rojos, cerezas o albaricoques secos.
8. Cuando todo esté listo para comerse o servirse, vierte aderezo alrededor del *perímetro* del tazón. Da una o dos vueltas en el caso de una ensalada con aderezo ligero o medio, y tres o cuatro veces para un aderezo pesado.
9. Revuelve con unas pinzas para ensalada. Comienza desde abajo y ve envolviendo las verduras por encima, como cuando envuelves las claras de huevo para transformarlas en masa para hornear. Repite hasta que todo luzca brillante y cubierto. Verifica que los ingredientes estén bien mezclados y que no solo se queden en la parte superior.
10. Termina añadiendo un poco de hierbas finas como cebollín o menta, semillas más pequeñas como ajonjolí o cáñamo, y sal de mar y pimienta.

La experta:

Katelyn Shannon es chef principal de investigación y desarrollo de Sweetgreen, un restaurante de ensaladas orgánicas y tazones con alimentos calientes ubicado en varias ciudades de Estados Unidos. Katelyn crea los menús distintivos y de temporada de Sweetgreen con ingredientes frescos, sustentables y obtenidos a través de fuentes locales.

La explicación:

Siempre hay que asegurarse de que el tazón o la ensaladera sean más grandes de lo que parece necesario, incluso si después tienes que transferir la ensalada a un recipiente más pequeño para servirla. Es más fácil preparar la ensalada en un tazón grande porque te permite mezclar todo adecuadamente (la clave de una ensalada que les gustará a todos) sin que salgan volando los ingredientes mientras los revuelves. La cantidad de cada elemento dependerá del gusto personal y de lo que tengas a la mano, sin embargo, puedes aplicar esta fórmula general a cualquier tipo de ensalada que planees preparar. Si la ensalada *es* el plato principal, definitivamente debes incluir granos y proteína; si se trata de una ensalada para acompañar el platillo, tal vez no necesites seguir todos los pasos. Es importante incluir hojas verdes con textura porque evitan que el resto de los ingredientes y el aderezo pesen y hundan la ensalada. Tener una variedad de texturas y sabores hace que la ensalada sea más interesante y disfrutable. Solo no agregues nada caliente, en especial si incluiste hojas delicadas que se puedan marchitar con facilidad.

Información adicional

¿Quieres preparar una ensalada con anticipación? Mantén todo lo crujiente aparte y no agregues el aguacate sino hasta el último minuto. Los ingredientes crujientes pueden absorber demasiada humedad y perder la textura; el aguacate se pondrá negro. Cubre la ensalada con una toalla de papel húmeda y asegúrate de que *toque* la ensalada. Guárdala en el refrigerador hasta que vayas a servir, y en ese momento agrega el resto de los ingredientes y el aderezo.

PREPARA UN ADEREZO SIMPLE PARA ENSALADA

*Una vez que hayas dominado esta habilidad,
nunca tendrás que (ni querrás) volver a comprar aderezo.*
													KATELYN SHANNON

1. Elige la base. Esta siempre se forma con tres porciones de grasa y una de ácido. Por ejemplo, 1½ tazas de aceite de oliva con ½ taza de vinagre de vino tinto.
2. Comienza con un emulsionante como mostaza de Dijon o yema de huevo fresca. El emulsionante es un agente que ayuda a combinar dos o más ingredientes que por lo general no se mezclan bien como el aceite y el vinagre.
3. Añade un endulzante como miel o jarabe de maple.
4. Intensifica el sabor con ajo o chalotes picados, hierbas, o ralladura de limón o naranja.
5. Coloca todos los ingredientes excepto el aceite en una licuadora o procesador de alimentos y da un par de pulsos.
6. Mientras el motor esté funcionando añade lentamente el aceite hasta que el aderezo emulsione.
7. Prueba el aderezo para verificar que haya quedado bien sazonado, y añade sal y pimienta de ser necesario.

La experta:

Katelyn Shannon es chef principal de investigación y desarrollo de Sweetgreen, un restaurante de ensaladas orgánicas y tazones con alimentos calientes ubicado en varias ciudades de Estados

Unidos. Katelyn crea los menús distintivos y de temporada de Sweetgreen con ingredientes frescos, sustentables y obtenidos a través de fuentes locales.

La explicación:

La proporción típica de la vinagreta es 3:1 (aceite:vinagre o grasa:ácido), pero puedes jugar con las cantidades y obedecer a tu gusto personal. Si quieres un aderezo más suave usa las tres partes completas de aceite; si lo prefieres más ácido, no añadas tanta grasa. Mezclar los ingredientes antes de añadir el aceite te ayuda a distribuir el emulsionante para que cuando agregues el aceite sea más fácil combinar todo o emulsionarlo. Puedes hacerlo sin licuadora, solo mezcla los ingredientes en un tazón con un batidor y continúa mezclando vigorosamente mientras añades el aceite. El aderezo fresco dura hasta cinco días en el refrigerador. La mejor manera de almacenarlo es en un frasco o recipiente con tapa a prueba de aire. Los frascos de conservas son perfectos en este caso.

Un consejo respecto a cómo añadir el aderezo a la ensalada:

El aderezo se agrega justo antes de servir. Asimismo, los ingredientes de la ensalada dictarán qué tipo de aderezo conviene más. Si incluiste granos evita los aderezos tipo *ranch* o de suero de mantequilla, porque los granos los absorberán y dejarán el resto de la ensalada un poco insípida. Si incluiste quesos suaves o aguacate, evita los aderezos cremosos, porque la ensalada podría convertirse en una masa blanda. Cuando uses ingredientes suaves privilegia los aderezos ligeros como la vinagreta.

La vinagreta preferida de Katelyn

- 2 cucharadas de jugo de limón recién exprimido
- 2 cucharadas de jugo de lima recién exprimido
- 1 cucharadita de chalote picado
- 1 cucharadita de mostaza de Dijon
- 1 cucharada de miel
- ½ cucharadita de ralladura fresca de limón
- ½ cucharadita de ralladura fresca de lima
- 1 cucharada de hierbas frescas picadas (eneldo, estragón o albahaca)
- ¾ de taza de aceite neutro (los aceites de girasol o aguacate funcionan bien)

Sigue las instrucciones para emulsionar y sazonar. Si quieres añadir la ralladura de limón en trozos más grandes o incluir rebanadas de chalote en el aderezo, añádelos al final, cuando ya hayas preparado la emulsión.

HIERVE LA PASTA AL DENTE

1. Llena una cacerola con agua, aproximadamente seis litros por medio kilo de pasta. Ponla en la estufa y calienta a fuego alto.
2. Cuando hierva el agua, añade dos cucharadas de sal.
3. Asegúrate de que el agua vuelva a hervir bien antes de añadir la pasta.
4. Agita la pasta para que no se empalme.
5. Cuece sin cubrir. Mantén el agua hirviendo y agita la pasta con frecuencia para que no se pegue.

6. Mientras el agua hierve coloca el colador en el fregadero.
7. Antes de drenar la pasta en el colador usa un cucharón y reserva una taza del agua en que la cociste.
8. Si vas a añadir salsa, drena la pasta entre uno y dos minutos *antes* del tiempo indicado en el empaque para que quede al dente, porque cuando la mezcles con la salsa continuará cociéndose.
9. Cuando esté lista la pasta (pruébala para verificar que ya está), ponla en el colador. También puedes prescindir de este y usar unas pinzas para pasar la pasta directamente a la salsa.

La experta:

Rachael Ray es cocinera, autora y personalidad de televisión. Actualmente conduce *Rachael Ray*, programa diurno de entrevistas ganador de un Emmy, así como la emisión *30 Minute Meals* de Food Network. Es fundadora y directora editorial de la revista *Rachael Ray In Season*, y recientemente publicó su recetario de cocina número 26: *Rachael Ray 50: Memories and Meals from a Sweet and Savory Life*. Este libro ingresó instantáneamente a la lista de bestsellers de *The New York Times*.

La explicación:

Es importantísimo que antes de encender la estufa te asegures de tener suficiente agua y de que la cacerola sea suficientemente grande. La pasta necesita espacio para moverse, porque si no se empalma. Seis litros son 24 tazas. Dato curioso: Rachael inventó una cacerola en forma oval exclusivamente para hervir espagueti.

¡En ella caben las largas varas de pasta! Y tal vez te parezca que añadiste demasiada sal, pero necesitas sazonar la pasta porque incluso si vas a usar salsa, la pasta debe tener sabor propio. Recuerda agregar la sal al agua *después* de que haya empezado a hervir para que no dañe tus cacerolas. También es importante sazonar el agua: deberá tener el sabor del agua de mar. De hecho, considérala un ingrediente más del platillo. Como la pasta suelta un poco de almidón en el agua cuando se cuece, esta se convierte en un excelente aglutinante. Agrega un poco a la pasta ya colada cuando hagas el maridaje con la salsa.

HAZ LA HAMBURGUESA PERFECTA

> *Para mí las hamburguesas son el sándwich por excelencia. Por cada ingrediente —carne, bollo, queso, condimentos— debe haber un proceso de pensamiento. Hay que tratarlos de manera individual y luego ensamblarlos.*
>
> BOBBY FLAY

1. Elige carne de res con una proporción de 80:20 entre la carne y la grasa (te recomiendo la espaldilla).
2. Toma la carne y forma las tortitas de las hamburguesas, pero evita trabajarlas demasiado. Ponte como meta que cada tortita pese unos 90 gramos y tenga entre tres y cuatro centímetros de grosor.
3. Sazona generosamente con sal y pimienta de ambos lados. ¡No agregues nada más!
4. Presiona con tu pulgar al centro de cada hamburguesa para formar un foso. Esto le ayudará a mantener su forma mientras la cocinas.

5. Calienta la sartén o parrilla a fuego alto. Lo ideal es usar una sartén de hierro fundido para que la hamburguesa se cueza en su propio jugo en vez de que lo libere y este se pierda en una parrilla abierta.
6. Agrega unas gotas de aceite (canola, vegetal, girasol). La sartén estará lista cuando empiece a salir humo.
7. Coloca las hamburguesas en la sartén o la parrilla y déjalas en paz. Permite que se sellen entre 2 y 2½ minutos si se trata de una hamburguesa entre rojo y medio.
8. Resiste la tentación de presionar las hamburguesas con la espátula porque liberarás todos los jugos.
9. Voltea la hamburguesa y cuécela del otro lado 2 o 2½ minutos. Te repito: no la manipules.
10. Si decidiste tostar los bollos, hazlo ahora. Puedes usar un tostador, el horno o la misma parrilla. Yo recomiendo tostarlos siempre.
11. Si vas a agregar queso, coloca dos rebanadas sobre la hamburguesa y cierra la parrilla unos 30 segundos. Si estás cocinando en sartén, añade tres cucharadas de agua, cubre rápidamente y deja que se forme vapor durante unos 15 o 20 segundos.
12. Coloca la hamburguesa en los bollos ya tostados y añade ingredientes a tu gusto.

El experto:

Bobby Flay es un chef multipremiado, restaurantero y estrella de Food Network (*Beat Bobby Flay*, *Bobby Flay's Barbecue Addiction*, *Iron Chef Gauntlet*, etcétera). En 2008 inauguró el primer Bobby's Burger Palace (¡a 20 minutos de donde vivo, en Long Island!), pero actualmente hay 19 sucursales en Estados Unidos. Ha escrito más de 12 recetarios y fue el primer chef que tuvo su estrella en el Paseo de la Fama de Hollywood.

La explicación:

La preparación de una buena hamburguesa comienza en la tienda con carne de buena calidad. Debe contener grasa, porque si es demasiado magra (90% o más) se secará y no tendrá suficiente sabor. Bobby dice: "Si vas a comer una hamburguesa, solo come una". Mucha gente complica el proceso de preparación. Uno de los errores más comunes es añadir ingredientes de más y sazonar la carne de res como si se fuera a preparar pastel de carne. Es necesario dejar algo de espacio para crear la textura adecuada. La parrilla también debe estar *bien caliente*, porque si no, la hamburguesa no se sellará, solo se calentará un poco y terminarás comiendo una hamburguesa gris. La mejor manera de asegurarse de formar una corteza crujiente y de que la carne quede jugosa y llena de sabor es usar una sartén de hierro forjado. Y la razón es esta: cuando la hamburguesa se cuece, cae como balón de futbol americano, luego la gente la aplasta con la parte inferior de la espátula y le saca todos los jugos (¡no!, ¡no hagas eso!). Es mejor "fingir la hamburguesa", es decir, hacer un pequeño foso en el centro para que cuando se cueza regrese a su forma original y tú no tengas que manipularla.

Los consejos de Bobby respecto al queso:

Evidentemente hay muchas opciones de queso. Mucha gente elige cheddar habitualmente, pero Bobby detesta esta opción porque "no se derrite, suda", y porque el queso deja salir todos sus aceites. Él prefiere el siempre confiable queso amarillo. A la gente a veces le da pena pedirlo porque no es un queso sofisticado, pero, ¿y qué? Según Bobby: "Ya seas amante de las hamburguesas o chef profesional, el queso amarillo es el mejor. Es lo que todo mundo quiere, no me importa lo que diga la gente; tiene el sabor adecuado y te recuerda tu infancia, para eso son las hamburguesas".

La opinión de Bobby respecto a los bollos:

"Puedes elegir cualquier bollo que desees, siempre y cuando tenga textura suave. Comprar un bollo artesanal con textura firme en el exterior quiebra la hamburguesa. Es mejor comprar un bollo de papa o ajonjolí que realmente se convierta en *parte del platillo* cuando pongas la carne en el interior. Además, yo siempre tuesto los bollos, así de simple. Los bollos tostados crean un contraste de texturas."

La opinión de Bobby respecto a la temperatura de la hamburguesa:

"Si les preguntas a todos los chefs profesionales qué término les gusta para sus hamburguesas, el 99% te dirá que entre rojo y medio, y algunas cuantas personas te dirán que rojo. A mí me agrada que la carne quede término *medio*, y te voy a explicar por qué. No se trata de un corte fino, no es un filete miñón, hay una diferencia. La mayoría de las veces, cuando la carne de hamburguesa se cocina entre término rojo y medio, la grasa no tiene oportunidad de derretirse. Es necesario que la grasa se derrita un poco para que empiece a lubricar la carne misma desde el interior. El término perfecto para la hamburguesa es medio paso arriba de rojo-medio."

GUARDA LAS SOBRAS DE LA COMIDA

No veas las sobras como la misma comida recalentada, piensa que son ingredientes potenciales para platillos completamente nuevos.

Dan Pashman

1. Lleva las sobras a un lugar seguro antes de que lo que quieras conservar termine en el bote de la basura. Esto es particularmente importante si tienes una reunión y alguien entra inesperadamente a la cocina para tratar de ayudar.
2. Saca recipientes del tamaño adecuado para la cantidad de cada alimento distinto que vayas a conservar y colócalos en la encimera. (Evita las bolsas de plástico: son dañinas para el medio ambiente y, bueno, ¿a cuánta gente conoces que le guste comer alimentos guardados en bolsas?) También saca las tapas correspondientes. Lo sé, lo sé, es mucho más fácil decirlo que hacerlo.
3. Piensa qué segunda vida les podrías dar a las sobras y prepárate un poco. ¿El pastel de carne se convertirá en sándwiches? Pues rebánalo ahora que la tabla de cortar sigue afuera y que la cocina todavía es un desastre. También deshebra el pollo para los tacos de mañana.
4. Si las sobras continúan calientes, y si se trata de un alimento con una corteza que quieres conservar (como pollo empanizado o tarta crujiente de manzana), deja que todo se enfríe por completo antes de guardarlo. Si las sobras ya están frías no es necesario esperar.
5. Combina alimentos similares para llenar los recipientes. Como las verduras que podrías usar en conjunto para

preparar *omelette*, o los frijoles y el arroz que de todas maneras planeabas mezclar. La pasta y la salsa, sin embargo, se deben mantener separadas.
6. ¿Vas a llevar tus alimentos al trabajo al día siguiente para comerlos a la hora del almuerzo? Entonces tómate un minuto ahora para dejarlos listos.
7. Guarda las sobras al frente del refrigerador para que las veas en cuanto lo abras. No hay nada más triste que las sobras que definitivamente habrías consumido de no haber olvidado que estaban ahí.

El experto:

Dan Pashman es el creador y anfitrión del podcast gastronómico The Sporkful, el cual recibió el premio James Beard. (Según Dan: "El podcast no es para la gente loca por la comida, sino para la que come". Dan y sus invitados están obsesionados con los detalles de la alimentación y aprovechan su obsesión para revelar secretos sobre los alimentos y la gente.) También es anfitrión del programa *You're Eating It Wrong*, del Cooking Channel, y es autor de *Eat More Better: How to Make Every Bite More Delicious*. (Una confesión: su hija y la mía estuvieron en el mismo grupo en cuarto grado.)

La explicación:

El éxito de las sobras radica en los recipientes en que las guardes. Entre menos aire haya en ellos, más tiempo durarán los alimentos, así que lo mejor es que los llenes lo más posible. Un recipiente lleno de comida también se ve más atractivo que uno que solo está a 75% de su capacidad. Los recipientes de vidrio son los mejores porque los puedes meter al lavavajillas, son fáciles de lavar y no contienen plástico. Elige recipientes planos con tapas planas también para que puedas apilarlos en el refrigerador. Si algo sigue caliente al momento de guardarlo, producirá vapor, y este se convertirá en condensación dentro del recipiente. Que esa humedad quede atrapada no es necesariamente malo, a menos de que se trate de un platillo que necesite permanecer crujiente. De hecho, la humedad puede evitar que el platillo se seque cuando lo recalientes. En resumen, entre mejor empaques los alimentos, más probable es que los consumas después.

Información adicional

La clave para *disfrutar* **de las sobras:** sácalas del refrigerador por lo menos una hora antes de que vayas a comerlas para que estén a temperatura ambiente. Será más apetecible manipularlas si la grasa ya no está congelada y, además, así no tendrás que recalentar tanto y no correrás el riesgo de cocer de más los alimentos. Piensa en un filete, por ejemplo. Si prefieres comerlo término rojo-medio y lo sacas con anticipación, para cuando lo recalientes estará a temperatura ambiente y no terminará con la textura de un disco de hockey. Incluso puedes comerlo a temperatura ambiente si lo preparas en sándwich.

DECIDE DÓNDE COMER

*Recuerda que el restaurante que elijas
dirá algo sobre ti, así que piénsalo bien.*
                                    CHRIS STANG

1. Piensa en la experiencia general que buscas. La atmósfera que preferirías en una primera cita es muy distinta a la de una celebración de cumpleaños con viejos amigos.
2. Piensa en el ruido. Este es uno de los factores que realmente puede arruinar la experiencia en un restaurante. Es imperativo que sepas cuál será el nivel de decibeles independientemente de con quién vayas a comer o cenar.
3. Ahora piensa en las opciones culinarias. Revisa los menús en internet. Y lo más importante: piensa si esas opciones serán convenientes para todos los comensales. Hoy en día, preguntarle a la gente respecto a sus restricciones alimentarias es casi un prerrequisito.
4. Lee las reseñas, pero no te fijes solamente en la comida. Busca indicios que te permitan saber si el restaurante es adecuado de acuerdo con los pasos 1 y 2 de esta lista.
5. Si tienes dudas, llama al restaurante y pregunta lo que necesites saber. ¿Tienen menú para niños? ¿Ofrecen opciones libres de gluten? ¿Habrá un músico tocando la guitarra y cantando *covers* de canciones de Phil Collins a todo pulmón?
6. Si estás planeando con anticipación, haz reservación en varios restaurantes y luego pídeles a las personas que te acompañarán que te ayuden a decidir. Solo asegúrate de cancelar las reservaciones que no vayas a usar. Cancela *siempre* y no esperes hasta el último día para hacerlo.
7. Debes saber que regresar a un restaurante una y otra vez no tiene nada de malo.

El experto:

Chris Stang es cofundador de The Infatuation, una plataforma de descubrimiento de restaurantes que cuenta con aplicaciones para celular, un boletín informativo, servicio de mensajes de texto y sitio de internet. The Infatuation cubre más de 35 ciudades en todo el mundo. Tienen una manera única de diseñar y presentar guías de restaurantes (una de sus listas, por ejemplo, se llama "Dónde comer con amigos que no son *tan* tus amigos"). En marzo de 2018 The Infatuation adquirió la legendaria marca de reseñas gastronómicas Zagat. Chris también es coautor de *How to Drink Wine*. ¡Ve a las páginas 232 a 234 para conocer sus excelentes recomendaciones!

La explicación:

No se trata de ir al restaurante con el chef de moda ni a aquel en el que la gente fotografía más la comida, se trata de encontrar un restaurante increíble que satisfaga todas tus necesidades en esa noche tan especial. Porque, además, también es posible que tus necesidades hayan cambiado después de meses y meses de *no* poder salir y comer en un restaurante. Obviamente la comida es esencial, pero también hay toda una serie de exigencias que debes considerar. El mejor restaurante cumplirá con ellas. Todo comienza con la ubicación y con lo que es más conveniente y factible para las personas de tu grupo. Si vas a manejar, ¿el restaurante cuenta con estacionamiento? Y si se trata de una cena íntima o una cena de negocios, o si sencillamente no te gustan los restaurantes ruidosos, deberás cerciorarte de que el ruido no será un problema. Entre más sepas respecto a lo que obtendrás cuando llegues ahí, desde la música hasta el servicio, mejor será la experiencia. Por eso siempre funciona regresar a tus restaurantes predilectos.

Información adicional

¿Vas a salir en grupo? Si quieres salir con un grupo de, digamos, cinco personas o más, busca un restaurante con mesas redondas. Llama con anticipación, pregunta si tienen una grande y resérvala. ¡De esa manera todos podrán por lo menos fingir que están participando en la misma conversación!

¿Se trata de una cita? Para una primera cita elige un lugar que conozcas tan bien que puedas recomendar platillos del menú u ordenar una botella de vino que ya hayas probado antes. Entre más parezca que sabes, mejor irá la cita. Además, así no terminarás accidentalmente en un lugar con mesas comunales o una vibra romántica casi inexistente. Busca un lugar con un bar de calidad en el que te puedas sentar para luego pasar a una mesa y cenar si quieres. Pero sin estrés.

¿Es una cena de negocios? Aquí estamos hablando de personas que normalmente no saldrían a cenar juntas, y por lo tanto, los intereses culinarios y de otro tipo podrían diferir en gran medida. Busca un menú variado, pregunta con anticipación respecto a las restricciones alimentarias de cada persona, y si vas a tener que sacar y desplegar documentos de trabajo, definitivamente toma en cuenta el ruido y el tamaño de la mesa.

Un consejo respecto a ser quien elige el restaurante:

"La capacidad de elegir un restaurante perfecto para cualquier situación te provee capital social. Y el capital social es uno de los activos más valiosos de la gente, porque ¿quién no quiere ser la persona en una cita o en un grupo de amigos o de colegas que puede elegir el lugar perfecto para comer o para ordenar la mejor botella de vino?" Chris Stang.

COME EN UN RESTAURANTE CON TUS NIÑOS PEQUEÑOS

1. Llama con anticipación o revisa el sitio de internet y averigua qué tan apto es el lugar para recibir familias. Pista: No contar con un menú infantil no es una gran señal, pero eso no significa que no se adaptarán a tu situación.
2. Si vas a cenar trata de ir temprano. En el restaurante habrá menos ruido, el personal de servicio no estará exhausto, y tú no tendrás que acostarte demasiado tarde.
3. Pide una mesa en un rincón en lugar de una totalmente expuesta, en medio del salón. Los gabinetes son ideales para comer con tus pequeños porque te permiten mantenerlos apretaditos y sentados.
4. En cuanto aparezca tu mesero dile cuál es el plan. Explica, por ejemplo, que quieres ordenar los alimentos de los niños de inmediato para poder beber algo y revisar el menú para adultos mientras ellos comen.
5. Permite que tus hijos ordenen algo especial que generalmente no coman en casa para que entiendan que comer fuera es un privilegio y que deben comportarse súper bien.
6. Si los niños vienen muriéndose de hambre, pide pan, frituras o algo rápido del menú para mantener bajo control el azúcar en su sangre (y su comportamiento), mientras preparan sus platillos.

7. Cuando los adultos ordenen pídele al mesero que traiga los postres de los niños al mismo tiempo que la comida de los adultos. En muchos restaurantes los postres están incluidos en los menús infantiles.
8. Si los niños están demasiado inquietos llévalos al baño a lavarse las manos.
9. Pide la cuenta en cuanto sirvan los alimentos de los adultos. No tienes que pagar de inmediato, pero al menos tendrás esa opción abierta en caso de que la situación se torne insostenible y tengas que comer y salir corriendo.
10. Antes de salir del restaurante limpia cualquier desastre o, de lo contrario, deja una propina más generosa.

La experta:

Karalee Fallert es propietaria de All Good Industries, en Charleston, Carolina del Sur. Esta empresa abarca los restaurantes Park Café, Royal American, Taco Boy, y Wiki Wiki Sandbar. También es fundadora de un Centro de Aprendizaje Montessori y de Green Heart Project, una organización de voluntariado, con base en la ayuda de la comunidad, que propone la utilización de granjas con propósitos didácticos como salones de clase en exteriores.

La explicación:

Si te preparas un poco, esta experiencia la pueden disfrutar todos los involucrados. Habla con el personal con anticipación y pregunta: "¿Podrían ayudarme a preparar una visita con mis niños a su restaurante?". Comunicarse con el personal es fundamental porque ellos, como tú, solo quieren evitarte un estrés innecesario. Escalonar las comidas es la clave para disfrutar la experiencia al máximo. Como la comida de los niños llegará antes, podrás cortarla y ayudarles a empezar a comer sin renunciar al placer de tu propio platillo. Luego, mientras tú estés comiendo, ellos podrán entretenerse con el helado. En lo referente a llevar a niños pequeños a un restaurante, es esencial que empieces por pensar en el objetivo último. A fin de cuentas, ¿cómo quieres que se porten en un restaurante? Tus hijos podrán ser pequeños, pero siempre están absorbiendo más de lo que imaginas, así que presta atención a los modales en la mesa, al nivel de ruido, y a la importancia de ser amable con los meseros y el personal. Por ejemplo, si de pronto ya hay papas fritas por todo el piso, levántalas para que tus niños comprendan que están en el espacio de alguien más y que deben ser respetuosos.

APARENTA QUE SABES DE VINOS CUANDO TE ENFRENTES A LA LISTA DE UN RESTAURANTE (AUNQUE NO SEPAS NADA)

1. Si tienes una lista de vinos en la mano es porque alguien del restaurante eligió los vinos en ella. Pide ayuda al personal.
2. Comienza indicándoles cuánto piensas gastar. No te andes con rodeos, incluso si solo son 40 dólares. Los buenos restaurantes se jactan de incluir vinos de buen valor en sus listas. Además, independientemente de tu presupuesto, al *sommelier* o encargado de los vinos le dará gusto que solicites su ayuda. Si necesitas discreción, señala en

el menú la cantidad monetaria que quieres gastar y di "algo en este rango".
3. Define una categoría general, es decir, tinto, blanco, espumoso, rosado, etcétera.
4. Elige un país o una región vitivinícola extensa. Si no te decides, apuesta a lo seguro y elige Francia o California, que son los lugares más comunes. Además, en casi cualquier lista habrá botellas de ambos sitios. Italia también es una sabia elección, pero es probable que tengas problemas para contestar las preguntas que te hagan a continuación porque ahí hay muchas regiones y tipos de uvas.
5. Elige un estilo o variedad de uva.
Estilo = ligero, medio, con cuerpo.
Variedad de uva = pinot noir, chardonnay, sauvignon blanc, etcétera.
6. Actúa con confianza incluso si no tienes idea de lo que estás diciendo.
7. Pide ayuda. Solicitarle abiertamente su opinión al encargado de los vinos le permitirá guiarte. Deberás decir algo como: "Estoy buscando un vino en torno a este precio. Tinto de California. De preferencia ligero. Me gustaría escuchar sus sugerencias…".
8. Para no equivocarte, lo mejor es que nunca pronuncies la "t".

Los expertos:

Chris Stang es cofundador de The Infatuation y Grant Reynolds es un *sommelier* premiado y propietario de Parcelle Wine, en la Ciudad de Nueva York. En *How to Drink Wine: The Easiest Way to*

Learn What You Like, el libro que coescribieron, Chris y Grant cubren todos los temas, desde cómo se produce el vino hasta si realmente tiene que "respirar", e incluso hablan de por qué deberías dejar de beber pinot grigio (¡lo siento, tía Kathie!).

La explicación:

Un buen *sommelier* apreciará tu habilidad para articular las características que buscas y podrá guiarte para encontrar un vino que te agrade. Incluso el personal con un conocimiento básico sobre vinos podría acercarte a algo que disfrutarás. Si no te acompaña nadie que sepa de lo que se está hablando, entonces tal vez no importe lo que elijas. Cierra los ojos y apunta en la lista. O tal vez sea mejor que bebas una cerveza. Pero en serio, cuando puedes hablar con confianza sobre una lista de vinos y tomar una decisión, la persona que esté sentada frente a ti quedará impresionada con tu capacidad para controlar la situación, incluso si terminas confesando que no tienes idea de lo que ambos están bebiendo. La confianza representa 90% del juego. En los vinos y en la vida.

Información adicional

Algunas opciones "siempre seguras" que encontrarás en casi cualquier lista:

- Champaña
- Chablis
- Blanco de Borgoña
- Blanco italiano (pero NO pinot grigio)

- Barbera
- Beaujolais
- Chianti
- Côtes du Rhône
- Pinot Noir de Santa Bárbara

10

Sé buen anfitrión (e invitado)

PLANEA UNA FIESTA DE COCTEL

Pon música, prepárate un coctel gimlet y disfruta del ritual de la preparación de la misma manera que esperas disfrutar de la fiesta real. Entre más amor y diversión le pongas a la preparación, mayor amor y diversión sentirán tus invitados a lo largo de la noche.

MARY GIULIANI

1. Para que la fiesta sea coherente, elige un tema para la comida. Esto también facilitará la planeación. Por ejemplo, no sirvas *dip* mexicano de frijoles junto a una charola de sushi. Si vas a ofrecer *dip* de frijoles, entonces prepara quesadillas o taquitos. La temática también te ayudará a elegir las bebidas (¡margaritas, chicos!).
2. Asegúrate de que nada de lo que sirvas exija contar con algo más que un platito, un tenedor y una servilleta de coctel. Si el platillo requiere más utensilios, no lo prepares.

3. Si tienes máquina para hacer hielos empieza a empacarlos algunos días antes de la fiesta para que tengas suficientes. Por si acaso, también mete al congelador un paquete de salchichas de coctel envueltas en pasta hojaldrada.
4. Ve de compras para abastecer tu barra de bebidas. Probablemente ya sabes lo que les gusta a tus invitados, pero hay básicos que siempre debes tener: vino blanco, vino tinto, vodka, ginebra, tequila, whiskey, agua gasificada, agua tónica, jugo de arándano (de arándano blanco si deseas evitar las manchas) y hielo. También limones y limas para decorar bebidas.
5. Si vas a ofrecer un coctel exclusivo prepara una cantidad generosa con anticipación y sírvelo en una ponchera, dispensador de bebidas o en cualquier recipiente suficientemente grande.
6. Haz una lista de música (máximo 20 canciones) que defina la atmósfera de la noche: comienza lento, ve aumentando la intensidad y luego desciende.
7. El día anterior coloca tazones, charolas y recipientes de servicio. Usa etiquetas Post-it para señalar dónde van varias cosas y quita todo lo que no necesites. Esto evitará que tengas que buscar el tazón adecuado justo cuando tus invitados estén llegando, y te permite eliminar el desorden adicional.
8. Limpia los baños (incluso el del piso de arriba que piensas que nadie usará). Vacía los cestos de basura, verifica que haya papel higiénico y toallas para manos, y coloca una vela aromática.
9. Vacía el lavavajillas y el bote de basura. Coloca bolsas adicionales en el fondo para que puedas remplazarlas rápidamente.

10. Decide dónde guardarás los sacos y abrigos. Puede ser en una cama, en un perchero en el corredor o en un armario vacío en el vestíbulo.
11. Marca el área de la barra. Si vas a seguir cocinando y preparando alimentos aun después de que lleguen tus invitados, monta la barra en la cocina. Corta los limones y las limas. Enfría vino blanco una hora antes de que lleguen los invitados.
12. Enciende velas, respira hondo y haz un repaso mental rápido de tu fiesta desde la perspectiva de tus invitados para asegurarte de que has pensado en todo. Enciende la música con tu lista y prepárate para disfrutar.

La experta:

Mary Giuliani es propietaria de Mary Giuliani Catering and Events. Su empresa organiza fiestas para celebridades como, oh, por Dios... Bradley Cooper. Mary es autora de *Tiny Hot Dogs: A Memoir in Small Bites* y de *The Cocktail Party: Eat, Drink, Play, Recover*.

La explicación:

Organizar una fiesta de coctel implica ofrecer bocadillos y bebidas, no un menú formal, así que no te rompas la cabeza. (Si vas a ofrecer una verdadera cena, **VE A LA PÁGINA 239 PARA APRENDER A MONTAR UNA MESA IMPRESIONANTE**). Preparar lo más posible con anticipación te permitirá actuar con más calma el día de la fiesta y dormir mejor la noche anterior. Date dos horas antes de que lleguen los invitados para el ritual previo a la fiesta. Pon algo de música, diviértete, asegúrate de haber seguido todos los pasos. ¿Están limpios los baños? ¿Sabes dónde guardarás los sacos y abrigos? ¿Dónde está la barra? Montar la barra en la mesa central de la cocina no tiene nada de malo: si tienes que continuar preparando cosas ahí, los invitados te harán compañía. Además, ¡así tendrás mejor acceso para rellenar las copas! La clave para que la limpieza posterior a la fiesta no te abrume radica en comenzar con una casa limpia. Ten a la mano recipientes para comida y ofréceles a los invitados llevar algo a casa al final de la noche (entre más se lleven, menos tendrás que guardar). Siempre oblígate a limpiar la noche de la fiesta: limpiar en medio del alboroto es mejor que hacerlo durante la resaca.

Información adicional

Un poco de matemáticas para la fiesta de coctel: ¿vas a preparar entradas? Calcula entre cuatro o cinco piezas de cada bocadillo que vayas a servir, por persona y por hora. Cuando compres las bebidas recuerda esta ecuación: los invitados usualmente toman dos bebidas la primera hora y luego una por cada hora adicional que dure la fiesta. Una botella de vino contiene unas siete copas; la botella de champaña contiene suficiente para seis flautas, y una botella de licor te sirve para preparar unos 12 cocteles. Vas a necesitar dos copas por persona, así que si invitaste a 10 personas asegúrate de contar con 20 copas.

> **Consejo profesional:** las tablas de quesos van bien con cualquier temática culinaria de fiesta, y le gustan a la mayoría de la gente. La tabla de quesos es la entrada perfecta para cuando llegan hambrientos tus invitados, pero deberás

Sé buen anfitrión (e invitado)

mantenerla separada, es decir, no la coloques en la mesa principal de alimentos porque funciona mejor sola, sin acompañamiento. Puedes colocarla cerca del bar o en la mesa de centro frente a la chimenea. **Para aprender a presentar una tabla de quesos digna de Instagram ve a la página 251.**

MONTA UNA MESA ELEGANTE

Si la mesa es asombrosa, la gente disfrutará la comida incluso si dista de ser perfecta. No se trata de la comida sino de la experiencia íntima de sentarse juntos en tu hogar.

Liz Curtis

1. Elige un tema. Puede ser cualquier cosa, desde una elaborada fiesta italiana hasta una mesa bicolor "azul y blanco".
2. Olvídate de los manteles, lo único que necesitas es un camino de mesa. Si no te gusta cómo luce tu mesa, ponle un mantel, y el camino encima.
3. Coloca las servilletas. Las servilletas de tela son un toque que todos notarán y no son realmente costosas. Pon a prueba esta técnica: dobla dos lados hacia adentro para que la servilleta forme un rectángulo, y colócala verticalmente frente a cada asiento con los dobleces hacia abajo. La parte superior puede tocar o encimarse en el camino, y la parte inferior puede colgar un poco en la orilla de la mesa.
4. Coloca los platos encima de la servilleta. Primero el plato para el platillo principal, encima el de la ensalada, y si

realmente vas a echar la casa por la ventana y servirás sopa, coloca el tazón sobre los otros dos platos.

5. Coloca la cubertería. Los tenedores a la izquierda (el de ensalada afuera y el del platillo fuerte junto al plato). El cuchillo y la cuchara van del lado derecho (cuchara afuera del cuchillo, y la parte afilada del cuchillo mirando hacia el plato). Si tienes cuchara o tenedor de postre, o *ambos*, colócalos horizontalmente arriba de los platos y con los mangos hacia el lado donde irían (el tenedor a la izquierda, la cuchara a la derecha). Pero no sobrecargues tu mesa. Si no vas a servir un tiempo, no pongas los utensilios correspondientes.

6. Arregla los vasos y copas a la derecha del plato del platillo principal, arriba del cuchillo y la cuchara. Asegúrate de incluir un vaso para agua que podrás mover hacia el lado

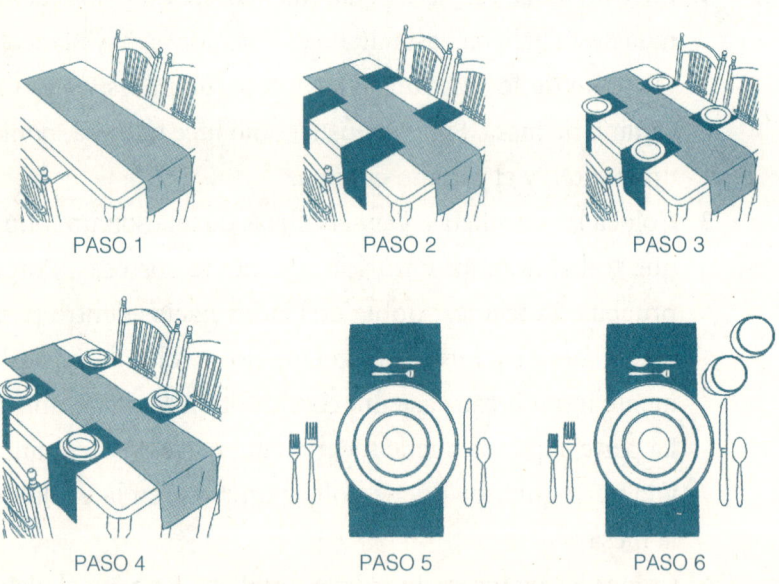

izquierdo del plato en caso de que añadas más vasos o copas. Si es una ocasión verdaderamente festiva, y si tienes suficiente para todos, agrega el elegante detalle de la flauta de champaña. Si planeas brindar mientras tus invitados están sentados, sirve antes un poquito de champaña en cada copa: si sirves una flauta completa, la champaña se entibiará, y lo más probable es que se desperdicie. **Para ofrecer un gran brindis ve a la página 259.**

7. En el centro de la mesa coloca candelabros equidistantes con velas altas y afiladas. Si vas a poner dos, deberán estar a ambos lados del centro de mesa. También coloca algunas velas votivas por aquí y por allá. Lo último que debes hacer antes de que lleguen los invitados es encender las velas, así no se derretirán antes de que termine la cena.

8. Pon flores sencillas y suficientemente cortas para que los invitados se puedan ver entre sí. Si quieres hacer tu propio arreglo, adelante (**visita la página 243**), pero también puedes comprar algunas plantitas y colocarlas al centro de la mesa. Al final de la noche ¡permite que los invitados se las lleven a casa!

La experta:

Liz Curtis es fundadora de Table + Teaspoon, una empresa de renta de mesas de lujo. La empresa de Liz lleva hasta tu puerta y en todo el país paquetes con todo lo que necesitas para recibir con elegancia a tus invitados. Cuando la fiesta termina ¡solo necesitas empacar todo en la caja en que llegó y enviarlo de vuelta!

La explicación:

Los manteles son la base de una mesa. Los caminos de mesa ayudan a consolidar la apariencia con sencillez y sofisticación. Las servilletas de buffet en tela se pueden ordenar por internet, cuestan un dólar la pieza y vienen en una enorme variedad de colores. Si las colocas debajo de los platos añadirás profundidad y textura a la mesa. Si quieres usar anillos para las servilletas, colócalos encima del plato. A Liz no le agrada poner la servilleta doblada a un lado del plato porque el hecho de que solo algunas de las piezas de la cubertería queden sobre la servilleta provoca un efecto de desequilibrio. Por lo menos una persona en la mesa estará familiarizada con la ubicación adecuada de los platos y la cubertería, así que presta atención a este paso, pero también trata de escalonar los objetos para darles una apariencia más interesante. Sí, los tenedores van del lado izquierdo, pero escalonados con una diferencia de aproximadamente dos centímetros y medio (uno más abajo que el otro). Haz lo mismo con el cuchillo y la cuchara. Variar la altura y la forma de las copas y los vasos le ofrece a la luz de las velas una mayor cantidad de superficies donde rebotar. Por eso también es recomendable usar dos alturas distintas de velas. Siempre llena los vasos de agua antes de que se sienten los invitados, eso los motivará a beber algunos sorbos entre las otras bebidas.

Dato curioso: la razón por la que la parte afilada del cuchillo va hacia adentro es porque durante el periodo anglosajón, cuando se estableció buena parte de todas estas reglas de etiqueta, la gente llevaba sus propios cuchillos a las cenas. Como los cuchillos eran *muy* afilados, se consideraba un acto de agresión que el filo mirara hacia el vecino. ¡¿Qué te parece este dato para iniciar la conversación en una cena elegante?!

Un consejo respecto a la música:

La música de películas es una excelente opción de sonido ambiental en una cena elegante. *Baile Caliente* es perfecta para una noche lúdica, *Los piratas del Caribe* o *El origen* de Hans Zimmer ofrecen un sonido sofisticado, y *María Antonieta* de Sofia Coppola hará que tu cena sea todo un evento con una atmósfera súper *cool*.

ACOMODA TUS FLORES EN UN FLORERO

> *El arte de los arreglos florales se basa en los principios básicos del diseño: equilibrio y alineación. Esto significa que los elementos no se colocan al azar. Tienes que pensar en el orden, la textura, el contraste y la proporción con el florero.*
>
> Katie Hartman

1. Elige tu florero. Cuando escojas el tamaño y la cantidad de las flores ten en mente el tamaño y la forma del florero.
2. Antes de empezar a situar los tallos define una visión general del arreglo. ¿Será ceñido y compacto? ¿Alto y más bien etéreo? ¿Dónde lo vas a colocar?
3. Busca una superficie libre para trabajar, con suficiente espacio para extender las flores, las tijeras y el florero. Acerca un bote de basura para que puedas tirar ahí los restos de tallos y hojas, o simplemente haz los cortes sobre el bote.
4. Llena ¾ del florero con agua fresca y fría.

5. Desenvuelve las flores, sácalas del empaque y tira cualquiera que ya esté muerta o que se esté marchitando. También puedes deshacerte del celofán repleto de sustancias químicas.
6. Limpia los tallos. Arranca las hojas con tus manos o córtalas con las tijeras (las hojas sumergidas en el agua generarán bacterias con mayor rapidez y provocarán que las flores se marchiten).
7. Acerca la flor al florero con la parte inferior del tallo sobre la encimera. Así verás dónde te gustaría cortar. Todo dependerá del tipo de arreglo que hagas: entre más cortos sean los tallos, más ceñido será el conjunto.
8. Corta los tallos en ángulo para agrandar la superficie por donde la flor absorberá el agua. Si compraste las flores en el supermercado, lo más probable es que no les hayan cortado el tallo en algún tiempo.
9. Si vas a usar hojas verdes acomódalas en el florero antes de poner las flores. Forma un patrón entrecruzado con los tallos para formar una especie de reja. Ahí podrás insertar las flores principales. Si vas a usar un solo tipo de flor, empieza entrecruzando los tallos de algunas flores.
10. Acomoda las flores en grupos de tres. Algunas deberán formar arcos, pero otras necesitarán mantenerse ceñidas al florero. Si no se trata de un arreglo de 360 grados, es decir, si es un arreglo que descansará contra la pared, coloca las flores más bonitas al frente y al centro.
11. Llena los huecos con las flores más pequeñas que te queden: servirán de acento.
12. Aléjate y considera si debes añadir o cambiar de lugar algunas flores.

13. Para prolongar la vida del arreglo cambia el agua *diariamente* y corta los tallos cada tercer día.

La experta:

Katie Hartman es fundadora de Floral Crush Studio, una empresa sumamente solicitada de eventos florales en Los Ángeles. Entre sus clientes se encuentran HBO, E!, Rolex, Netflix, Kate Hudson, NBC y Facebook.

La explicación:

Tener el florero correcto hace que el proceso sea más sencillo y disfrutable, pero también permite desplegar las flores de manera adecuada. Las peonias, por ejemplo, lucen muy bien en floreros amplios porque se extienden y muestran lo mucho que pueden llegar a crecer. Si tienes techos altos elige un florero alto y flores de cierta longitud. Si quieres un arreglo para tu habitación será mejor que hagas algo más pequeño que quepa en tu buró, pero asegúrate de que el aroma de las flores te agrade. Para un arreglo de apariencia moderna es mejor usar un solo tipo de flores, pero también puedes hacer un arreglo tipo *pavé* (flores de distintos colores), que es sencillo y le da un toque instantáneo de color a cualquier habitación: mantén los tallos cortos para que las flores sobresalgan solo un poco en la parte superior del florero, y arréglalas para que queden bien ceñidas. Si deseas mayor movimiento corta los tallos a diferentes alturas para que algunas flores queden cerca de la boca del florero y otras sobresalgan más. Estas últimas atraerán la atención y abrirán el campo visual un poco más arriba. Las "protagonistas" son las flores más grandes y hermosas. Son por las que pagaste más, así que realmente necesitas que luzcan. Es importante tener algo de espacio blanco para que las flores destaquen mejor, pero observa bien tu arreglo y cerciórate de que cualquier zona de espacio negativo parezca haber sido creada a propósito. Y sobre todo, nunca cortes los tallos demasiado al principio, ¡podrías arrepentirte si necesitas tus flores a mayor altura!

Consejo profesional: cuando elijas flores asegúrate de que los pétalos no estén blandos ni flojos, sino firmes. Es imposible que las cosas salgan mal si eliges alcatraces en primavera, peonias a principios del verano, dalias a principios del otoño o amarilis en el invierno. Los alcatraces son perfectos para la casa porque son elegantes y duran mucho tiempo; las hortensias te permiten llenar un espacio con un arreglo grande y de una linda manera. Si no puedes decidirte, los arreglos monocromáticos siempre dan un toque *chic*.

COMPRA UNA BUENA BOTELLA DE VINO POR MENOS DE 20 DÓLARES

En este caso la clave es saber lo que te gusta. Incluso unas cuantas palabras para describir los sabores, el cuerpo o la terrosidad de tu agrado servirán para que alguien te acerque a un vino que disfrutarás.

ALYSSA VITRANO

1. Pregúntate para qué vas a comprar este vino: ¿Para acompañar una comida? ¿Para acompañar bocadillos ligeros? ¿Para beberlo solo?

Sé buen anfitrión (e invitado)

2. Tómate un minuto para pensar qué tipo de vinos te gustan: ¿Tintos atrevidos? ¿Blancos frescos con acidez ligera?
3. Si vas a comprar el vino para un amigo o amiga, o si vas a beberlo en su compañía, averigua también lo que le gusta beber a él o ella.
4. Ve directamente al vendedor: él pasa más tiempo que tú probando vinos y está ahí para ayudarte.
5. Dile lo que averiguaste en los pasos 1 a 3, y cuánto quieres gastar.
6. Mantente abierto a las opciones. A veces las uvas y las regiones menos conocidas son menos costosas, pero igual de satisfactorias.
7. Pregúntale a la persona que te esté asesorando qué le gusta en ese momento. Su trabajo consiste literalmente en probar muchos vinos, y sabe mucho más acerca de vinos específicos en la tienda, lo cual incluye las joyas escondidas.
8. Si necesitas servir un vino blanco o rosado de inmediato, busca entre lo que tengan disponible en el refrigerador de la tienda.

La experta:

Alyssa Vitrano escribe sobre vinos en grapefriend.com y en su popular cuenta de Instagram @grapefriend. Es profesional en vinicultura, vinificación y catas a ciegas con certificación de la American Sommelier Association. Y lo más importante: realmente adora el vino.

La explicación:

Antes de entrar a una vinatería deberías ya tener una noción de lo que te gusta, para qué evento vas a comprar el vino y cuánto quieres gastar. Saber todo esto facilitará el proceso. ¿No sabes bien lo que te gusta? La próxima vez que ordenes una copa de vino en un bar o restaurante pide que te sirvan un poco de dos o incluso tres vinos entre los que vayas a elegir. Cuando comparas vinos al mismo tiempo es mucho más fácil notar tu paleta e identificar las características que te agradan. Que no te dé pena pedir ayuda cuando llegues a la tienda, incluso en las vinaterías exclusivamente de distribución el personal prueba muchos o todos los vinos, y te puede guiar. Si no preguntas, terminarás deambulando y perderás el tiempo. Ten cuidado y no te dejes llevar por los nombres que ya conoces: los cabernet de Napa y los chardonnay de Sonoma no necesariamente te ofrecerán la mayor calidad al mejor precio. Como la gente suele pagar más por las marcas que le resultan familiares, los precios de estos vinos tienden a ser más elevados. Si pruebas un vino nuevo y te gusta, toma una fotografía de la etiqueta para que lo recuerdes la próxima vez. Es bueno saber que, en general, los vinos estadounidenses tienen el nombre de la uva correspondiente (chardonnay, sauvignon blanc, cabernet), mientras que los franceses y los italianos tienen el nombre de la región donde se produce la uva (Chablis, Sancerre, Burgundy).

Información adicional

¿No hay nadie que te ayude? Si buscas vino blanco debes saber que la uva sauvignon blanc es buena y que no es difícil encontrar un vino de este tipo a buen precio. Sin embargo, en lugar de pedir vinos franceses como el Sancerre, prueba vinos de Nueva Zelanda o incluso de Sudáfrica. Tienen un delicioso sabor afrutado y suelen costar alrededor de 15 dólares. ¡Pero no compres pinot grigio! Alyssa dice que con frecuencia es como agua con sabor a vino (¡totalmente de acuerdo!). Prueba el pinot gris o pinot blanc. Es la misma uva, pero manipulada en estilos distintos, y tiene más notas de manzana. El pinot gris de Oregón es excelente. Si quieres un tinto, busca Malbec de Argentina, que es un vino de mesa fácil de beber pero atrevido; o un pinot noir de Oregón. Y si es una noche de celebración y burbujas, busca *prosecco*, que es un delicioso vino espumoso italiano con ligero sabor a durazno. También podrías probar el *crémant*: se produce con el mismo método que la champaña y es uno de los secretos mejor guardados del mundo del vino.

GLASEA UN PASTEL RELLENO

1. Una vez que el pastel se haya enfriado y esté a temperatura ambiente, guarda las distintas capas en el refrigerador durante 20 minutos. Usa para ello los moldes en que las horneaste.
2. Asegúrate de que el betún esté a temperatura ambiente. En un bol pequeño aparta el equivalente a una taza.
3. Cuando ya estén frías las capas, sácalas de los moldes.
4. Coloca las capas en una superficie plana y revisa la parte superior de cada una para verificar que no estén demasiado redondas para apilarlas. De ser necesario, emparéjalas con un cuchillo largo para pan con sierra.

5. Toma un poco del betún que apartaste, pon una cucharada al centro de la charola del pastel y apila las capas con las superficies cortadas hacia abajo. No olvides extender el betún entre ellas.
6. Extiende el resto del betún que reservaste sobre todo el pastel. Esta es tu "cobertura de migajas" y te va a cambiar la vida.
7. Para aplanar el betún pasa alrededor del pastel un cuchillo espátula limpio. Este cuchillo es una herramienta económica, ¡que usarás exclusivamente con este propósito!
8. Vuelve a meter el pastel al refrigerador y déjalo ahí otros 20 minutos.
9. Saca el pastel del refrigerador y aplica una última cobertura con el betún que te haya quedado.

El experto:

Duff Goldman es un chef pastelero que se ha convertido en toda una celebridad. Es estrella de Food Network (con los programas *Ace of Cakes* y *Kids' Baking Championships*) y autor de *Duff Bakes* y *Super Good Baking for Kids*.

La explicación:

Para glasear un pastel exitosamente hay que dominar los pasos que te llevan hasta la última capa de betún. Cuando enfrías el pastel, la grasa que contiene (mantequilla, aceite) se solidifica y robustece, y esto impide que se quiebre en migajas al aplicar el betún. Asimismo, como el betún es principalmente grasa, si lo aplicas sobre un pastel tibio se derretirá. El betún enlatado y a temperatura ambiente funciona bien, pero si preparaste el tuyo en casa (¡vale la pena!) y lo guardaste en el refrigerador, entíbialo mientras se enfrían las capas de pastel. Duff lo entibia con un soplete de cocina, pero tú puedes simplemente colocar el tazón con el betún sobre una cacerola con agua hirviendo o dejarlo en la encimera una hora más o menos. A pesar de enfriar el pastel, de todas formas habrá algunas migajas, pero el objetivo de la "cobertura de migajas" es justamente remediar este problema. Al apartar un poco de betún en un tazón distinto evitarás que las migajas lleguen al tazón principal de betún. (Si vas a usar betún ya preparado, puedes comprar dos latas.) Cuando vuelves a enfriar el pastel la cobertura de migajas adquiere una textura más firme, y esto permite que sea más fácil aplicar la última capa de betún. Y si quieres un acabado extra plano, vuelve a pasar el cuchillo espátula.

Consejo profesional: si los bordes del pastel se doran demasiado y se ponen cafés, no entres en pánico. A la gente le preocupa hornear demasiado un pastel, sin embargo, ese color le añade sabor y estabilidad. Entre más oscuro esté, más firmes serán los bordes y más sencillo será glasearlo. Además, si usas harina comercial ya preparada, el borde tendrá una buena cantidad de ingredientes industriales que impedirán que se seque el pastel.

PREPARA UNA TABLA DE QUESOS

1. Coloca los quesos sobre la tabla. Trata de presentar una variedad de leches (oveja, cabra, vaca) o de texturas (suave, duro, fresco). Luego añade ramekines con las salsas o *dips*.

2. En cuanto al arreglo de las carnes frías, dobla el salami en cuartos, rebana los salchichones firmes y rasga el *prosciutto* para formar tiras más estrechas. Acomoda las carnes en líneas bien definidas cerca de los quesos.
3. Añade verduras y frutas (zanahorias, pepino, bayas, frutos secos e incluso esos lindos pepinillos agrios llamados *cornichon* en francés. Coloca estos alimentos en "cuencos de vegetales" o apilados en varias zonas de la tabla. Para cualquier cosa que contenga líquido o salmuera, usa un ramekín.
4. Incluye alimentos crujientes como galletas saladas, tostaditas, nueces, frituras o pretzels. Los huecos que se formen en las zonas donde los quesos y las carnes no se tocan llénalos con montículos de nueces o galletas saladas acomodadas en abanico. Siempre pon a un lado de la tabla un plato adicional de galletas.
5. Llena los ramekines vacíos con los *dips* que planeaste para acompañar: mermelada de higo, compota de miel o hummus, por ejemplo.
6. Incluye un adorno como toque final: ramas de tomillo, romero, lavanda o incluso flores comestibles.

El experto:

Marissa Mullen es *influencer* en el ámbito de las tablas de quesos (sí, ¡es una práctica que está muy de moda!) y es creadora de @thatcheeseplate y del método @cheesebynumbers. Asimismo, es autora del libro *That Cheese Plate Will Change Your Life*. (El título en español sería "Esa tabla de quesos cambiará tu vida", y no quisiera arruinarte la sorpresa, ¡pero así será!)

Sé buen anfitrión (e invitado)

La explicación:

El método de Marissa, "queso por números", te permite reunir los ingredientes que tienes a la mano y hacerlos lucir hermosos siguiendo seis pasos básicos: queso, carne, verduras o frutas, alimentos crujientes, salsas *dip* y adorno. Primero colocas el queso y luego empiezas a construir la tabla alrededor con alimentos más grandes. Corta los quesos duros con anticipación para que sea más fácil picar y tomar las piezas (te aseguro que nadie quiere batallar con los típicos cuchillitos para queso). Todo deberá ser accesible, precisamente por eso doblamos las carnes. El paso de las verduras y las frutas sirve para llenar la tabla de color, así que elige una variedad amplia. El adorno añade un último toque de color y hace que el conjunto luzca más artístico y no parezca una botana básica. Porque créeme: una buena tabla de quesos *es* una obra de arte. Puedes preparar tu tabla con an-

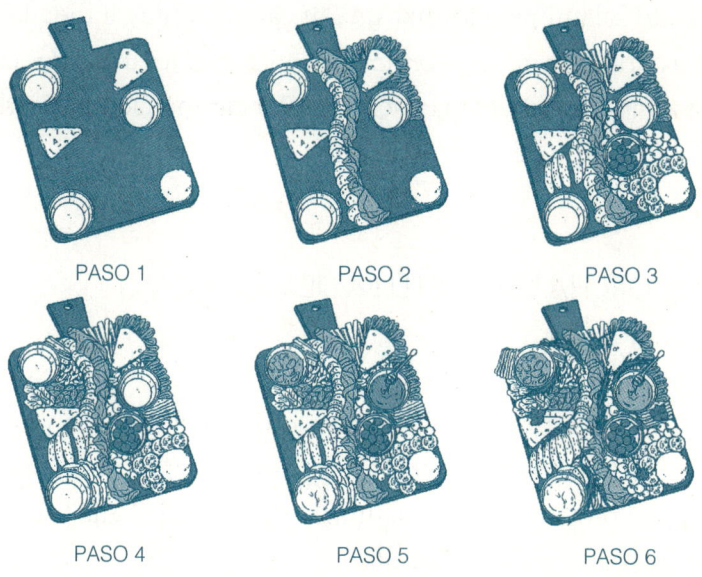

PASO 1　　　PASO 2　　　PASO 3

PASO 4　　　PASO 5　　　PASO 6

ticipación, solo cúbrela con una envoltura de plástico y guárdala en el refrigerador. No agregues los alimentos crujientes en ese momento porque se pondrán pastosos. Saca la tabla del refrigerador una hora antes de presentarla: el sabor de los quesos se percibe en su máxima intensidad cuando se les consume a temperatura ambiente.

Información adicional

Añade un río de salami. Marissa acuñó el término "río de salami" para describir los caminos serpenteantes de carne doblada que forma alrededor del queso para añadir textura y movimiento a la tabla. Compra salami empacado y cortado en rebanadas, dobla cada rebanada dos veces para formar abanicos de un cuarto, apila las rebanadas dobladas en tu mano conforme las vayas añadiendo y ejerce un poco de presión. Cuando hayas reunido cinco o seis piezas colócalas verticalmente sobre la madera y continúa añadiendo salami para formar una línea a lo largo de toda la tabla. Para darle la forma de río empuja la línea y marca una o dos curvas: entre más practiques más fácil será. Por cierto, puedes hacerlo con cualquier tipo de carne fría.

DESCORCHA UNA BOTELLA DE VINO COMO UN EXPERTO

1. Saca un vino de la cava o del refrigerador y observa la saliente alrededor de la parte superior de la botella. La pestaña de papel aluminio que cubre el cuello de la botella se llama cápsula.

2. Si es vino burbujeante o blanco, seca las gotas de agua condensada en la botella para que no esté resbalosa cuando la manipules.
3. Coloca el vino en la mesa o en la encimera, y toma tu sacacorchos. Si aún no tienes uno, consigue el "sacacorchos amigable" que usan los meseros. Es el sacacorchos sencillo que incluye un puente de dos tiempos y una navajita; es económico y lo puedes comprar en cualquier lugar.
4. Despliega la navaja y sujeta el sacacorchos con la mano derecha. Sostén firmemente la botella con la otra mano y desliza el filo de la navaja suavemente alrededor del *labio inferior* de la saliente al frente, y luego por la parte trasera hasta recorrer toda la lámina.
5. Quita la parte superior de la cápsula y guárdala en tu bolsillo o tírala a la basura.
6. Despliega la espiral o "gusano" —parte del sacacorchos que se atornilla—, pon tu dedo índice contra la punta del gusano y colócalo en el centro del corcho. Forma un ligero ángulo que te permita atornillar en línea recta, justo en medio.
7. Con la otra mano continúa estabilizando la botella. Usa tu mano dominante para atornillar el gusano en el corcho hasta que solo quede visible una vuelta o "escalón".
8. Asegúrate de que la palanca o cuerpo del sacacorchos quede completamente perpendicular al labio superior de la botella. Si se encuentra ladeada, tal vez no atornillaste lo suficiente o quizá atornillaste demasiado, así que deberás ajustar el gusano según sea el caso.

9. Apoya la primera parte del "puente de dos tiempos" en el labio de la botella. Mueve la mano con que estás estabilizándola y rodea el corcho y el cuello de la botella. Con la mano dominante jala suavemente hasta que el primer tiempo del puente llegue al labio.
10. Clava el segundo tiempo del puente (inferior) en el labio de la botella y vuelve a jalar el gusano hacia arriba. Si es necesario ve ladeando un poco la mano hasta que salga el corcho.
11. Toma una toalla de papel o servilleta y limpia el interior del cuello de la botella. A veces hay tartrato o sedimentos acumulados que no deben caer en el vino.
12. En los restaurantes los meseros le entregan el corcho al cliente para que este confirme la autenticidad de la botella, pero tú puedes saltarte este paso y solo beber tu vino.

La experta:

Laura Maniec Fiorvanti es maestra *sommelier*. Es cofundadora de Corkbuzz Wine Studio en la Ciudad de Nueva York y en Charlotte.

La explicación:

Descorchar una botella de vino no es un proceso complicado, pero es importante que le des el tiempo necesario a cada una de las etapas, porque de otra manera te meterás en una situación incómoda y será más difícil que lo logres. Los errores más comunes entre la gente al usar un sacacorchos de este tipo son: *1)* no alinear bien el sacacorchos. Esto rasga los costados del corcho y provoca que se rompa, se atore o se quiebre en trocitos que terminan

Sé buen anfitrión (e invitado)

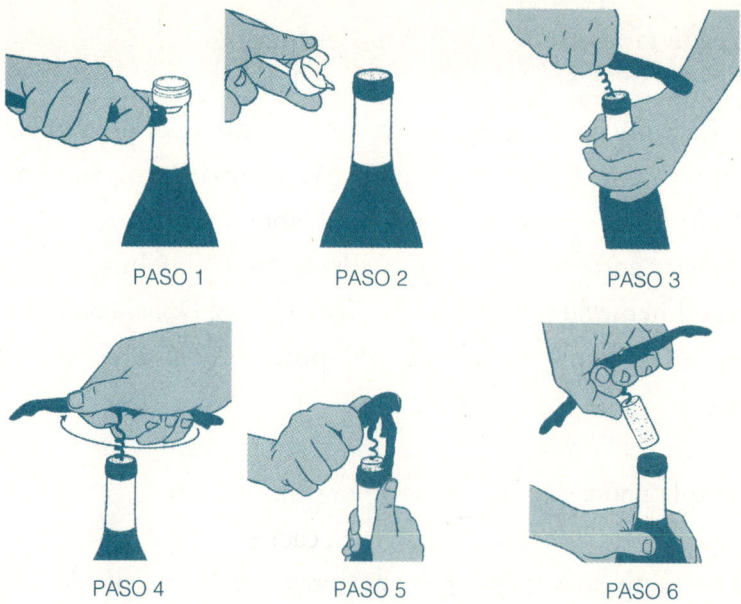

PASO 1 PASO 2 PASO 3
PASO 4 PASO 5 PASO 6

flotando en tu vino; 2) no colocar la palanca o cuerpo del sacacorchos en posición perpendicular. Esto puede provocar que el puente se resbale de la botella cuando jales el corcho y que te golpees en la cara, ¡auch!, y 3) jalar demasiado pronto y con mucha fuerza el segundo tiempo del puente. Esto hace que se rompa el corcho, y cuando eso sucede, es más difícil extraer la parte que queda en el cuello de la botella. No obstante, Laura dice que, pase lo que pase, si logras servirte una copa de vino, el descorche habrá sido un éxito.

CATA UN VINO

1. Observa.
2. Agita.
3. Huele.
4. Sorbe.
5. Saborea.

La experta:

Leslie Sbrocco es experta en vinos, ganadora del premio James Beard y de un Emmy. Es invitada frecuente del programa *Today*. Es autora de *The Simple and Savvy Wine Guide*. A menudo llega a probar entre 50 y 100 vinos a la semana (sí, y luego escupe). Actualmente su programa *100 Days, Drinks, Dishes and Destinations* se transmite en más de 200 estaciones del PBS en todo el país.

La explicación:

El primer paso consiste en ver el vino, lo cual es inevitable. En ese momento hay que observar el color y la claridad: sostén la copa y mírala contra un trozo de papel o un mantel blanco para crear un contraste. Pon la copa sobre la mesa y haz pequeños círculos con su base para agitar el vino. Esto liberará los aromas y sabores que han estado atrapados en la botella durante mucho tiempo, el vino podrá respirar y tú lo olerás mejor. Si se pega mucho al interior de la copa y parece que tiene "piernas" que se deslizan lentamente hacia abajo, quiere decir que podría ser un vino dulce o con una gran cantidad de alcohol. Siempre hay que oler antes de probar porque la nariz es una herramienta mucho más adecuada para identificar los sabores. Por último, prueba los distintos elementos en varias partes de la lengua; pasar el vino por toda la boca permite cubrir el paladar por completo y apreciar los diversos componentes. Pero cuidado, ¡no es enjuague bucal! Solo mantén el sorbo en tu boca, luego ábrela un poco y respira para que el aire empuje y mueva ligeramente el líquido.

Consejo profesional: en Estados Unidos solemos beber los vinos blancos demasiado fríos y los tintos demasiado tibios. Cuando se enfría mucho un vino blanco se reprimen los sabores. Si sirves vino y la copa se escarcha como sucede con la cerveza, significa que está demasiado frío. Curva tus manos y envuelve la copa para entibiar el vino rápidamente antes de catarlo. Los vinos tintos, en cambio, deben estar a la temperatura de la cava, es decir, entre unos 13 y 15 °C. Esta temperatura suaviza los vinos robustos o con una alta cantidad de alcohol, y los hace más frescos. Si tienes una botella de vino a temperatura ambiente, métela al refrigerador una hora antes de servir.

OFRECE UN GRAN BRINDIS

Franklin Delano Roosevelt dijo: "Sé sincero, sé sobrio y siéntate", y estas tres S continúan siendo lo más adecuado al brindar.

MARGARET PAGE

1. Prepara a la audiencia. Pídele a la gente que llene su copa, que se ponga de pie y que se una a ti en el brindis. Si solo saliste a cenar con amigos, no hay necesidad de que todos se pongan de pie, pero indícales que estás a punto de ofrecer un brindis para que puedan llenar sus copas.
2. Piensa en orden: la audiencia va antes que el contenido. ¿Se trata de un evento de trabajo? ¿Habrá niños presentes? ¿Deberías evitar un lenguaje subido de tono?

3. Identifica el propósito del brindis. ¿Vas a darles la bienvenida a todos los presentes? ¿Es un brindis por una ocasión especial? ¿Estás agradeciendo al anfitrión? Asegúrate de que lo que digas se apegue al propósito.
4. Sé breve, un brindis no debería durar más de dos minutos.
5. Habla un poco del contexto. Si la gente no te conoce, preséntate, menciona la relación que tienes con la persona o con el hecho por el que vas a brindar, y recuérdales a los presentes por qué están reunidos ahí.
6. No trates de ser divertido a menos de que realmente lo seas.
7. Evita las historias personales que la gente no entenderá: el objetivo es que los presentes se sientan incluidos (¡la audiencia antes que el contenido!).
8. Independientemente de por qué estés brindando (un cumpleaños, haber conseguido un nuevo cliente, una increíble tabla de quesos), incluye tus deseos para el futuro (muchos años de salud por delante, dominar el mundo, que la próxima vez añadan un río de salami a la tabla).
9. Practica tu brindis y memorízalo de ser posible. Si lo escribiste puedes llevar tus notas, pero trata de no leer.
10. Haz contacto visual con la audiencia. Encuentra a alguien que te esté mirando, y míralo o mírala de vuelta, luego busca a otra persona.

La experta:

Margaret Page es vicepresidenta de Toastmasters International, una organización educativa sin fines de lucro que, a través de una red mundial de clubes, le enseña a la gente a hablar en público y a desarrollar habilidades de liderazgo. También es experta en etiqueta y es fundadora de Etiquette Page Enterprises y de Beyond the Page Coaching and Training.

La explicación:

Un buen orador sabe que lo más importante no es él o ella, sino la audiencia, por eso son tan necesarios los antecedentes y el contexto. Tú eres quien prepara el escenario: "Conocí a Leah cuando ambos éramos pasantes" o "Esta organización nació en 1924". Cuando presentes los antecedentes puedes hablar de algo que sucedió en el pasado, y al final del brindis menciona cuáles son tus deseos para el futuro. Muchos recomiendan empezar con una broma cuando se habla en público, pero eso solo funciona para la gente que es graciosa por naturaleza, y no es el caso de todos (tú sabes quién eres). Apégate a la autenticidad, así tu brindis será más sincero y la gente se mostrará más receptiva a lo que digas. Siempre prepárate para un brindis y trabaja tu discurso con anticipación porque es muy difícil aumentar el nivel de energía de la gente en un salón si solo lees. Brindar implica tomar energía de todas las personas presentes, por eso es fundamental ponerse de pie.

Información adicional

Un consejo infalible para el brindis: busca algunas citas inspiradoras o bendiciones irlandesas, y apréndelas de memoria para que no siempre termines diciendo: "Y pues, ¡salud a todos!".

Tres detalles de la etiqueta del brindis:

- Si eres la persona por la que se está brindando, *no* debes brindar por ti. Solo mira alrededor asintiendo con gracia mientras los demás brindan y beben.
- Es perfectamente aceptable brindar con agua en una copa de vino o incluso en un vaso. Antes se consideraba de mal gusto, pero ya no es el caso. El objetivo de brindar no es consumir alcohol sino celebrar a una persona, una idea o un concepto.
- No metas las manos en los bolsillos, es señal de que estás ocultando algo. Algunos expertos en lenguaje corporal dicen que también es un indicador de que tienes problemas económicos. ¡Caracoles!

Un consejo respecto al contacto visual:

"Si miras hacia arriba te estarás dirigiendo al cielo, si miras hacia abajo, al suelo, y si miras hacia el frente, a la audiencia." Esta frase de Toastmasters te ayuda a recordar que es necesario hacer contacto visual. Mira a alguien de un lado de la audiencia y luego busca a alguien más del otro lado. Haz contacto con solamente una persona a la vez: como esta es la manera natural en que le hablamos a la gente, quienes estén cerca lo percibirán.

PRESENTA A LA GENTE

1. Presenta a la gente de acuerdo con su rango, no según su edad o sexo. Primero se menciona el nombre de la persona más relevante: "Beyoncé, me gustaría presentarte a Erica Smith". En los negocios, el cliente, invitado o visitante siempre es más importante que el jefe o el

colega, y por esta razón deberá ser presentado en primer lugar.
2. Mira a cada persona cuando la estés presentando, y articula su nombre de forma clara y confiada.
3. Cuando digas su nombre, trata de dar un poco de información respecto a cada persona. Para iniciar una conversación, por ejemplo, puedes decir: "Beyoncé acaba de ganar su Grammy número 400; Erica es maestra de coro en una secundaria".
4. Cuando ambas personas tienen el mismo rango, comienza por la de mayor edad.
5. Cuando le presentes una persona a un miembro de tu familia, primero deberás decir el nombre de la otra persona: "Beyoncé, te presento a mi papá, John Zammett".

La experta:

Patricia Rossi es *coach* de etiqueta, oradora a nivel internacional y corresponsal nacional de etiqueta de NBC Daytime. *Manners Minute* es una emisión nacional que se transmite semanalmente en varias estaciones de televisión de NBC, CBS, Fox y ABC. Patricia es la profesional de la etiqueta número uno en Twitter y también es autora de *Everyday Etiquette: How to Navigate 101 Common and Uncommon Social Situations*.

La explicación:

Presentar a la gente de manera correcta es señal de profesionalismo y credibilidad. Asimismo, ser el tipo de persona que puede presentar a otros con facilidad mejora tu intuición para los negocios y alimenta tu autoestima. Una buena presentación también es prueba de que conoces y respetas a quienes te rodean. Es imposible que las cosas salgan mal si comienzas por la persona más importante o de mayor rango: este es el orden natural de las cosas y es señal de honor y respeto. El contacto visual es esencial, la gente está cansada de solo ver la parte superior de la cabeza de los demás porque todos están hundidos en su celular. Para mostrar todo el respeto que merece esta formalidad es necesario que le prestes atención absoluta.

Información adicional

Cuando te presentes *a ti mismo* **ponte de pie con los hombros alineados con los de la otra persona,** haz contacto visual y primero solo di tu nombre, luego di tu apellido: "Hola, soy Erin. Erin Ruddy". Esto le permite a la gente escuchar tu nombre dos veces.

SALUDA (O PRESENTA) A ALGUIEN CUYO NOMBRE NO RECUERDAS

1. Sé honesto desde el principio. "Ay, disculpa, tengo la mente en blanco, recuérdame tu nombre por favor."
2. Menciona rápidamente algún recuerdo sobre el lugar en el que se conocieron o se vieron antes (si tienes alguno): "Recuerdo que nos conocimos en X".
3. Cuando la persona mencione su nombre, di: "¡Por supuesto, _____!" y *repite* el nombre.
4. Dile a la persona tu nombre completo.

La experta:

Diane Gottsman es experta nacional de etiqueta y es autora de *Modern Etiquette for a Better Life*. Es fundadora de Protocol School of Texas, una empresa especializada en liderazgo ejecutivo y entrenamiento de etiqueta de negocios.

La explicación:

Tal vez creas que decir tu nombre primero con la esperanza de que la otra persona te responda con el suyo te evitará un momento incómodo, pero a veces las cosas no salen como uno espera. Imagina que te contestan así: "Eeh, sí, sé bien quién eres, nos hemos visto como un millón de veces, *¿cómo estás, Erin?*". En ese caso estarás en graves problemas, por eso lo mejor es ser honesto y aceptar que no recuerdas el nombre. Mencionar algunos detalles sobre dónde se han visto antes le mostrará a la persona que *sí la recuerdas*, pero que su nombre te elude en ese momento. Repetir el nombre te permitirá mostrar respeto y te ayudará a memorizarlo para la siguiente ocasión. **EN LA PÁGINA 329 ENCONTRARÁS LOS CONSEJOS PARA RECORDAR NOMBRES.**

Información adicional

De acuerdo, ¿pero qué pasa si se trata del novio de tu prima y se han encontrado muchas veces (lo siento, Jason... ¡¿o es Josh?!)? ¿O de un cliente a quien realmente deberías recordar? Si tienes suficiente tiempo antes de estar frente a la persona cuyo nombre no recuerdas, acércate de inmediato a alguien que conozcas y solicita su ayuda con un gesto sutil y sin hablar (como Meryl Streep lo hace con Anne Hathaway en *El diablo viste a la moda*). Si esto no es posible, solo manipula la conversación para dejar atrás rápidamente el momento de los saludos, y empieza a hablar de otro tema: "¿No es un día maravilloso? ¿Alguien más tiene sed?". Pero no adivines, no preguntes y no mientas. En cuanto te alejes recurre a alguien más, ¡y pídele que te diga el nombre de la persona!

ELIGE UN REGALO PARA UN ANFITRIÓN/ANFITRIONA

1. Pregúntate: "¿Esta persona organiza muchas reuniones? ¿Realmente lo disfruta?"
2. Si no es así, ¿qué otra actividad le agrada *aparte* de organizar reuniones? Recuerda que no todos necesitan el típico regalo para anfitrión.
3. Piensa cuánto quieres gastar (de la misma manera que lo haces cuando vas a comprar un regalo de cumpleaños. La cifra es proporcional a cuán bien conoces a la persona.
4. Piensa en el evento, ¿es una reunión casual un sábado por la noche en abril?, ¿o una cena de Año Nuevo en la que se servirá langosta y champaña Veuve Clicquot? El regalo debe ser coherente con la ocasión. Dicho lo anterior, tampoco hay necesidad de gastar una fortuna, ¡incluso un regalo de 10 o 15 dólares puede ser genial, y la gente lo apreciará!
5. Si se trata de una fiesta más grande, evita llevar flores. A veces las flores se convierten en una tarea adicional para el anfitrión o anfitriona porque tiene que buscar un florero con agua al mismo tiempo que debe ir a abrir la puerta y recibir a más invitados. Si quieres regalar flores

puedes hacerlo *al día siguiente* de la fiesta. Este detalle es particularmente aconsejable si olvidaste llevar un regalo la noche anterior. O en todo caso, lleva las flores en un recipiente, florero o vasija que ya contenga agua y esté listo para colocarse en el lugar idóneo.

6. Si vas a llevar una botella de vino asegúrate de que el anfitrión o anfitriona realmente *beba* vino, y averigua cuál es su tipo predilecto de uva. PARA APRENDER A COMPRAR VINO VE A LA PÁGINA 246.

7. Piensa en algo inesperado y divertido como una bolsa de galletas recién horneadas, café y pastelillos para la mañana siguiente, o una hogaza de pan fresco acompañado con un queso de gran calidad. En este caso, aclárale al anfitrión que se trata de un regalo para él o ella, y que no es para que lo sirva en ese momento.

8. Envuelve el regalo de tal forma que el empaque pueda ser reutilizado. La hogaza de pan, por ejemplo, la puedes envolver en una servilleta de tela anudada con un cordel. O también puedes llevar una planta suculenta en una taza grande. PARA APRENDER A ENVOLVER REGALOS CONSULTA LA PÁGINA 269.

9. Compra algunos obsequios adicionales y guárdalos para las invitaciones que recibas de último minuto. Pueden ser velas bonitas, servilletas de coctel impresas con bromas ligeramente subidas de tono, o portavasos divertidos.

La experta:

Joy Cho es fundadora y directora creativa de Oh Joy!, una marca de estilo de vida con un estudio de diseño. Oh Joy! Ofrece una amplia variedad de productos con licencia de reproducción entre los que puedes encontrar artículos para decorar el hogar, infantiles y para mascotas; así como colecciones de muebles para marcas como Target, Band-Aid y Petco. Joy fue incluida dos años consecutivos en la lista de Las treinta personas más influyentes en internet, según la revista *Time*, y tiene la cuenta de Pinterest con el mayor número de seguidores: casi 13 millones.

La explicación:

De manera general, el regalo es algo que el anfitrión o anfitriona podrá usar en esa o en otras ocasiones que reciba visitas. Sin embargo, hay a quienes les fascina organizar reuniones y recibir gente, y hay personas que solo reúnen a sus amigos ocasionalmente y se esfuerzan para que el proceso no las abrume. Es esencial que te hagas algunas preguntas respecto a la persona para la que comprarás el regalo. Si es una amiga a la que no necesariamente le agrada ofrecer reuniones, pero se esforzó mucho, podrías complacerla bastante con un certificado para hacerse pedicura. Si se trata de una fiesta familiar, un juego de mesa podría ser perfecto. Y recuerda que no tienes que gastar una fortuna, lo que cuenta es el gesto y el tiempo que inviertas en los pasos 1 y 2. Si llevas vino, guárdalo en una bolsa de regalo y asegúrate de que el anfitrión o anfitriona sepa que es para que lo disfrute después, no para servirlo en la reunión. Haz lo mismo en el caso de alimentos: no sería correcto que llevaras algo que pudiera interferir con el menú planeado.

Sé buen anfitrión (e invitado)

Información adicional

¿Cuándo debes dar un regalo al anfitrión o anfitriona? Cuando te invitan a una casa por primera vez (se acaban de mudar o se hicieron amigos recientemente) o cuando quien organice la reunión esté celebrando una ocasión especial (un empleo nuevo, un cumpleaños o una fiesta de compromiso). También puedes llevar un regalo si, como muchos, estás muy agradecido de que la situación nos haya permitido volver a reunirnos con otros, y si quieres mostrar dicha gratitud. Sin embargo, si solo vas a casa de alguien para una reunión casual y ya has estado ahí muchas veces, no sientas la presión de llevar algo. En casos como este, Joy suele pasar al supermercado y comprar medio litro de helado, ¡que siempre será bien recibido!

ENVUELVE UN REGALO

Envolver regalos no tiene por qué estresarte. Si son muchos, te sugiero que te sirvas una copa de vino y pongas algo de música.
ANNA BOND

1. Reúne los materiales: papel, listón, cinta adhesiva, tijeras y cualquier tipo de decoraciones o tarjetas divertidas que tengas.
2. Asegúrate de trabajar sobre un espacio amplio, sólido y plano. Puede ser la mesa del comedor, el suelo, o la encimera de la cocina.
3. Desenrolla la cantidad de papel que creas necesitar y coloca el lado más ancho del regalo junto al extremo cortado

del papel. Luego ve girando el regalo hacia el rollo para que cada cara toque el papel en una ocasión.

4. Deja libres unos cinco centímetros más a partir de la caja y corta el papel del rollo justo ahí.
5. Coloca el regalo hacia abajo, a la mitad de la hoja de papel, y envuélvelo. Ve plegando los bordes a medida que le des vuelta a la caja. Usa un trozo de cinta adhesiva para pegar el papel al centro. Pega papel contra papel, no el papel contra la caja.
6. Corta el papel a una altura adecuada en los dos extremos abiertos de la caja, y solo deja margen suficiente para doblar aproximadamente a la mitad de los extremos. Si dejas demasiado papel aquí será difícil marcar y plegar bien las esquinas.
7. Dobla la parte superior del papel hacia abajo y pliega los costados en diagonal. Dobla las pestañas como si fuera un sobre y luego dobla la esquina de abajo hacia arriba (si no se marca en un punto adecuado, dobla el borde para que el pliegue quede justo). Asegura ambos extremos con cinta adhesiva y repite la operación del otro lado del regalo.
8. Añade un listón. Rodea la caja con el listón sin cortarlo del rollo para que no vaya a quedar demasiado corto. Haz moños sencillos, es decir, fáciles de deshacer, y corta los extremos del listón en diagonal.

La experta:

Anna Bond es cofundadora y ejecutiva creativa en jefe de Rifle Paper Co., una marca internacional de estilo de vida y papel para envoltura con base en Winter Park, Florida. La estética de la firma de Rifle Paper Co. se basa en las ilustraciones hechas a mano de Anna.

La explicación:

Es fundamental que siempre midas la hoja de papel para cerciorarte de que sea suficientemente grande para cubrir el regalo que vas a envolver. Por otra parte, demasiado papel hará que el regalo se vea abultado. Los tres o cinco centímetros adicionales de margen los puedes usar para doblar los bordes cortados del papel antes de pegarlos. A Anna le encanta este truquito porque hace que la envoltura se vea más pulcra. No uses demasiada cinta adhesiva ni pegues el papel directamente al regalo porque podrías dañarlo (además, al destinatario se le dificultará desenvolverlo). Doblar el papel a lo largo de los bordes de la caja le dará al regalo un acabado perfecto. Los listones favoritos de Anna son de terciopelo o algodón, y siempre los coloca alrededor de ambos lados del paquete. Trata de tener a la mano colores que combinen con cualquier diseño de papel de envoltura.

> **Consejo profesional:** si el regalo tiene una forma peculiar, Anna sugiere que lo envuelvas con papel ligero y que te diviertas. Si es un animal de peluche, cúbrelo completamente con el papel, junta todos los bordes en la parte superior como si fuera una bolsa y cierra con un moño gigante. Por supuesto, siempre es bueno tener bolsas de regalo a la mano para los objetos difíciles de envolver porque facilitan muchísimo el proceso. Solo asegúrate de tener suficiente papel para cubrir el regalo y que este no sobresalga en la

parte superior de la bolsa. Añade algunos pliegos de papel ahuecados para que la bolsa se vea llena.

Un consejo respecto a cómo almacenar papel de envoltura:

El lugar deberá ser práctico y no ocupar demasiado espacio, es decir, no necesitas una habitación completa para guardar tu papel. La clave es mantener todo el material en el mismo lugar y que este sea de fácil acceso. Anna sugiere guardar los rollos de papel en una canasta alta en algún armario, y dejar junto una caja con listones, cinta adhesiva y tijeras. Para que no tengas que buscarlas cada vez que quieras envolver algo, estas tijeras y cinta deberás guardarlas separadas de las que usas todos los días. Mete las etiquetas y tarjetas de felicitación en una caja aparte.

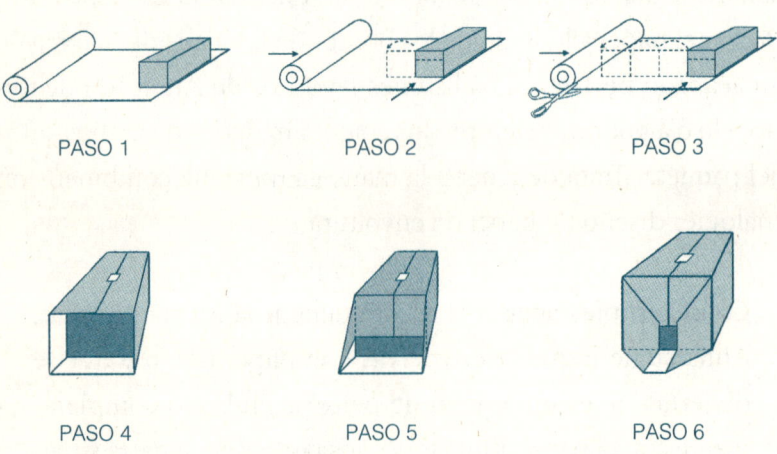

11

Cuidado personal

MEDITA

> *Si quieres fortalecer tu cuerpo, tienes que moverlo.*
> *Si quieres fortalecer tu cerebro, tienes que mantenerlo inmóvil.*
>
> Suze Yalof Schwartz

1. Cierra los ojos.
2. Cobra conciencia de la forma en que el aliento entra y sale de tu cuerpo (poner una mano sobre tu pecho para sentir cómo se eleva y desciende puede ayudarte): de esta manera acallarás tu lista mental de pendientes.
3. Ahora deja de pensar en tu respiración y solo concéntrate en el momento: respira, escucha a los pájaros piar, escucha cómo juegan los niños. Sin importar lo que suceda en ese momento, conéctate con él.
4. Nota que ya estás tratando de decidir qué preparar para la cena, o que estás pensando obsesivamente en el mensaje de texto que te acaba de enviar un amigo o amiga. ¿No es así?

5. Identifica qué es lo que está provocando que tu mente deambule: ¿es el estrés, tu pensamiento, o la necesidad de planear la *piccata* que cocinarás esa tarde?
6. Vuelve a enfocar tu mente en la respiración y regresa al paso 2 todas las veces que sea necesario hasta que puedas permanecer en ese momento de conciencia plena durante periodos cada vez más extendidos.

La experta:

Suze Yalof Schwartz es fundadora y directora ejecutiva de Unplug Meditation. Es autora de *Unplug: A Simple Guide to Meditation for Busy Skeptics and Modern Soul Seekers* (y también desarrolló la aplicación Unplug Meditation, que contiene meditaciones guiadas y consejos de los maestros de alto nivel de Unplug).

La explicación:

Cuando tu mente divague, y te aseguro que lo hará, no trates de evitar los pensamientos porque estos regresarán y lo harán con mayor fuerza. Mejor "ponle un nombre al pensamiento para dominarlo", es decir, identifica lo que te está distrayendo. Puedes hacerlo en voz alta si lo crees necesario. Di: "Lo siento, *piccata* de pollo, no puedo atenderte en este momento". Después de esto tendrás claridad para llevar tu mente y tu cuerpo al mismo lugar, lo único que necesitas hacer es volver a enfocarte en tu respiración. La gente dificulta el proceso de la meditación porque piensa que tiene que apagar su mente, y eso no es posible. En realidad lo que necesitas es precisamente *notar* la forma en que divaga tu mente y cuáles pensamientos regresan a tu cabeza.

Es como un baile entre notar cómo funciona tu mente y volver a enfocar tu conciencia en tu respiración, en lugar de en tus pensamientos. Si logras regresar de manera consciente de esa divagación a la conciencia, por incluso solo un minuto, te felicito, porque ¡ya estás meditando!

Información adicional

Pero entonces ¿por qué a la gente le cuesta tanto trabajo meditar? Porque estamos acostumbrados a que nuestra mente esté distraída todo el tiempo. Es mucho más sencillo estar conectado y entretenido 24 horas al día, siete días a la semana, que quedarnos a solas con nosotros mismos. Sin embargo, el exceso de estimulación nos estresa y nos causa ansiedad, y por eso necesitamos la meditación para empezar. ¿Quieres ser una persona con mayor lucidez, más enfocada, más pensante, más consciente y más productiva? Entonces siéntate en silencio cinco minutos al día. ¡Claro que puedes hacerlo! Puedes tachar esta actividad desde temprano en la mañana, usando una aplicación y tus audífonos. La aplicación Unplug contiene meditaciones guiadas que te ayudarán en todas las situaciones: desde estresarte menos hasta comer de manera más saludable. A medida que te sientas más cómodo con la meditación notarás que en realidad puedes tener acceso a esa sensación de calma y enfoque cada vez que las cosas comiencen a agitarse demasiado. Si practicas en la mañana, antes de que surjan nuevas distracciones, desarrollarás una habilidad que te servirá durante todo el día.

ELIMINA EL ESTRÉS EN MENOS DE UN MINUTO

1. Coloca ambas manos frente a tu rostro y levanta los pulgares como si estuvieras aprobando algo.
2. Gira los pulgares un cuarto de vuelta, hasta que queden horizontales, y colócalos a ambos lados del puente de tu nariz, justo debajo del hueso de la frente.
3. Presiona con firmeza.
4. Cuenta lentamente unos ocho o 10 segundos, y respira.
5. Vuelve a colocar los pulgares ligeramente arriba del extremo exterior de cada ceja.
6. Coloca los dedos índices a unos dos centímetros y medio de tus pulgares, y haz que se miren entre sí.
7. Presiona suavemente.
8. Cuenta lentamente unos 8 o 10 segundos, y respira.
9. Retoma la actividad que estabas realizando.

El experto:

Mehmet Oz, MD, es profesor de cirugía de la Universidad de Columbia. Es autor de varios libros bestseller y anfitrión de *The Dr. Oz Show*, un programa de entrevistas que ha ganado varios Emmy.

La explicación:

Mucha gente acumula la tensión en la frente y en el rostro. Y no quisiera estresarte aún más, pero debes saber que esta acumulación puede dañar todo tu cuerpo y provocarte enfermedades crónicas. Definitivamente querrás VISITAR LA PÁGINA 320 PARA

Cuidado personal

APRENDER A CALMARTE ANTES DE REACCIONAR, LA PÁGINA 273 PARA MEDITAR Y LA PÁGINA 360 PARA DEJAR FLUIR LAS COSAS. Pero mientras tanto, date un masaje rápido en la cabeza: es una manera sumamente sencilla de eliminar el estrés y reiniciar tus músculos faciales. Si te parece más cómodo, cierra los ojos. Por cierto, puedes darte este sencillo masaje en público, y en cualquier momento o lugar que lo necesites. ¡Solo lávate las manos antes de tocarte el rostro!

PREPARA UNA TAZA DE TÉ

1. Llena tu tetera con agua fresca y filtrada. No caigas en la tentación de recalentar la que se quedó en la estufa.
2. Espera a que hierva el agua. El té verde, el blanco y algunos tipo oolong requieren agua a 76 °C, una temperatura mucho más baja que la del nivel de ebullición, que es de 100 °C. Así que, a menos de que uses una tetera eléctrica que incluya termómetro, asegúrate de dejar que el agua se enfríe un poco antes de servirla.
3. Si vas a usar té en hojas sueltas, que es lo que aparentemente todos deberíamos hacer, mide las cantidades. Por lo general necesitas una cucharadita por cada taza, pero es mejor que leas las instrucciones. Coloca el té en la tetera o en el infusor. La mayoría de las teteras tienen infusores integrados o un filtro en la boca que hace que verter el té en bolsita o en hoja suelta sea muy sencillo.
4. Vierte el agua en la tetera y déjala unos tres o cuatro minutos. El tiempo de infusión dependerá del té que vayas a preparar.

5. Mientras esperas que se lleve a cabo la infusión, calienta tu taza: sirve en ella un poco del agua hirviendo y tírala antes de servir el té.
6. Si vas a usar una bolsa de té, colócala en la taza y luego sirve el agua. Permite que se haga la infusión entre dos y cuatro minutos, pero sin estar metiendo y sacando la bolsa.
7. Antes de beber, saca el infusor con las hojas, o la bolsa de té, ¡sin exprimirla!

La experta:

Tatjana Apukhtina es fundadora de Teapro, un servicio por suscripción en Londres para la compra de té en hojas sueltas. Los suscriptores reciben mensualmente una caja que contiene variedades exclusivas de té, utensilios para su preparación, e información respecto a la historia, beneficios y cultura de esta bebida.

La explicación:

El té es principalmente agua, y por eso el agua que uses será *muy importante*. Usa agua filtrada y fresca en todos los casos porque la que fue hervida previamente ya perdió oxígeno, y esto puede debilitar el sabor de la bebida. Algunos tés son demasiado sensibles a las temperaturas elevadas, mientras que otros necesitan hacer infusión con agua prácticamente hirviendo. La regla de oro dice que los tés de hierbas necesitan agua hirviendo y un poco más de tiempo para la infusión, unos cinco minutos; los tés verdes, en cambio, podrían amargarse si el agua está demasiado caliente.

Cuidado personal

Cuando uses té en hojas sueltas asegúrate de que estas tengan suficiente espacio para expandirse en el recipiente que vayas a prepararlo. (Tatjana no recomienda usar los infusores de acero inoxidable porque restringen al té; los infusores de vidrio y las teteras con infusor integrado ofrecen el mejor sabor.) En el caso de la mayoría de los tés en hoja suelta, es posible volver a infusionar las hojas unas tres o cuatro veces, digamos. Algunos tés, en especial los de la variedad oolong, incluso revelan nuevos sabores cada vez que los vuelves a someter a una infusión. Si vas a usar una bolsa de té, déjala en la taza y sácala una sola vez. No la eleves y la hundas repetidas veces porque eso causará que se liberen los sedimentos, que es donde se concentran más los taninos, y el té se amargará. Además, no es una costumbre bien vista. Tampoco añadas azúcar a un té en hojas sueltas, el azúcar no va bien con el té de alta calidad e incluso puede disminuir sus beneficios. En algún momento te darás cuenta de que no necesitas azúcar, pero en caso de que realmente te haga falta algo dulce, será mejor que añadas un poco de miel.

Un consejo respecto a las bolsas de té:

Busca bolsas en las que de verdad se *vean* hojas de té. Muchas bolsas de papel solo contienen polvo, que es el té de menor calidad que hay porque básicamente son sobras. También asegúrate de que la empresa no use plástico: algunas bolsas de té están fabricadas con materiales que lo contienen. El plástico se disuelve en el agua caliente y luego tú terminas ingiriéndolo. Vaya, ¡es bueno saberlo!

Información adicional

Más detalles importantes sobre el té:

- **Té verde:** contiene un nivel elevado de antioxidantes, más que el té negro. Los antioxidantes ayudan a drenar las toxinas de tu cuerpo. Es bueno beberlo en la oficina porque mejora el enfoque a largo plazo y no produce el nerviosismo que el café les causa a algunas personas.
- **Té blanco:** la teanina es un aminoácido que se encuentra de forma natural en el té. Este aminoácido estimula la producción del neurotransmisor relajante GABA que, como su nombre lo indica, apacigua tu mente. El té blanco es el que contiene la mayor cantidad de teanina, y por eso tranquiliza de manera tan profunda.
- **Manzanilla:** es un té excelente para antes de ir a dormir. El té de manzanilla relaja tus músculos y tiene un efecto calmante en los nervios, lo cual te ayuda a dormir de forma natural. También puede contrarrestar el dolor de cabeza y las náuseas que usualmente acompañan a la resaca.
- **Yerbabuena:** la yerbabuena tiene propiedades antiespasmódicas que pueden apaciguar a tus intestinos porque minimizan los retortijones y evitan la acumulación de gas. También sirve para reducir la sensación de náusea. Como el té de yerbabuena no contiene cafeína, puedes beberlo a cualquier hora.
- **Matcha:** el matcha es una variedad fabricada a partir del polvo que se produce al moler las hojas de té verde. Es el té con la mayor cantidad de antioxidantes, y recuerda que estos son benéficos para el sistema inmunitario y para el bienestar en general.

Cuidado personal

- **Té negro:** es el té más popular en el Reino Unido. Contiene terubiginas y taninos que ayudan a luchar contra la influenza y a aliviar sus síntomas.

EVITA ENFERMARTE

1. Come ajo. Lo ideal es comerlo crudo (¡lo siento, amigos y familiares!), pero cocinado también te ayuda.
2. Bebe tés que fortalezcan tu sistema inmunitario. Los mejores son los de jengibre y de setas medicinales (¡sí, existen!).
3. Ten siempre a la mano gel desinfectante, lo puedes guardar en tu escritorio, en tu bolso o portafolio, o en el automóvil. Pero presta atención a la fórmula porque, para que sea efectivo, debe contener por lo menos 60% de alcohol.
4. Atomiza solución salina en tus fosas nasales antes de ir a trabajar.
5. Lávate las manos después de tocar objetos como los botones del elevador, las manijas de las puertas o las plumas de los bancos. Incluso lávatelas después de *mirar* a esa persona que acaba de estornudar.
6. También aplícate solución salina por la tarde. Y luego vuelve a lavarte las manos.

El experto:

Mehmet Oz, MD, es profesor de cirugía de la Universidad de Columbia. Es autor de varios libros bestseller y anfitrión de *The Dr. Oz Show*, un programa de entrevistas que ha ganado varios Emmy.

La explicación:

En primer lugar, tienes que preparar tu cuerpo para luchar contra los inevitables gérmenes que se encuentran en los lugares públicos: en la oficina, en la calle, el teatro, etcétera. Luego piensa en deshacerte de los gérmenes que ya atrapaste. Comer ajo es de verdad una manera excelente de fortalecer el sistema inmunitario porque estimula la producción de glóbulos blancos en la sangre: los encargados de luchar contra las enfermedades. Esto no significa que tengas que comerte a mordidas un diente entero, solo trata de aumentar la cantidad de ajo picado que añades a tus aderezos o sopas. Puedes tostar los trocitos, mezclarlos con mantequilla o gui, y untar sobre una baguette, también tostada. Añádelo a las salsas de frijol tipo *dip* o ¡al tzatziki! Trata de incorporar a tus comidas un ajo al día, varias veces a la semana. El té te da energía y elimina las toxinas; la solución salina tiene dos funciones: drena las bacterias antes de que te infecten y evita que tu nariz se reseque (la nariz seca facilita los procesos de enfermedad). Por último, hablemos del lavado de manos que deberás realizar cuando sea necesario, es decir, *siempre*. Si algo aprendimos durante la pandemia de coronavirus es que solemos tocarnos la cara mucho más de lo que creemos. Y sí recuerdas que debes tallarte durante 20 segundos, ¿verdad?

> **Consejo profesional:** ¿sientes que te vas a enfermar? Ahora te diré cómo saber si se trata de un resfriado o de influenza. Los síntomas del resfriado aparecen gradualmente a lo largo de varios días y afectan tu cabeza (congestión, estornudos, dolor de garganta). La influenza, en cambio te ataca directamente y afecta todo el cuerpo (dolor corporal, fiebre,

problemas estomacales). Como que todo esto hace que queramos seguir lavándonos las manos, ¿no es cierto?

Información adicional

Cuando usas un baño público ¿tratas de no entrar al primer cubículo y sueles elegir el que está más alejado de la entrada? ¡Claro! Los expertos tienen la teoría de que la gente hace esto para tener mayor privacidad, pero como el primer cubículo es el que la gente usa menos, tiene un nivel menos elevado de bacterias. ¡Asombroso! En lugar de evitar el primer cubículo, trata de usarlo para eludir posibles infecciones.

TOMA UNA SIESTA

Lo más importante es no pensarlo demasiado y no estresarse cuando trates (y no puedas) tomar la siesta perfecta. Hay varios micropasos respaldados por la ciencia que puedes incorporar de inmediato a tu vida diaria, y demasiado sencillos para fallar. Dichos pasos te ayudan a dormir mejor, pero también te permiten disfrutar de una buena siesta.

Arianna Huffington

1. Transforma tu habitación en un santuario para el sueño. Cuando comiences a prepararte para dormir apaga las luces y corre las cortinas o baja las persianas.
2. Deshazte del ruido indeseable. El sonido es uno de los elementos más simples y directos entre los que impiden el sueño profundo. Identifica las fuentes de sonido

indeseable, comenzando por tus propios aparatos electrónicos, y sácalos de tu habitación o ponlos en modo silencioso.

3. Mantén tu habitación fresca, entre 18 y 20.5 °C. Programa tu termostato en tu temperatura preferida. Las investigaciones muestran que incluso una caída ligera en la temperatura del cuerpo le envía al cerebro una señal para iniciar el sueño.

4. Haz uso de cualquier cosa que te ayude a dormir. Si sueles necesitar artículos como un antifaz o ruido blanco, lo más probable es que también te sirvan para tomar una siesta porque con ellos le estarás dando a tu cuerpo las señales que usualmente recibe.

5. La meditación también contribuye a una buena siesta. Incluso algunas respiraciones profundas pueden apaciguar la mente y facilitar la transición al sueño. Beber un poco de té de manzanilla o lavanda también sirve para este propósito. Anotar en un diario algunas de las cosas que te hacen sentir agradecido puede servir para cambiar tu perspectiva y dejar de preocuparte. A mucha gente le funciona hacerlo por la noche, antes de ir a dormir, pero el agradecimiento puede tener la misma fuerza durante el día, antes de tomar la siesta.

6. Lo más importante es tomar la siesta en cuanto sientas que te estás quedando sin fuerza, incluso si las condiciones no son idóneas. Según los expertos, el mejor momento para tomar una siesta es cuando estás exhausto y cuando puedes hacerlo.

Cuidado personal

La experta:

Arianna Huffington es fundadora y directora ejecutiva de Thrive Global, fundadora de *The Huffington Post*, y autora de 15 libros, entre los que se incluyen los recientes *Thrive* y *The Sleep Revolution*. En 2016 lanzó Thrive Global, una empresa líder de tecnología que tiene como misión cambiar la manera en que trabajamos y vivimos, por medio de la destrucción del mito colectivo de que el agotamiento es el precio que debemos pagar para alcanzar el éxito.

La explicación:

"Aunque las siestas no son un sustituto en caso de no haber dormido adecuadamente durante la noche, la ciencia ha demostrado que aumentan nuestro nivel de alerta, mejoran el desempeño cognitivo, e incluso fortalecen el sistema inmunitario. Las siestas son una excelente ayuda cuando no pudiste dormir bien la noche anterior, pero si dormiste como se debe, ¡no necesitas siestas!" Arianna Huffington.

> **Consejo profesional:** una siesta prolongada puede provocarte "inercia del sueño", así que, si necesitas ayuda para despertar, es recomendable que programes una alarma. En ese caso usa un reloj con alarma análoga para que puedas dejar tu teléfono celular cargando en otra habitación. Esto te ayudará a despertarte de la siesta con tanta batería como tu teléfono. La National Sleep Foundation recomienda una siesta de entre 20 y 30 minutos para recargar energía sin sentir aletargamiento.

REVIGORÍZATE EN TRES MINUTOS

1. Lee todos los pasos para darte una idea de cómo funciona este ejercicio, ya que puede resultar intrincado al principio.
2. Busca un lugar silencioso y privado donde te puedas sentar. Inhala para practicar y siente cómo se mueve tu vientre mientras entra el aire. Ahora siente tu vientre contraerse al liberar el aire.
3. Programa el temporizador de tu celular para contar un minuto y 30 segundos. Ahora cierra los ojos.
4. Bloquea tu fosa nasal derecha con el pulgar derecho, inhala a través de la fosa izquierda.
5. Bloquea la fosa izquierda con tu dedo anular derecho, levanta el pulgar y sopla a través de la fosa derecha.
6. Repite esta acción (inhalar por la fosa izquierda y exhalar por la derecha) lo más rápido que puedas durante 90 segundos. Tu respiración será superficial.
7. Cuando suene el temporizador deja caer tu mano e inhala profundamente a través de ambas fosas. Luego exhala por completo.
8. Abre los ojos lentamente y vuelve a programar el temporizador para sonar en un minuto y 30 segundos. Cierra los ojos de nuevo.
9. Bloquea la fosa izquierda con el dedo anular derecho, inhala a través de la fosa derecha.
10. Bloquea la fosa derecha con el pulgar derecho, levanta el dedo anular y exhala por la fosa izquierda.
11. Ahora comienza a acelerar el paso. Inhala a través de la fosa derecha y exhala por la izquierda. Repite durante 90 segundos.

12. Cuando suene el temporizador inhala profundamente por ambas fosas y conserva el aliento un rato. Luego exhala por completo y quédate sentado un momento con los ojos cerrados.
13. Nota el cambio de energía.

La experta:

Parvati Shallow es aventurera profesional, oradora y maestra de yoga con reconocimiento internacional. Tiene certificados de Yoga Hatha y Yoga Kundalini. Ha competido en tres ocasiones en la serie *Survivor* de CBS y ganó en la decimosexta temporada.

La explicación:

Esta respiración rápida con alternancia entre ambas fosas es una práctica proveniente de las enseñanzas del yoga. Forma parte del pranayama (técnicas de respiración que aumentan la energía vital) y es excelente para cuando necesitas una inyección sutil de energía sin los efectos colaterales de la cafeína, como a las 3:00 p.m., por ejemplo, cuando todo tu universo se vuelve gris. Admito que este ejercicio puede parecer extraño y por eso es necesario buscar un lugar tranquilo. También puede ser incómodo al principio, así que es mejor que primero practiques las técnicas. Lo sé, lo sé, es posible que necesites un pañuelo. Ah, ¡y lávate las manos antes y después de todo el proceso! A esta poderosa técnica de pranayama la sostiene una cantidad asombrosa de información científica: si sientes aturdimiento o mareo mientras respiras rápidamente, haz una pausa y respira normalmente por un momento. Retoma la práctica cuando sientas que ya se normalizó la situación. Puedes ir aumentando gradualmente el tiempo de respiración rápida hasta llegar a cinco minutos o más.

PÍNTATE LAS UÑAS

Lo importante es recordar que se requiere un poco de práctica. No te frustres si la primera vez no te quedan las uñas perfectas, si algo salió mal, ¡siempre puedes remediarlo!
MICHELLE LEE

1. Usa el baño para que no tengas que andar dando vueltas por ahí con las uñas frescas. ¡Oh, sí!
2. Pon en un solo lugar la base, el barniz, la capa superior, una lima para uñas, un cepillito de delineador de ojos y acetona.
3. Busca una superficie amplia, plana y estable para trabajar.
4. Quita el barniz viejo y lima las uñas. Lima en *una* sola dirección para no formar bordes irregulares y con picos.
5. Lávate las manos con agua jabonosa tibia, pero no las remojes porque el remojo expande las uñas y esto puede afectar el proceso de pintado. Seca bien las manos.
6. Antes de usar el barniz toma el frasco entre tus palmas y hazlo girar lentamente varias veces. Si las sustancias están separadas, ponlo de cabeza y regrésalo a su posición original, pero no lo agites, porque esto forma pequeñas burbujas que no querrás ver en tus uñas.
7. Coloca los codos y los antebrazos sobre la superficie plana y comienza a pintar. Descansa sobre la mesa el borde

de la mano con la que pintes apoyándote en el meñique, esto te ayudará a estabilizarla.
8. Aplica la capa de base en una mano y luego en la otra. Deja secar uno o dos minutos. No te saltes este paso porque necesitas una base sólida y bien aplicada.
9. Saca el aplicador y retira el exceso de barniz ayudándote con la boca del frasco. Lo único que necesitas es *una* gota de *un* lado del aplicador.
10. Deja caer esta gota en el centro de la uña, cerca de la cutícula, pero no precisamente en el borde. Empuja la gota de vuelta hacia la cutícula y luego jala el aplicador hacia adelante para crear una franja justo en el centro. Repite la operación en ambos lados, el objetivo es formar tres franjas. Asegúrate de dejar un poco de espacio entre los costados de la uña y tus cutículas.
11. Barre una pequeña cantidad de barniz a lo largo del borde de la uña para cubrirlo con cada capa. Este es un truco profesional que evitará las imperfecciones.
12. Repite los pasos 9 a 11 en todas las uñas, pero deja que la primera mano se seque uno o dos minutos antes de pasar a la otra.
13. Cuando la primera capa se haya secado parcialmente (esto puede tomar un minuto o dos, dependiendo del barniz), aplica una segunda capa de la misma manera.
14. Sumerge en acetona un cepillito de cerdas rígidas (como el del delineador) y arregla con él cualquier imperfección.
15. Aplica la capa superior de barniz en ambas manos y deja que las uñas se sequen por completo. Para acelerar el proceso puedes aplicar unas gotas secantes o usar un ventilador.

La experta:

Michelle Lee es editora en jefe de *Allure*, la primera y única revista dedicada exclusivamente a la belleza. En 2017 *Adweek* le concedió a *Allure* el título de "Revista del Año" y a Michelle el de "Editora del Año". Michelle es fanática del arte del pintado de uñas y, bajo el hashtag #michelleleenails, publica tutoriales y diseños asombrosos en Instagram.

La explicación:

No tienes que hacerte una manicura completa, pero al menos quita todo el barniz viejo y lava bien tus manos. Si ya te procuras una manicura profesional una vez al mes, hacerte una tú misma entre una y otra sesión será incluso más sencillo. POR NINGUNA RAZÓN te apliques crema en las manos antes de pintar. Para que el barniz dure necesitas que la superficie esté limpia y seca. Cuando llegues al paso del lavado de manos puedes empujar las cutículas hacia atrás usando la uña del pulgar de la otra mano; también puedes cortar los padrastros con el cortaúñas o con tijeritas para las cutículas. Si te es posible, píntate las uñas en la *mañana*. Tiene que pasar un par de horas antes de que el barniz seque completamente, y por la noche uno suele ser más descuidado con las manos. Además, la cama es el enemigo natural del barniz fresco. Michelle se pinta primero la mano no dominante porque verla terminada le infunde confianza para enfrentar la otra. Aquí un truco para pintar con tu mano *no dominante*: toma el aplicador del barniz, sostenlo sin moverlo sobre la uña, y luego mueve tu mano dominante debajo del mismo. Así no tendrás que mover la mano que sostiene el aplicador y que podría temblar un poco.

Aplica una capa relativamente delgada, si es demasiado gruesa no secará y se formarán manchas. Los barnices más delgados secan más rápido; los barnices viejos y espesos tardan más.

Consejo profesional: la mejor manera de extender la vida de una manicura ¡es no usar tus uñas como herramientas! No las uses para quitar las etiquetas de los productos ni para destapar latas de refresco, y jamás metas la mano descuidadamente al fondo de tu bolso para hurgar o buscar algo. Algunos días después de haber pintado tus uñas refresca la capa superior, y a lo largo de la semana aplica loción hidratante y crema a tus manos.

PREPÁRATE PARA HACER EJERCICIO (Y REALMENTE HAZLO)

La mejor rutina de ejercicio es aquella que no dejarás de hacer.
Liz Plosser

1. Di: "*Tengo la fortuna* de hacer ejercicio", no: "*Tengo* que hacer ejercicio". Esto te servirá para modificar lo que piensas respecto a tus sesiones y la manera en que te refieres a ellas.
2. Convierte el entrenamiento en una actividad no negociable. No digas: "Me gustaría ir al gimnasio mañana" o "Voy a tratar de salir a correr". Di que lo vas a hacer, programa la sesión en tu agenda y llévala a cabo.
3. Prepara tu ropa deportiva la noche anterior o guárdala en la bolsa para el gimnasio y déjala cerca de la puerta.

4. Revisa el pronóstico del clima y planea la actividad de acuerdo con la información. Obviamente, llevar el equipo adecuado para las sesiones en el exterior hará que tu experiencia sea más disfrutable, pero también notarás la diferencia aunque solo se trate de asistir a una clase en tu automóvil.
5. Ten un plan específico. Los días en que tu mente no esté enfocada lo mejor es que sepas exactamente lo que vas a hacer antes de comenzar: esto te facilitará las cosas. Me refiero a que no solo llegues al gimnasio y camines por ahí sin objetivo alguno.
6. Usa música para aumentar o disminuir tu energía. Empieza a escuchar tu lista de canciones estimulantes (o los suaves popurrís de yoga) unos minutos *antes* de tu sesión de ejercicio.
7. Consume un bocadillo de entre 100 y 300 calorías (como lo recomendable es una mezcla de carbohidratos y proteína, las barras nutritivas son adecuadas para este propósito). El consumo necesario es distinto para cada persona y también depende de la hora del día en que se vaya a hacer ejercicio, pero es importante ingerir un combustible. Prueba distintas opciones para averiguar qué te funciona a ti.
8. No pierdas tiempo en tipos de ejercicio que solo te atemorizan: el hecho de que tus amigos se estén entrenando para su primer medio maratón, o que digan que nunca se sintieron tan bien como cuando empezaron a practicar _____ [inserta aquí el nombre del deporte de moda], no quiere decir que sea un ejercicio adecuado para ti.

9. En redes sociales solo sigue a los entrenadores de *fitness* que transmitan emociones positivas, y *deja de seguir* a quienes te hagan sentir mal respecto a tu persona o que te incomoden. Se trata de tu tiempo, de tu motivación y de tu inspiración, así que elige con atención.
10. Recuerda que más adelante te sentirás muy agradecido o agradecida por esto. Nadie dice: "Ay, Dios, desearía no haber hecho ejercicio".

La experta:

Liz Plosser es editora en jefe de *Women's Health*, la autoridad global en revistas de salud y bienestar. *Women's Health* publica 29 ediciones en 53 países. Antes de trabajar en esta revista, Liz era directora de contenidos y comunicación de SoulCycle. Ha corrido 10 maratones, por lo menos 100 medios maratones (sí, dije 100, ¡y no me equivoqué!), y terminó un triatlón Half Ironman. Liz cuenta con un certificado de entrenadora personal.

La explicación:

La próxima vez que una enfermedad o una lesión (o, quizá, una cuarentena) te impidan hacer ejercicio o siquiera salir a caminar, graba en tu memoria cuánto anhelas poder moverte. Hacer ejercicio es un lujo, pero es muy fácil olvidarlo, en particular cuando son las 6:00 a.m. y estás tratando de encontrar a oscuras unas mallas o pantalón deportivo en tus cajones como si fueras mapache buscando comida en el basurero (sí, a Liz le ha sucedido también). Es esencial que te prepares mentalmente, ¡y que también prepares tu ropa! Dicho lo anterior, debes saber que no siempre puedes confiar en tu actitud mental porque habrá ocasiones en que tu cerebro se pondrá en tu contra. *Ahí* es cuando entra en juego el aspecto no negociable del ejercicio. Algunos días tú y tus músculos tendrán que esforzarse, y en ese caso te servirá mucho tener una rutina de ejercicio planeada. Si tu cerebro ya invierte demasiada energía en motivarte, trata de tomar tus decisiones anticipadamente. ¿Deberé hacer remo? ¿Y si hago intervalos? ¿Será mejor tomar una clase de *spin*? Hay un sinfín de maneras en que puedes dejar que otros decidan por ti, como seguir a un entrenador en Instagram, descargar una aplicación de *fitness*, o ir a una clase en la que te tuviste que inscribir previamente. Otra manera de facilitarte la decisión de hacer ejercicio es apegarte a la ropa que le funciona a tu cuerpo. Es decir, es muy divertido comprarse prendas nuevas, pero finalmente siempre regresamos a unas mallas o pantalones, a ciertos zapatos deportivos y a las mismas playeras. Observa cuáles son tus prendas favoritas y continúa comprándolas.

Consejo profesional: cuando te estés preparando para la sesión de ejercicio piensa que eres un niño pequeño que sale a vivir su día. Cuando las mamás cuidan a sus niños se aseguran de que, antes de salir de casa, en su lonchera haya agua y un bocadillo, que vayan abrigados (¡aunque no demasiado!), y que hayan pasado al baño. Si vas a invertir tiempo en ir a hacer ejercicio deberías dar esos pasitos como de bebé que te ayudarán a cumplir con tu propósito. Si te tratas con cariño, ¡aumentará la probabilidad de que la siguiente vez quieras ir a tu sesión!

Información adicional

¿No tienes tiempo para una "verdadera" sesión de ejercicio? Los editores de las revistas llevan años diciéndolo porque es cierto: encuentra la manera de incorporar a tu día algunos ejercicios adicionales. Sube por las escaleras, estaciónate más lejos de la entrada a la tienda, haz una llamada de trabajo mientras le das la vuelta a la manzana, o levántate y ve hasta el escritorio de tu colega para que te cuente de qué se trató la reunión. En una época en que puedes encontrar todo en tu celular, las opciones para realizar rutinas de ejercicio rápidas y virtuales en circunstancias menos que ideales ¡abundan!

ESTÍRATE DESPUÉS DE UNA SESIÓN DE EJERCICIO

*Hacer ejercicio sin estirarse es como terminar una frase
y no añadir el punto final.*

AMANDA KLOOTS

Mantén los estiramientos siguientes mientras respiras un par de veces. Si necesitas quedarte más tiempo en alguno, hazlo. Estirarse funciona de distinta manera para cada persona.

1. Recuéstate sobre tu espalda con los pies estirados, acerca tu rodilla derecha al pecho y abrázala con fuerza.
2. Extiende la pierna derecha hacia el techo mientras sostienes la parte anterior de tu muslo con ambas manos. Jala hacia tu pecho, hasta que sientas un estiramiento profundo en el tendón de la corva. Puedes pasar una toalla

alrededor de la parte inferior de tu pie y usar los extremos para jalar la pierna hacia ti. Esto te ayudará a mantener el cuello y la espalda pegados al suelo.

3. Flexiona la pierna izquierda y deja el pie apoyado completamente en el suelo. Cruza el tobillo derecho sobre la rodilla izquierda. Pasa tu mano por el triángulo que se forme y entrelaza tus manos detrás de la rodilla. Jala tu pierna izquierda hacia ti para estirar el glúteo y la parte exterior del muslo.

4. Planta ambos pies sobre el suelo, junto a tu trasero, y mantén las rodillas flexionadas. Deja la rodilla derecha caer al suelo. Vuelve a flexionar y repite varias veces para abrir tu cadera.

5. Estira la pierna izquierda. Estira los brazos formando una *T* y luego cruza la rodilla derecha sobre el lado izquierdo de tu cuerpo. Mira en la dirección opuesta (esta es una torsión de yoga que ayuda a "exprimir" los desperdicios acumulados en los intestinos: excelente para el bienestar de tus órganos internos).

6. Repite los pasos 1 a 5 con la otra pierna.

7. Siéntate y estira ambas piernas como si estuvieras a horcajadas.

8. Estira los brazos levantados sobre tu cabeza, luego sobre el pie derecho y cuenta algunos segundos. Deberás sentir el estiramiento en los músculos oblicuos. Luego hazlo sobre el pie izquierdo y, por último, hacia el frente para estirar la parte interior de los muslos.

9. Ponte de pie y cruza tu cuerpo con el brazo derecho, usa el brazo izquierdo para mantener el derecho en esa posición. Inclina la cabeza en la dirección opuesta para estirar

el cuello, y apunta el codo derecho hacia el techo con la palma de la mano extendida y plana sobre tu espalda: así estirarás los tríceps. Usa la mano izquierda para presionar el codo hacia atrás y para estirar un poco más.

10. Sacude los brazos y repite el proceso con el izquierdo.
11. Enlaza tus dedos detrás de la espalda y presiónalos hacia abajo, dirigidos al suelo. Al mismo tiempo estira tu barbilla hacia el techo. Este estiramiento opuesto resulta muy agradable en cualquier momento del día.
12. Párate apoyándote sobre la zona metatarsiana de tus pies (el frente, antes de llegar a los dedos), estira los arcos y toda la planta.
13. Flexiona tu cuerpo a la altura de la cintura y deja la cabeza colgando hacia el suelo, toma con cada mano el codo del brazo opuesto. Balancéate lentamente de izquierda a derecha. Libera los brazos y sacude la cabeza como diciendo sí y luego no.
14. Incorpora la parte superior de tu cuerpo lentamente, vértebra por vértebra. Imagina que vas colocando capa por capa: las rodillas sobre los tobillos, la cadera sobre las rodillas, los hombros sobre los extremos de la cadera. La cabeza es el último paso.
15. Termina con una postura poderosa. Abre las piernas y estira los brazos para formar una gran *X*. Extiende el pecho hacia el cielo y levanta la cabeza.

La experta:

Amanda Kloots fue bailarina de Broadway, perteneció a las Rockettes de Radio City, y actualmente entrena a celebridades.

Amanda desarrolló el increíblemente popular método AK! Rope que solo requiere de una cuerda para saltar y a cambio ofrece una rutina rápida y efectiva para todo el cuerpo.

La explicación:

El objetivo del estiramiento es evitar lesiones, pero también sirve para calmar tu cuerpo. Durante el proceso respira hondo para disminuir tu ritmo cardiaco y llevar oxígeno a los músculos. Esto también te ayudará a contrarrestar la acumulación de ácido láctico. Dicho de otra manera, NO ELUDAS EL ESTIRAMIENTO DESPUÉS DE LA SESIÓN DE EJERCICIO. Es muy importante y solo toma unos cinco minutos, pero claro, entre más tiempo te estires, mejor. Una sesión como esta antes de ir a dormir es una manera excelente de relajarse y propiciar un sueño reparador. Termina la sesión con la cabeza colgando entre tus piernas, esto liberará la tensión acumulada en la espalda y el cuello durante la rutina de ejercicio, y te permitirá adoptar una excelente postura para enfrentar el día. La postura poderosa te recordará que debes estirarte, agrandar tu cuerpo y abrirte a todas las posibilidades. ¡Vaya!

Información adicional

¿No estás en un lugar donde puedas extenderte en el suelo? Para estirar los tendones de las corvas ponte de pie con los pies juntos, dobla las rodillas y coloca tus manos extendidas sobre el suelo. Respira hondo y trata de enderezar las rodillas lo más posible, luego exhala y vuelve a doblar. Repite algunas veces (¡es un estiramiento de Rockette!). Vuelve a ponerte de pie y toma por turnos tus tobillos para llevarlos hacia tu trasero: así estirarás los cuádriceps. Luego coloca un pie a la vez contra la pared, abraza tu cuerpo y dirígelo también hacia la pared para tratar de llegar a las pantorrillas. Abre un poco más tu postura, estírate hacia abajo y toca cada pie con la mano opuesta para realizar un giro modificado.

DI NO A ALGO A LO QUE SIENTES QUE DEBERÍAS ACCEDER, PERO QUE REALMENTE NO QUIERES HACER

> *La pregunta no es si preferiría hacer esto o nada, sino si preferiría hacer esto o cualquier otro pendiente de mi, de por sí, ocupadísima vida actual.*
>
> LAURA VANDERKAM

1. Recuérdate a ti mismo que el tiempo es valioso y que, una vez que lo gastas, no hay manera de recuperarlo.
2. Pregúntate lo siguiente: "¿Estaría dispuesto o dispuesta a hacer esto *mañana*?". Es muy fácil apuntarte para una actividad en abril si apenas es septiembre, así que hazle un favor a tu yo del futuro y realiza este ejercicio.
3. Responde rápidamente: si ya sabes que vas a decir que no, no dejes que la gente se quede con la idea de que aceptarás.
4. En lugar de decir que no tienes tiempo, prueba decir esto: "Muchas gracias por pensar en mí. No puedo aceptar, pero te deseo lo mejor en el proyecto *X*". Si no se trata de una prioridad y hay otra cosa de mayor importancia, acepta la situación y siéntete bien al respecto.
5. Reestructura tu "no" para mitigar la culpa. Piensa: "Este evento/puesto/escapada de fin de semana es tan importante que merece toda la energía de alguien, y como yo

tengo que hacer XYZ, me parece que si acepto estaría minimizando su importancia".

La experta:

Laura Vanderkam es experta en eficiencia en la organización del tiempo. Es autora de *Qué hace la gente exitosa con su tiempo libre*, *Lo que hace la gente exitosa antes del desayuno*, *La escuela de posibilidades de Juliet* y *168 Hours: You Have More Time Than You Think*. Su plática TED "How to Gain Control of Your Free Time" ha sido vista más de ocho millones de veces.

La explicación:

Tener una buena noción del valor del tiempo te sirve para recordar que decirle "no" a alguien ahora después te permitirá decirle "sí" a algo más. Es fundamental asegurarte de que dirás "no" a las cosas que en verdad no quieres hacer, las que no coinciden particularmente con tus objetivos, o que no son significativas o disfrutables ni para ti ni para las personas que te importan. Libera tu agenda y tu energía para poder decir "sí" a las grandes misiones, a aquello que tiene un significado importante, a lo emocionante, a eso que posiblemente te atemorice ahora pero que te dará la oportunidad de salir de tu zona de confort y enriquecerá tu vida. Es muy fácil no tomar en cuenta a nuestro yo del futuro porque es una persona a la que a menudo consideramos ajena a quienes somos ahora. Pensamos "Ah, no hay problema en que acepte hacer esto yo ahora porque él/ella será una persona increíblemente productiva", o "Bueno, es su problema, sin importar a lo que yo acceda, él/ella será quien tenga que lidiar con la tarea".

La pregunta "¿Le diría 'sí' a esto mañana?" te ayuda a evaluar la situación porque tú sabes exactamente cuánta energía tendrás mañana, cuántos pendientes se acumularán, y cuál será el costo de oportunidad. Si *mañana* estuvieras dispuesto o dispuesta a cambiar horarios o a perderte algunas actividades por aceptar esta invitación, entonces es probable que quieras hacerlo sin importar cuándo suceda. Si no, bueno, ya tienes la respuesta. Y por cierto, *no* dejes tu frase abierta, porque si dices: "No puedo hacerlo porque estaré ocupado en ese momento", abrirás la posibilidad de que la persona que solicita tu tiempo busque otra fecha para adaptarse a tu horario.

Información adicional

Si esa actividad que sientes que deberías realizar involucra a gente con la que te gusta convivir, considera lo siguiente: convivir con la gente es una buena manera de invertir tu tiempo, y aceptémoslo: no siempre tenemos la seguridad de que podremos reunirnos. Claro, es necesario hacer un esfuerzo para ir, pero es muy probable que seas más feliz cuando recuerdes que saliste a cenar con unos amigos en lugar de quedarte a ver en Instagram fotografías de las cenas de otras personas. Lo mejor es tener en la vida una buena cantidad del tipo de diversión por el que te tuviste que esforzar, que del tipo por el que no tuviste que hacer gran cosa. Pregúntate: "¿A mi yo del futuro le dará gusto haber hecho esto?". A veces cuestionarnos de esta manera es lo único que necesitamos para acceder y realizar actividades que podríamos disfrutar, pero que podrían exigirnos un esfuerzo un poco mayor, como vestirte para salir a la calle o preparar todo para subir al auto justo cuando está diluviando.

12

Mejora tu desempeño personal

ENTRA CON CONFIANZA A UN LUGAR

1. Piensa en una frase con la que puedas presentarte cuando llegues adonde vas.
2. Mírate en un espejo o en la cámara de tu celular. Haz los ajustes necesarios.
3. Respira hondo.
4. Nota cómo la adrenalina fluye por tu cuerpo y enfócate en usarla para llenarte de energía.
5. Dite a ti mismo en voz alta: "Puedo hacer esto". Lo sé, es un poco vergonzoso, pero… puedes hacerlo.
6. Párate bien erguido, sonríe y entra.

La experta:

Lydia Fenet es la principal subastadora en el área de beneficencia y directora de operaciones de Christie's. Es autora de *The Most Powerful Woman in the Room Is You*.

La explicación:

Saber con exactitud lo que dirás cuando entres a una sala, incluso si es un simple "¿Alguien más se quedó atrapado en la lluvia?", calmará tus nervios porque basta una frase para evitar la incertidumbre y los silencios incómodos. Asimismo, asegurarte de que no tienes nada entre los dientes te hará sentir tranquilo y evitará que te obsesiones mientras caminas por el recinto. Respirar hondo es una manera de hacer una pausa y te permite aprovechar el agua helada que corre por tus venas como si fuera combustible para enfrentar cualquier situación, incluso si solo se trata de una reunión ordinaria de trabajo. Lo más seguro es que *tú* seas la persona que te critica con más dureza, y por eso decirte: "Puedo hacer esto" es el paso final perfecto antes de revisar tu postura y entrar a un lugar. ¡Recuerda que la confianza es contagiosa!

TOMA DECISIONES DE MANERA MÁS CONSCIENTE

La atención consciente es un concepto que nos hace ruido actualmente, pero en realidad consiste en estar al tanto de lo que estás haciendo justo en el momento en que lo haces. La atención consciente modifica la manera en que ves, escuchas, tocas, hueles y pruebas. Cambiará tu forma de interactuar con la gente, tu estado de ánimo y tu productividad. ¡Es el elemento más accesible que existe para cambiar tu vida!

NICOLE LAPIN

1. Antes de tomar una decisión, o cuando notes que tu mente está *repleta* en lugar de *consciente*, detente y haz una pausa.

2. Respira. VE A LA PÁGINA 320 PARA APRENDER A HACER UNA RESPIRACIÓN RELAJANTE DE 16 SEGUNDOS.
3. Ponte en contacto con tus sentidos con el Método 5-4-3-2-1: nota cinco cosas que veas, cuatro que puedas tocar, tres que escuches, dos que puedas oler y una que puedas probar.
4. Si necesitas acumular más tranquilidad y energía, ponte de pie y camina un poco.
5. Procesa la situación. ¿Qué está sucediendo *en verdad*? No en tu cabeza sino en la vida real.
6. Menciona las emociones que estás sintiendo. Forzarte a articular con exactitud lo que sientes puede reducir la emoción.
7. Ahora que ya sabes lo que está sucediendo, determina cuál es la mejor acción para responder.
8. Llévala a cabo.

La experta:

Nicole Lapin es autora de *Becoming Super Woman: A Simple 12-Step Plan to Go from Burnout to Balance*. Fue la presentadora más joven de CNN y luego de CNBC, donde estaba a cargo del programa matutino de la cadena. Al mismo tiempo cubría temas de negocios para MSNBC y *Today*. Es autora de *Rich Bitch* y *Boss Bitch*.

La explicación:

La mayoría de la gente olvida cobrar conciencia en cuanto sale de la cama y, en especial, cuando se conecta al estado mental del trabajo. Las técnicas de atención consciente, como el Método

5-4-3-2-1, te ayudan a desacelerar y a actuar con mayor atención frente a un mundo de distracción constante (algo que también puedes lograr dejando a un lado tu celular. **Para consejos sobre cómo desconectarse ve a la página 357**). Sin embargo, la idea general es pausar, procesar y participar de nuevo en la vida.[1] Cuando estás más consciente puedes tomar decisiones informadas que realmente coincidan con tus valores. Las tres P de Nicole son muy sencillas (y la linda aliteración que forman te facilitará recordarlas), sin embargo, saber hacer una pausa exige práctica. A las decisiones que tomamos las conforman miles de otras decisiones más pequeñas, y antes de tomarlas, ya sea con la cabeza o con el hígado, tienes que hacer un alto. Los estudios demuestran que hacer una pausa de entre 50 y 100 milisegundos ayuda al cerebro a enfocarse en la información relevante para la decisión y a bloquear las distracciones. A veces la decisión (¿sopa o ensalada?) no es muy importante y la pausa tampoco. Sin embargo, entre más relevante sea la decisión, más importante será la pausa y el hecho de estar presente. Antes que nada aprende a *estar*: el *hacer* vendrá más tarde.

> **Consejo profesional:** cuando tienes hambre o sientes enojo, soledad o cansancio, es más probable que tomes malas decisiones. No permitas que estas situaciones estresantes y negativas te obliguen a equivocarte. Si te encuentras en una de ellas, detén el proceso de toma de decisiones hasta que te sientas mejor.

[1] En un Post-it escribe las tres P de pausar, procesar y participar, y pégalo en la pantalla de tu computadora para recordar que, si te embarga la cólera, debes tomar un descanso antes de enviar un correo electrónico.

En un estudio de Harvard se descubrió que los humanos prestamos atención a lo que estamos haciendo solo 47% del tiempo. ¡Esto significa que más de la mitad de nuestra vida ni siquiera estamos concentrados en lo que deberíamos!

¿Qué tanto aplicas la atención consciente? Pregúntate lo siguiente:

- ¿Tu mente suele vagar durante las conversaciones que duran más de 10 segundos?
- Cuando participas en una conversación ¿pasas la mayor parte del tiempo pensando en lo que dirás a continuación en lugar de escuchar lo que se está diciendo en el momento?
- ¿Revisas tu celular durante las conversaciones? ¿Lo usas en reuniones y lo dejas sobre la mesa cuando comes?
- Al ir de un lugar a otro ¿de pronto te das cuenta de que no recuerdas el trayecto que acabas de recorrer caminando o en auto?
- ¿Tienes problemas para finalizar una tarea antes de empezar a divagar y ponerte a hacer algo más?
- ¿A menudo tomas decisiones impulsivas o dices lo primero que te viene a la mente?
- ¿El revoltijo de tus pensamientos o sentimientos te abruma tanto que te paralizas y no puedes tomar decisiones ni articular una opinión?

Entre más veces hayas respondido positivamente a las preguntas, mayor es tu dificultad para estar presente en el momento. Pero no te preocupes: ¡la atención consciente es una habilidad que puedes desarrollar y en la que puedes mejorar!

ESTABLECE METAS

Creo firmemente que primero debes averiguar a dónde quieres ir en la vida y luego aplicar la ingeniería inversa para definir cómo llegarás ahí.

Nicole Lapin

1. Define lo que significa para ti "todo" (recuerda que cada quien tiene su visión de este concepto), y acepta que no es lo mismo "tenerlo todo" que "hacerlo todo".
2. Escribe tus objetivos financieros. Tal vez tengas en mente algunas metas generales respecto a cómo quieres que progrese tu carrera y aumente tu poder adquisitivo, pero ¿realmente los has descrito en detalle? Los parámetros claros son fundamentales para asumir responsabilidad.
3. Haz una lista de tus objetivos familiares. No importa si quieres tener 10 hijos o 10 gatos, este ejercicio es para definir lo que "tenerlo todo" significa *para ti*.
4. Incluye tus metas de diversión, las vacaciones que quieres tomar, actividades nuevas que te gustaría probar, tal vez comprar algún día una casa en la playa. Sí, ¡es importante que incluyas esto también!
5. Define objetivos respecto al bienestar físico. Esto no significa "Quiero tener unos abdominales de miedo", sino pensar en lo que quieres que tu cuerpo sea capaz de hacer. ¿Correr un maratón? ¿Practicar deportes con tus hijos? ¿Cargar cinco bolsas de mandado hasta tu departamento en el cuarto piso sin quedarte sin aliento? También incluye el bienestar mental y espiritual.

Mejora tu desempeño personal

6. Para cada una de las categorías anteriores define metas para los siguientes plazos:

    - metas a un año
    - metas a tres años
    - metas a cinco años
    - metas a siete años
    - metas a 10 años

7. Revisa tus objetivos y ve si tus opciones profesionales coinciden con lo que quieres lograr en otras áreas de tu vida. Es decir, ¿tu empleo te permitirá amasar suficiente dinero para comprar esa casa en la playa en 10 años?
8. Asegúrate de que lo que elijas hacer durante tu día te acerque más a tus objetivos. Si lo crees pertinente, modifica tus opciones.
9. Reajusta tus objetivos con la frecuencia que sea necesario, solo asegúrate de diseñar un plan que coincida con el cambio de dirección.
10. Si empiezas a sentir envidia de lo que tienen los otros, haz una pausa y revisa tu lista de objetivos. Lo que tienen los demás ¿está en la lista?, ¿no? Entonces "tenerlo todo" no se ve así para ti en este momento de tu historia.

La experta:

Nicole Lapin es autora del libro *Becoming Super Woman: A Simple 12-Step Plan to Go from Burnout to Balance*. Fue la presentadora más joven de CNN y luego también tuvo este título en CNBC, donde participó en el programa matutino de la cadena al mismo tiempo que cubría temas de negocios para MSNBC y para *Today*. Es autora de *Rich Bitch* y *Boss Bitch*.

La explicación:

Para alcanzar el éxito primero tienes que prepararte para él, y eso significa empezar por definir lo que es ese "éxito". ¿Cómo puedes tenerlo todo? Tú eres quien decide lo que "tenerlo todo" significa para ti en las cuatro categorías: finanzas, familia, diversión, bienestar físico. Luego diseñas un plan de acción para tener *eso*. Lo más recomendable es dividir las metas en plazos más breves, porque preguntarte: "¿Qué quiero estar haciendo en 10 años?", puede ser abrumador. Esos fragmentos más pequeños y manejables permiten que planear el futuro se sienta menos pesado y mucho más factible. Por cierto, no olvides incluir algunos objetivos de bienestar mental y espiritual en la sección de bienestar físico. En realidad el dinero que obtengas gracias a tu carrera debería impulsar el resto de las metas, por lo que, cuando las vayas escribiendo, regresa y revisa tu lista para ver si tus objetivos profesionales podrán llevarte adonde deseas llegar. Tener cifras reales como objetivos (un salario o bono meta, por ejemplo) puede ser genial, pero es mucho más constructivo definir qué te gustaría hacer con ese dinero. La diversión es esencial pero, al igual que los hijos, también puede resultar costosa y consumir demasiado tiempo. Por eso en el paso 1 debes pensar con mucha seriedad qué tipo de vida quieres. ¿Te gustaría tomar vacaciones trimestralmente? ¿Tener cada mes un fin de semana para salir con los amigos? ¿Para organizar una noche exclusiva de chicas? ¿Una noche de cita romántica con tu pareja cada semana? Primero decide esto y luego averigua la cifra real de lo que te costará mantener ese estilo de vida.

Dato curioso: un importante estudio sobre el establecimiento de metas encontró que solo 3% de la gente establecía intenciones claras y realmente escribía sus metas. Sin embargo, esas personas ganaban en promedio 10 veces más que el 97% restante. (Por cierto, discúlpame un momento: tengo que ir a escribir mi lista.)

DEJA DE OBSESIONARTE CON ALGO MALO QUE PODRÍA (O NO) SUCEDER

1. Basándote en la información que tienes, piensa en lo peor que podría suceder.
2. Deja que tu mente se aloque y vaya hasta el fondo de la madriguera del conejo durante uno o dos minutos. ¿Cuál sería el panorama si *realmente* sucediera lo peor?
3. Desarrolla un plan de acción para cada una de las tormentas que imaginaste. Piensa *en verdad* qué harías si, por ejemplo, te despidieran del trabajo, tu pareja te dejara de un día a otro, o si tuvieras *cáncer*. Piénsalo detenidamente. Si quieres cuéntaselo a algún amigo o amiga, o a un ser querido.
4. Escribe las soluciones (*de acuerdo, ya te despidieron, ahora harás: X, Y, Z*). Plasma todo en un papel o haz una nota mental muy clara de esta información.
5. Archiva ese plan. Puede ser en una caja mental o en esa caja real de zapatos con la que no dejas de tropezarte en tu armario.
6. La próxima vez que se cuele a tu mente la pregunta "¿Y qué pasaría si...?" (porque volverá a hacerlo), recuerda que, como ya tienes un plan para esa situación, no es necesario obsesionarte. Gracias, ¡a lo que sigue!

El experto:

Ethan Zohn es orador motivacional, sobreviviente de cáncer en dos ocasiones y ganador del programa *Survivor: Africa* de CBS. También fue jugador profesional de soccer. Ethan y su esposa, Lisa, usaron esta técnica mientras él se enfrentaba al cáncer y cuando participó en *Survivor: Winners at War*, en 2020. De hecho fue ella quien le enseñó la técnica a su esposo. ¡Gracias, Lisa!

La explicación:

Todos nos preocupamos por las situaciones tipo "¿Qué pasaría si…" porque la amenaza está ahí y, como no podemos ignorarla, tampoco *deberíamos* eludirla. Sin embargo, en lugar de tratar de sacarla de nuestra mente, deberíamos *pensar en ella*. Profundamente. Dicho lo anterior, si llegas a atascarte en la madriguera del conejo demasiado tiempo, detente, ponte de pie, respira hondo varias veces, y con un aplauso sonoro saca de tu cabeza lo que sea necesario. El paso más importante consiste en diseñar un plan y seguir adelante. Luego *deja de pensar* en el asunto. Si tú y tu cerebro saben que tienes un plan de ataque en caso de necesitarlo, no tendrás que obsesionarte con algo que podría (o no) suceder.

Información adicional

¿Tu mente se encuentra en un periodo particularmente difícil de escenarios *"¿Qué pasaría si…?"*? Ponte una banda elástica en la muñeca y cada vez que te asalte un pensamiento negativo jálala para interrumpir rápidamente ese patrón. Luego saca un recuerdo agradable de tu banco de memoria. Puede ser cuando terminaste aquella carrera de 10 kilómetros el verano pasado, cuando nació tu bebé, tu graduación de la universidad, en fin, *cualquier cosa* que te haya hecho sentir genial. Remplaza el pensamiento negativo con el recuerdo agradable y permítete sentir de verdad las vibras positivas derivadas de aquel momento. Esta técnica requiere práctica, pero después de cierto tiempo el periodo entre el pensamiento negativo y el recuerdo agradable se reducirá a milisegundos. En esencia, estás entrenando tu cerebro para que no piense negativamente.

HAZ UNA REVISIÓN RÁPIDA Y HONESTA DE TUS GASTOS

> *Si se te rompiera la pierna jamás te reprenderías por no saber cómo arreglar el hueso, porque ¿acaso eres médico? En lo referente al dinero solemos pensar que, de manera natural, conforme crecemos sabemos manejarlo mejor. ¿Pero estudiaste en una escuela de administración? ¿No? Entonces necesitas ayuda en este tema.*
>
> Tiffany Aliche, también conocida como la *Budgetnista*

1. Haz una lista mensual de las cosas en las que se te va el dinero. Incluye *todo* aquello en lo que gastas, desde las facturas del hogar hasta los honorarios del estilista y los cafés *latte* con leche de avena.
2. Junto a cada uno de los artículos en tu "lista del dinero" escribe cuánto gastas *mensualmente* en ese rubro (si no sabes cuál es la cifra exacta, haz un estimado).
3. Divide los gastos trimestrales/anuales. Si tu factura del agua asciende a 90 dólares, pero solo pagas cada tres

meses, inclúyela en el paso 2 como 30 dólares. Si te haces manicura cada dos semanas y su costo es de 40 dólares, enlístala como 80 dólares.

4. Añade todos los gastos en tu lista. Normalmente este es el paso de "lágrimas y pañuelos". *Espera, ¡¿cuánto gasté?!*
5. Escribe a cuánto asciende tu paga *neta* mensual. No tu salario, sino la cantidad que realmente logras guardar en tu cuenta bancaria.
6. Sustrae lo que gastas en un mes de la cantidad que llevas a casa mensualmente (paso 5 menos paso 4).
7. Busca un estado de cuenta reciente de tarjeta de crédito o débito y revisa tus compras. De manera general, ¿coinciden con la persona que eres y el lugar en que quieres estar en tu vida?

La experta:

Tiffany Aliche, también conocida como la *Budgetnista*, es educadora en el área de finanzas y autora de *The One Week Budget* y *Live Richer Challenge*. En 2019 redactó y ayudó a que se aprobara la ley Budgetnista, la cual hizo obligatorio que se incorporara la educación financiera en todas las escuelas secundarias de Nueva Jersey.

La explicación:

Si vas al médico porque te duele un poco el pecho, no te va a recetar inmediatamente un medicamento para el corazón, primero realizará un estudio minucioso. De eso se trata, de hacer una revisión. Tomar el periodo específico de un mes es la mejor manera de hacerse una idea clara de los ingresos y los egresos. Los pasos

1 y 2 están separados porque es importante que no olvides nada. Cuando la gente solo escribe sus gastos suele dejar fuera ciertas cosas como las comidas en restaurantes o el arreglo personal. Esto sucede porque pensamos que son gastos sin consecuencia, sin embargo, cuando escribimos *exclusivamente* la palabra o término (comida para llevar, alitas de pollo para ver el partido, uñas, gasolina) sin las cantidades junto, incluimos más artículos. ¿No sabes adónde se va tu dinero? Pues tu tarjeta de crédito y de débito sí lo saben, así que saca tu estado de cuenta más reciente. Una vez que hayas hecho la sustracción, pregúntate: ¿estás en números rojos?, ¿estás en números negros? No entres en pánico, esto es solamente una evaluación. La mayoría de la gente está en números rojos. O en negros, pero no tiene idea de dónde se encuentra ese dinero adicional (una pista: lo estás despilfarrando en cosas que no incluiste en la lista). El punto es que si no reconoces a la persona en el paso 7, tal vez llegó la hora de que implementes algunos cambios… y un presupuesto. **VE A LA PÁGINA 313 PARA APRENDER A GASTAR MENOS.**

UTILIZA BIEN LA GRAMÁTICA (¡PORQUE NO ES PA' NADA FÁCIL!)[2]

1. **Aprende la diferencia entre tu y tú.** La palabra *tu*, como *mi* y *su*, es un determinante posesivo, es decir, se refiere a la posesión o pertenencia: "*Tu* casa es más grande que la mía", "Si pierdes *tu* boleto, no podrás entrar". En cambio,

---

[2] Este apartado se adaptó a las reglas gramaticales la lengua española. [N. de la T.]

tú, con tilde, es un pronombre personal (como *yo*, *él*, *nosotros/nosotras*, *ustedes* o *ellos/ellas*): "*Tú* eres mayor que mi hermano" "¿Y qué quieres beber *tú*?" Recuerda que los pronombres personales son palabras que usamos para referirnos a las personas que participan en un acto de comunicación que puede ser oral o aparecer en un texto. *Yo/nosotros/nosotras* es el hablante, y *tú/usted/ustedes* es el oyente. Los otros pronombres se usan para identificar a las personas de quienes se habla. "*Yo* llegué antes que *tú* a la fiesta, pero cuando entré a la casa *ellas* ya estaban brindando."

2. **Hubo y hubieron.** Es muy común escuchar frases como: "Hubieron muchos altercados al principio". Sin embargo, la forma *hubieron* se considera incorrecta cuando nos referimos a la presencia de personas o cosas. En este caso se debe usar el verbo *haber* en su forma impersonal, es decir, sin sujeto y expresado en tercera persona del singular, o sea, *hubo*. ¿Cómo saber cuándo usarlo? En general, el uso de *hubieron* es más bien sofisticado y obsoleto porque se emplea para tiempos verbales compuestos y aparece con nexos como "Tan pronto como", "una vez que" o "no bien", ve este ejemplo: "Una vez que *hubieron* descargado las mercancías del camión, comenzaron a discutir". Por lo anterior, piensa que siempre que estés describiendo en tiempo pasado, debes usar *hubo*: "*Hubo* muchas demostraciones de apoyo", "*Hubo* días en que no vi pasar el tiempo."

3. **Aprende la diferencia entre hecho/echo.** Este es un ejemplo de palabras homófonas, es decir, que suenan igual, pero tienen distinto significado. También se escriben de

manera diferente. *Hecho* es el participio del verbo hacer ("No he *hecho* nada desde que se descompuso mi computadora"), pero también es un sustantivo masculino ("El *hecho* sucedió por la tarde"). *Echo*, en cambio, es una conjugación del verbo *echar*, que significa lanzar, depositar, expulsar: "Yo siempre *echo* la basura en este cesto". También puedes encontrar esta palabra en la locución *echar de menos*, que quiere decir extrañar. "¡Claro que te *echo* de menos!" Por ende, las palabras homófonas *deshecho* y *desecho* también deberás distinguirlas: *deshecho* es el participio de deshacer, "No he *deshecho* el rompecabezas que armamos"; en tanto que *desecho* es un sustantivo masculino que significa resto, residuo: "Los *desechos* deberán dejarse en el exterior del almacén".

4. **Por qué, porque y porqué.** En realidad es muy fácil comprender el uso de estos términos. Fíjate sobre todo en si se escriben con elementos separados o juntos, y si llevan tilde o no.
   - *Por qué*, escrito separado y con tilde. *Por* es una preposición y *qué* es un adjetivo interrogativo en este caso. Usados en conjunto nos permiten realizar preguntas para averiguar la *razón* de algo. "¿*Por qué* llegaste tan tarde anoche?" "¿*Por qué* tendría que responderte?"
   - *Porque*, escrito junto y *sin* tilde, es una conjunción que nos permite introducir una oración que explica una causa: "Escribí este libro *porque* quería aportar algo a la sociedad", "Fui a casa de mis padres *porque* quería verlos."
   - *Porqué*, escrito junto y con tilde, es un sustantivo masculino y es sinónimo de *razón* y *causa*. Mira este ejemplo:

"Quiero saber el *porqué* de tu desprecio" ("Quiero conocer la *causa* de tu desprecio").

Fíjate en las siguientes oraciones, te servirán para recordar el uso de cada forma: "¿*Por qué* aprender todo esto y *por qué* aprenderlo rápido? *Porque* es necesario. Aunque lo importante no es el cómo sino el *porqué*."

5. **Gerundio de posteridad.** Entre los diversos usos del gerundio (verbos en su forma no conjugada que terminan en -ando, -iendo, o en -yendo, en algunos casos irregulares) encontramos el que permite expresar una acción que se realiza de forma simultánea a la del verbo principal, o que se llevó a cabo anteriormente. Por ejemplo: "La niña *salió* de la casa *saltando* de alegría" (acción simultánea); "*Creyendo* que era demasiado tarde, *decidió* no ir" (la acción de creer es anterior a la de decidir). Sin embargo, hoy en día es muy común ver el *gerundio de posteridad*, un uso incorrecto que expresa la acción del gerundio como posterior a la del verbo principal y que intenta describir una relación de consecuencia: "George fundó su empresa el año antepasado, *ganando* la admiración de su familia y amasando una gran fortuna". En este caso es necesario replantear la oración: "George fundó su empresa el año antepasado. Este acto le valió la admiración de su familia y le ha permitido amasar una gran fortuna". Te reitero que este uso es incorrecto. Es producto de la circulación de artículos mal escritos o traducidos sin cuidado (sobre todo del inglés y del francés) y compartidos en sitios de internet y en redes sociales.

La experta:

Mignon Fogarty, también conocida como *la Chica Gramática*, es fundadora de la red (y el podcast) Quick and Dirty Tips. Es autora de siete libros sobre el idioma inglés, entre los que se incluye el bestseller de *The New York Times, Grammar Girl's Quick and Dirty Tips for Better Writing*. Mignon fue presentada en el Salón de la Fama del Podcast y ha ganado en cinco ocasiones el premio para Mejor Podcast Educativo de los Podcast Awards.

La explicación:

Si tienes problemas para recordar estas palabras confusas, lo más fácil será memorizar oraciones en las que se use cada una de manera correcta. De esta forma podrás comparar cualquier nueva oración con las que ya memorizaste. ¡Ah! Y de paso, por favor evita las oraciones en las que no hay concordancia entre el sujeto y el verbo, y que escuchamos con tanta frecuencia en los medios de comunicación, como "Mucha *gente* sabemos que…" (a mí me parece que, más bien, ¡no saben!). *Gente* es un sustantivo colectivo, es decir, aunque aparente lo contrario, agrupa a un número no definido de personas. Sin embargo, se trata de un sujeto singular, lo que significa que el verbo deberá coincidir en cuanto al número: "Mucha gente *sabe* que…". Y ten mucho cuidado con expresiones como "*Habemos* muchas personas en el salón" (¡*Habemos* ni siquiera existe!) o "Todo mundo *conocemos* a esa periodista que no sabe expresarse", por ejemplo.

Información adicional

Aprende a diferenciar entre *diferencio* (correcto) y *diferencío* (¡incorrecto!). Seguramente has escuchado o incluso has usado la palabra *diferencío*. ¡Cuidado! El verbo *diferenciar*, como los verbos *negociar* y *licuar*, se escriben sin tilde en la conjugación en presente del indicativo de ciertas personas: "Yo diferencio", "tú licuas", "él negocia". Asimismo, cuando quieras expresar que un objeto es distinto de otro por ciertas características, deberás decir: "Mi celular se *diferencia* del tuyo en que tiene más funciones". Actualmente, debido a su uso en varias regiones, se acepta la forma con tilde para ciertas personas del verbo licuar: "yo licúo", "tu licúas", "él licúa", "ellos/ellas/ustedes licúan". Sé que decir algo como: "Mi primo no diferencia entre el verde y el rojo" suena muy raro, pero es porque estamos acostumbrados a escuchar este verbo conjugado de forma incorrecta. Como podrás ver, independientemente de en qué idioma nos expresemos, es fundamental hacer el esfuerzo de hablar y escribir correctamente (¿cuántas veces no te has metido en dificultades por tratar de ayudar a alguien que publicó en redes sociales una pregunta tan mal escrita que resulta prácticamente incomprensible?), así que ¡busca ese libro de gramática que tienes arrumbado en el librero y sácale provecho!

CÁLMATE ANTES DE REACCIONAR

1. Piensa en lo que te está provocando ansiedad.
2. Ahora cierra los ojos e inhala lentamente mientras cuentas hasta cuatro y visualizas tu respiración.

3. Continúa observando esa respiración a medida que baja hasta tu vientre. Cuando el aire llegue ahí, consérvalo y vuelve a contar hasta cuatro.
4. Ahora exhala y observa cómo tu aliento sube de vuelta y sale de tu cuerpo. Mientras observas esto, vuelve a contar hasta cuatro.
5. Contén la exhalación durante cuatro segundos.
6. Abre los ojos y respira normalmente.
7. Pregúntate: "¿Estabas pensando en el elemento estresante mientras contabas y respirabas?". Justo como imaginé.
8. Repite cuantas veces sea necesario.

El experto:

davidji goza de reconocimiento internacional como experto en el manejo del estrés, maestro de meditación y autor de *destressifying: The Real-World Guide to Personal Empowerment, Lasting Fulfillment, and Peace of Mind*. davidji les enseña la técnica de la respiración en 16 segundos a los marinos y la llama "respiración táctica".

La explicación:

Este ejercicio de respiración sirve para interrumpir el patrón y reiniciar tu cerebro. Respirar hondo y observar cómo el aliento baja a lo profundo y llega a tu vientre, y cómo luego regresa lentamente y sale, crea el espacio que necesitas. En este momento no puedes pensar en lo que te estresa porque tienes que concentrarte en tu respiración (¿o tal vez en tratar de no desmayarte?, ¿solo me sucedió a mí?). Cuando llegas al segundo 17, sí, claro, existe la posibilidad de que regreses a tu estado mental original, pero es aún más probable que reacciones de manera distinta gracias a esa sencilla interrupción en el proceso. Antes de responder a un mensaje de texto que te haya sacado de tus casillas, pon a prueba esta técnica. O cuando hayas tenido que esperar más de media hora para que te contestaran en servicio al cliente. Incluso puedes hacerlo mientras estás en tu auto, en medio del tráfico, o en la mesa, durante una cena familiar. Solo no cierres los ojos. Practica lo suficiente para convertir esta técnica en una herramienta que puedas aplicar en cualquier momento. Si haces todo el proceso cuatro veces de manera continua, ¡estarás meditando!

Información adicional

Siempre es buena idea pensar antes de actuar o, como en este caso, respirar. Albert Einstein dijo: "La energía no se crea ni se destruye, solo se transforma". Esto significa que si reaccionas y dices algo que no deberías, o si haces que alguien se sienta como basura, no podrás retractarte. Esa energía negativa, a su vez, provocará un efecto que se extenderá a lo largo de tu día y del de la otra persona. Antes de interactuar con alguien trata de pensar en qué tipo de energía vas a generar, ¿es positiva o negativa? davidji nos dice que puedes dejar "Ojas" (un dulce néctar emocional y vital) o "Ama" (residuo tóxico). ¡Yo quiero el dulce néctar vital, por favor!

AYÚDATE A TI MISMO A SUPERAR UNA ETAPA DIFÍCIL

Recuerda que sobreviviste a todos los días terribles, a todas las situaciones devastadoras, a todas las circunstancias horribles y a todas esas veces que te rompieron el corazón. Hiciste lo necesario para llegar hasta aquí, y sin importar cómo te sientas respecto al lugar donde te encuentras o al lugar adonde te gustaría ir ahora, vale la pena que celebres el logro de haber llegado aquí.

EMILY MCDOWELL

1. Imagina que eres una oruga que se transforma en mariposa. Cuando estás en un capullo te mueves torpemente y te agitas en la oscuridad. Enfrentas lo peor y chocas de frente con bordes que no te son familiares: todo esto es necesario y tiene un propósito.
2. Recuerda lo siguiente: el fracaso no existe, solo es aprendizaje. A veces incluso terminamos aprendiendo lo que *no* deberíamos hacer, y esto está bien.
3. Busca la felicidad en el lugar correcto (las cosas que realmente nos hacen felices, como pasar tiempo con la naturaleza, jugar, dormir, descansar, comer sanamente, crear vínculos, amar, tocar y movernos).
4. Recuerda que no hay manera de que odiándote logres sentirte bien. Ese mecanismo de defensa del "Si soy cruel conmigo mismo primero, resultaré menos lastimado cuando, más adelante, otros también sean crueles", proviene de una teoría fallida.
5. Trata de no decirte a ti mismo algo que no le dirías a tu mejor amigo o amiga. Nuestra propia voz y las voces interiores que nos critican nos dicen todo tipo de cosas horribles que jamás nos atreveríamos a decirle a alguien más.
6. No mires atrás ni te continúes castigando. Es muy fácil voltear atrás, ver las decisiones del pasado y decirse: "¿Qué diablos estaba pensando?", pero sea lo que sea

que hayas estado pensando, recuerda que en ese momento te parecía lógico.

La experta:

Emily McDowell es directora creativa y fundadora de la empresa de tarjetas de felicitación Emily McDowell & Friends. Esta empresa fabrica productos que le hablan a la condición humana con humor y corazón. Emily es escritora e ilustradora, y es autora de *There Is No Good Card for This: What to Say and Do When Life Gets Scary, Awful, and Unfair to People You Love*.

La explicación:

Todo tiene que ver con la mentalidad y con ser paciente contigo mismo: cuando estás en el proceso de transformación, cuando todo se ve oscuro, nebuloso y sin sentido, es porque te encuentras en el capullo. Desde el interior es casi imposible ver la línea de tu vida e identificar cuando estás *a un poquitito* de pasar al otro lado. Cuando estás dentro sientes que lo único que te rodea es oscuridad hasta que, de repente, ya no. Y oh, sorpresa: ¡puedes volar! Seguramente ya te lo han dicho, pero vale la pena repetirlo: cuando las cosas no salen como esperabas, recuerda que a veces lo que se presenta como un terrible fracaso se convertirá en lo mejor que te haya pasado en la vida. Podríamos terminar aprendiendo algo sobre nosotros mismos, sobre los otros, o sobre ambos. Cuando te sientas triste o indiferente, y quieras hacer algo al respecto, ponte en contacto con tu naturaleza esencial. Enfócate en cosas que te hagan biológicamente feliz.

Información adicional

¿Quieres lanzar un poco de energía positiva al exterior? Si amas a alguien, díselo y explícale POR QUÉ lo/la amas. No solo digas: "Te amo", haz una lista que incluya de forma específica todo lo que te parece genial respecto a esa persona. Los mensajes de texto son excelentes para este objetivo. Y si sabes que alguien está atravesando un momento difícil, hazle saber que estás al tanto de la situación y recuérdale que está haciendo bien las cosas.

Consejo profesional: sé gentil contigo mismo. "Entre más tiempo vivo, más me convenzo de que ser amable con nosotros mismos es la tarea más importante que tenemos." Emily McDowell.

DECÍDETE A HACER ALGO Y PERSEVERA HASTA EL FINAL

Las resoluciones, formuladas de la manera adecuada, pueden aumentar la felicidad de una manera increíble.
GRETCHEN RUBIN

1. Pregúntate lo siguiente: "¿Qué me haría más feliz?". Tal vez sea tener más de *algo bueno* (más diversión con los amigos, más tiempo para dedicar a un pasatiempo) o tener menos de *algo malo* (como gritar menos a tus hijos, arrepentirte de lo que comiste), o arreglar una situación que no te parece correcta.
2. Identifica un hábito concreto que podría ayudarte a implementar el cambio. Piensa en algo específico y plausible.

En lugar de decir: "Quiero tener más alegría en la vida", piensa: "Quiero ver una película clásica todos los domingos por la noche".

3. Averigua si eres el tipo de persona que toma una resolución y decide "sí" hacer algo, o el tipo de persona que toma una resolución y decide "no" hacer algo (es decir, ¿quieres tomar la decisión de *hacer* algo o de *no hacerlo*?). Luego toma una decisión que refleje lo anterior (o no hagas *X*, o sí *haz Y*).

4. Pregúntate lo siguiente: "¿Estoy comenzando con la humildad suficiente? ¿O con la confianza suficiente?". Porque si te presionas demasiado podrías verte forzado a parar en seco, pero si eres el tipo de persona que pierde el interés o se desanima cuando aborda los retos de una manera lenta y estable, tal vez necesites lanzarte con fuerza desde el principio.

5. Diseña un plan para responsabilizarte. Si eres el tipo de persona a la que le encanta complacer a otros, la *clave* radicará en hacerte responsable frente a otras personas, así que busca amigos que puedan mantenerse al tanto de tus avances y jalarte las orejas si aflojas el paso.

La experta:

Gretchen Rubin es autora de *The Happiness Project, Happier at Home, Better Than Before, The Four Tendencies,* y de *Outer Order, Inner Calm*. Es anfitriona del podcast ganador de premios Happier with Gretchen Rubin, en el cual comparte opiniones, estrategias e historias para ayudarle a la gente a entenderse a sí misma y a crear una vida más feliz.

La explicación:

El secreto del éxito radica en conocer tu propia naturaleza. Comienza por pensar qué haría que la próxima semana, el próximo mes o año fueran más gozosos para ti (los hábitos ayudan a garantizar que tu vida refleje tus valores, y entre más refleje tu vida tus valores, más feliz serás). Uno de los problemas más comunes es que la gente suele proponerse cosas abstractas. "Disfrutar del ahora" es algo vago y, por lo tanto, difícil de llevar a cabo. Mejor busca acciones específicas y cuantificables que te lleven hacia esa meta abstracta como "beber mi café en las escaleras del frente de la casa todas las mañanas". En cuanto a los cambios permanentes, la gente suele pertenecer a una de dos categorías. En su camino hacia cambios más importantes, algunos necesitan establecer metas modestas y consistentes para sí mismos ("Todos los días realizaré una caminata de 10 minutos a la hora del almuerzo", por ejemplo). Otros, en cambio, necesitan la energía y la emoción de un cambio abrumador para poder formarse un hábito nuevo ("¡Me voy a levantar una hora más temprano todos los días para pasar al gimnasio antes de ir al trabajo!"). Las dos maneras son válidas, pero piensa qué te funciona mejor a ti, y establece tus metas de acuerdo con el grupo al que pertenezcas. Por último, recuerda que el secreto para mantenerte firme en tus resoluciones es la responsabilidad. Convoca a tus amigos y forma un grupo de hábitos como lo sugiere Gretchen en su programa "Mejor que antes". También puedes establecer metas y revisar personalmente tus fechas límite en tu calendario. Por eso es tan importante el paso 2: si tu resolución es demasiado vaga, será difícil que te responsabilices y la cumplas (es más difícil apegarse a la decisión de "comer más sano" que a la de "comer ensalada a la hora de la comida, tres veces por semana").

Información adicional

¿Necesitas un buen hábito nuevo? Prueba la regla de un minuto: debes hacer cualquier tarea que sea más fácil llevar a cabo en un minuto que posponerse para después. Cuelga tu abrigo, lee una carta y tírala a la basura, llena un formulario, pon un plato en el lavavajillas, etcétera. Como estas acciones se hacen muy rápido, no resulta tan difícil seguir la regla y, además, obtienes buenos resultados. Mantener todas esas pequeñas y molestas tareas bajo control te dejará sentirte menos abrumado; seguramente tu casa o tu oficina estará más limpia y tu productividad aumentará (llevarás a cabo tantas tareas pequeñitas que, después, tendrás más tiempo para las tareas importantes). Como dice Gretchen, esta es una forma increíblemente sencilla y eficaz de aumentar la felicidad, pero si quieres ver los resultados debes ser constante.

Consejo profesional: en lugar de enfocarte en listas de pendientes, haz una lista "ta-tán" de todas las cosas que lograste en el día. La productividad puede ser fundamental para la felicidad. Independientemente de si esto significa lavar toda tu ropa o cerrar un trato de negocios muy importante, es necesario que sientas que te rodea una atmósfera de crecimiento, que veas que estás avanzando, aprendiendo, enseñando. La lista "ta-tán" te ayuda a sentirte más consciente de tu día y satisfecho con el mismo. Tal vez sientas que no hiciste nada, pero ¡mira!, ¡lograste varias cosas! Si tienes la disciplina necesaria, las listas "ta-tán" también pueden ser un excelente ejercicio para el fin de año. En este caso necesitarás la ayuda de tu agenda. Habrá algunos días e incluso semanas en las que te sientas improductivo, pero cuando revises todo el año te asombrará descubrir todo lo que *lograste*.

13

Mejora tus relaciones con los demás

RECUERDA EL NOMBRE DE UNA PERSONA

> *Tal vez una de las habilidades más importantes de la etiqueta de los negocios y del networking sea simplemente de tipo humano: la capacidad de recordar con confianza el nombre de una persona.*
>
> Jim Kwik

1. *Cree* que puedes recordar nombres. Como creer en algo le envía a tu cerebro una señal para que lo haga, la única manera en que podemos modificar nuestro comportamiento o realizar tareas es *creyendo* que podemos hacerlo.
2. *Entrénate*. Se necesitan entre 30 y 60 días para adoptar un hábito nuevo, por eso debes practicar y recordar los nombres de la gente que conoces con la mayor frecuencia que te sea posible.
3. *Dilo*. En cuanto alguien se presente, repite su nombre: "Hola, Ted".

4. *Úsalo*. Trata de usar el nombre de la persona unas tres o cuatro veces durante la conversación. ¿El secreto? Tienes que hacerlo de manera natural para no sonar súper raro.
5. *Pregúntale* a la persona si es su único nombre y cómo lo eligieron (¿es un nombre de alguien en la familia?, ¿significa algo especial para sus padres?). Esto puede ayudarte a refrescar tu memoria la próxima vez que te encuentres con esa persona. Además, a la gente *le encanta* hablar de sí misma.
6. *Visualiza*. A la mayoría de las personas se les facilita más recordar rostros que nombres. El truco es empatar el rostro que visualizas con una imagen que te recuerde el nombre. Si la persona se llama María, podrías imaginarla cargando un cordero. Esto activará la antigua canción infantil "María tenía un corderito" y, con suerte, te ayudará a recordar su nombre la próxima vez que la veas.
7. *Finaliza*. Asegúrate de terminar el primer encuentro o conversación usando el nombre de la persona: "Nos vemos pronto, ¡me dio mucho gusto conocerte, María!".

El experto:

Jim Kwik es experto en memoria y lectura rápida, orador internacional y director ejecutivo de Kwik Learning, una agencia de consultoría que enseña técnicas para el entrenamiento de la memoria. Kwik Learning ayuda a la gente y a las empresas a lograr más en menos tiempo. Jim es autor de *Limitless: Upgrade Your Brain, Learn Anything Faster, and Unlock Your Exceptional Life*.

La explicación:

Los pasos (creer, entrenarte, decir el nombre, usarlo, preguntarle a la persona, visualizar y finalizar) te permiten mostrar tu interés en recordar el nombre de la gente. Recordar nombres es una habilidad y exige esfuerzo, pero no es tan difícil como crees. Tienes que decir el nombre de la persona para escucharlo dos veces desde el principio, esto también garantiza que no lo hayas escuchado o entendido mal: te aseguro que no querrás tener una conversación de 20 minutos con Ted y luego decir: "Nos vemos, Ed". Es mejor que te corrijan desde el principio. Usa el nombre lo más posible durante la conversación, pero de forma contextual. Ganarás puntos si algún conocido pasa por ahí y le presentas a tu interlocutor. Repetir el nombre cuando te vas es fundamental porque te da otra oportunidad de usarlo y, por lo tanto, de recordarlo en la próxima ocasión. Además, así Ted se quedará con una gran impresión de ti.

> **Consejo profesional:** no digas que recordar el nombre de la gente te cuesta trabajo. Tu cerebro es como una supercomputadora, y todo lo que te digas se convertirá en un programa que será ejecutado. Si dices que no puedes recordar el nombre de la gente, no recordarás el nombre de la próxima persona que conozcas porque ya programaste tu supercomputadora para no hacerlo. Para eliminar el monólogo negativo puedes hacer una modificación muy sencilla en tu forma de hablar: al final de la oración añade la palabra *aún*. "No soy bueno para recordar nombres *aún*".

ESCRIBE UNA NOTA DE AGRADECIMIENTO

1. Comienza con el saludo: "¡Hola!" "Querido…" "¡Hola, señorita!"
2. Agradece inmediatamente el regalo o el gesto.
3. Añade un dato específico sobre el regalo. Puede ser la manera en que lo usarás o lo que más te gustó de él.
4. Mira hacia el futuro. Menciona la próxima vez que verás a la persona o dile que esperas que tenga unas lindas vacaciones: "¡Me dará mucho gusto verte de nuevo en la boda de Susie!".
5. Reafirma tu agradecimiento: "Gracias de nuevo por pensar en mí".
6. Termina con una frase de despedida: "Abrazos", "Con cariño…", "Cuídate mucho."
7. Si te parece que va con tu estilo, añade una posdata. Algo breve que haga sentir bien a la persona, una broma privada o un guiño respecto a lo que está sucediendo en su vida: "P.D. Me encanta tu fleco".

La experta:

Cheree Berry es directora ejecutiva y directora creativa de Cheree Berry Paper. Diseña hermosas y sumamente personalizadas invitaciones para boda, así como tarjetas de felicitación, anuncios de nacimientos, y prácticamente cualquier otro tipo de comunicación en papel: ¡incluso notas para las loncheras de los niños!

La explicación:

Cuando una persona abre una nota quiere saber para quién es e ir directo al grano, porque después de todo tal vez ya pasó algún tiempo desde que dieron aquel regalo. Debes decir algo específico respecto al mismo, porque cuando una nota dice: "Muchas gracias por el regalo, tengo muchos deseos de comenzar a usarlo", uno se queda pensando: "Eh, ¿acaso sabes siquiera lo que te regalé? ¿Sabes siquiera quién soy?". Los detalles hacen sentir bien al destinatario. Por otra parte, a menos de que alguien te regale un Rolex y realmente necesites agradecer con muchísimo entusiasmo, solo confirma tu agradecimiento al final y pasa al cierre de la nota. Añade una posdata si te nace hacerlo. Las posdatas son relevantes en casi todo tipo de correspondencia, incluso en la relacionada con entrevistas de trabajo ("P.D. Espero que la gran reunión de presentación haya sido un éxito"). No enloquezcas pensando demasiado el mensaje, no deberías invertir más de tres minutos en todo el proceso. Si crees que para escribir notas de agradecimiento necesitas enormes bloques de tiempo, convertirás algo sencillo en una tarea abrumadora (que se quedará atorada en tu lista de pendientes durante meses... bueno, eso dicen por ahí). Guarda algunas tarjetas en tu portafolios o bolso, y saca una cuando estés en la sala de espera del dentista. Ah, y si te preocupa equivocarte o usar la palabra *emoción* dos veces, usa tu celular u otro artefacto electrónico con corrector y escribe un borrador.

Información adicional

Oh, espera, ¿realmente *no* recuerdas qué te regalaron? Evita las referencias generales como "el regalo" y enfócate en la persona que te lo dio. Reconoce su amabilidad con una oración de apertura sencilla, luego menciona algo específico sobre él o ella: tal vez el recuerdo de una conversación o encuentro previo que tuvieron. "¡Muchas gracias por el regalo, Susan! Tu generosidad no conoce límites. Por cierto, me encantó ver a tu equipo la semana pasada en el parque. ¡Espero que Nico y Anya estén disfrutando el verano!" Personalizar un momento que compartiste es señal de tu autenticidad y te permite distraer a la persona para que no note que no has mencionado detalles sobre el regalo. La regla de oro de Cheree para escribir una nota de agradecimiento es: escribe para los otros de la misma manera que habrías escrito para ti.

PONTE AL DÍA CON LO QUE SUCEDE EN EL MUNDO DE LOS DEPORTES

No tienes por qué actuar ni mentir respeto a tus intereses, pero si quieres participar en algo que realmente reúne a la gente, y en uno de los últimos eventos que a las personas les interesa continuar viendo en vivo, es importante que cuentes con estas fuentes.

SARAH SPAIN

1. Busca un par de sitios de deportes en internet (uno de deportes en general y otro que siga los deportes de tu ciudad) y agrégalos a tus "favoritos". Revísalos diariamente, cada semana o cada vez que haya un juego o una fiesta en línea para ver un partido.
2. Para consultar horarios, posiciones e información comprensible y confiable, busca fuentes serias de noticias con un buen nivel periodístico.

3. Si tú o tus amigos son seguidores de un equipo en particular, añade a tus favoritos la página/blog/red social del mismo.
4. Sigue en redes sociales a algunos atletas destacados.
5. Antes de un evento importante averigua los datos más sobresalientes de la historia y léelos (quién está lesionado, quiénes son los mejores jugadores, etcétera). Los blogs y los sitios de internet específicos de los equipos son buenos para este propósito.
6. Siempre mantente al tanto de lo que estará en juego en cualquier evento deportivo, incluso si se trata de un partido de beisbol del martes por la noche a mediados de mayo. ¿Por qué es importante ese juego? ¿Qué pasará cuando alguien gane o pierda? ¿Hay alguna anécdota notable entre los equipos? ¿Qué jugador está actualmente cerca de lograr algo trascendental?
7. Busca las buenas historias detrás de cámaras. Piensa en lo que hace que sea tan divertido ver los Juegos Olímpicos, recuerda la manera en que te has interesado en los atletas después de ver todas esas entrevistas previas a los partidos con sus familias, sus amigos y el entrenador de *curling* de quinto grado.

La experta:

Sarah Spain es presentadora de radio, escritora y personalidad de televisión. Ha ganado premios Emmy y premios Peabody. Es la anfitriona de *Spain and Company*, un programa que se transmite por las noches entre semana a través de ESPN radio a nivel nacional. Asimismo, es anfitriona del podcast That's What She Said de ESPN, y reportera de *SportsCenter*.

La explicación:

Los deportes unen a la gente (¡justamente por eso cancelaron todos durante la pandemia de coronavirus!). Y si te vas a reunir con un grupo para ver las finales de la NBA, el Derby de Kentucky, o incluso la serie NASCAR, la experiencia será cien por ciento más disfrutable e interesante si entiendes lo que estás viendo, es decir, cuáles son las reglas, quiénes son los jugadores más importantes, o qué implican las rivalidades. Hay muchos sitios de internet que te pueden ofrecer un panorama de la situación —qué va a suceder hoy y por qué debería interesarte—, sin embargo, si no estás acostumbrado a ver un deporte en particular, como la serie NASCAR, por ejemplo, lo más relevante en todo momento será lo que esté en juego. Así que, si no comprendes bien, enfócate en eso. Tómate cinco minutos para entender lo que implica la rivalidad entre los equipos. También es recomendable que sigas a tu equipo en redes sociales porque ahí estarán anunciando los juegos que vienen y retuitearán contenidos de los jugadores: recuerda que sentirse conectado con los atletas es una manera más de involucrarse. Las historias detrás de cámaras hacen que todo sea mucho más interesante. ¿Es la primera vez que alguien regresa a jugar al lugar donde solía hacerlo antes? ¿Todos los asistentes aplaudirán de pie porque lo adoran a pesar de que ahora pertenece al otro equipo? En lugar de decir: "Oye, espera, ¿qué está sucediendo?", participa en un momento agradable. Un poco de conocimiento hace que todo adquiera otra dimensión y te da razones para que te importe lo que estás viendo.

COMENTA EN REDES SOCIALES

1. Antes de hacer algún comentario, hazte esta sencilla pregunta: "¿Diría esto en la vida real?".
2. No desvíes la conversación. Si en una publicación alguien habla sobre su hijo enfermo o sobre su gato, no digas: "Ajá, pero, ¿ya viste lo que está sucediendo con las tortugas?". Sí, sé que es terrible lo de las tortugas, pero no viene al caso aquí.
3. Si se trata de un tema controversial (actualmente lo mejor es dar por sentado que lo es), haz la tarea antes de meterte en la conversación. Si no tienes información actualizada respecto a las dos posturas de un debate, lo mejor es que no participes en él.
4. No trates de cambiar la forma de pensar de alguien en redes sociales. La gente rara vez se retracta de una opinión compartida en un comentario o publicación. Es decir, muchos son capaces de defender lo que dijeron hasta con los dientes, incluso si su opinión es totalmente absurda.
5. Por el amor de Dios: revisa tu ortografía y la gramática. **Para evitar los errores gramaticales más comunes ve a la página 315.**
6. ¡Usa los signos de puntuación! Recuerda que la puntuación ayuda muchísimo a transmitir el tono. (Ya sabes, como cuando en vez de comentar "qué divertido" en la fotografía de tus vacaciones, alguien escribe "¡¡¡Qué divertido!!!".
7. Aprende que los emojis cubren una multitud de pecados, y que actualmente la gente no solo los acepta: incluso los espera (de hecho se han vuelto necesarios. Mira el punto 6).

8. Antes de publicar algo vuelve a leer lo que escribiste. Toma en cuenta que lo que publiques en internet se quedará ahí para siempre. ¿Tienes algún problema con que ese comentario viva más tiempo que tú?
9. Comenta en las publicaciones de la gente que comenta en las tuyas.

La experta:

Sara Buckley es directora de redes sociales para Buzz Brand, una agencia creativa que ayuda a los pequeños negocios a aumentar su presencia en redes. También dirige las increíblemente populares cuentas @nottheworstmom y @nottheworstmarriage de Instagram.

La explicación:

Los mismos modales que usarías en persona deberás aplicarlos en internet. Porque tú no empezarías a desviar la conversación en una cena elegante, ¿cierto? Y tampoco participarías en una conversación sobre la que no sabes nada. Probablemente solo hablarías si tus comentarios le añadieran valor al tema, si con ellos apoyaras a alguien, o si tuvieras algo interesante que decir. Pues haz lo mismo en redes sociales, recuerda que tus palabras se quedarán ahí para siempre. Además, no sabes quién te está siguiendo, podría ser un futuro empleador, un colega, un jefe en potencia; es muy común que los posibles empleadores revisen tus redes sociales antes o después de una entrevista de trabajo. Para bien o para mal, la gente te verá como la persona que eres en internet, así que ten cuidado con lo que publiques y con lo que comentes.

Podría costarte un empleo o incluso una relación. Tienes que tomar esto en serio porque la demás gente así lo hace.

Información adicional

¿Quieres hacer crecer tu marca/negocio en redes sociales? Si estás tratando de dar a conocer tu nombre y atraer más seguidores, preséntate con los *Me gusta*, con comentarios e interactuando con otras personas. Imagina estar en un coctel cuando estás empezando en tu industria, y descubres que en el coctel también hay otras personas bien establecidas de tu industria. Seguramente te presentarías y, si te hablaran, responderías. Las cosas funcionan igual en internet, así que solo considera que se trata de un lugar más para la interacción humana; aquí es donde pasan tiempo tus futuros admiradores, seguidores y clientes. Tienes una plataforma gratuita para llegar a la gente que comprará tus productos, que irá a tu tienda, que descargará tu música o que… ¿ordenará tu libro? ¡Aprovéchalo! No solo estés de acuerdo con una aseveración, aporta algo a la plática. Si quieres que la gente te note, ten una presencia positiva y notable. La gente leerá los comentarios y, si le gusta lo que escribiste, comenzará a seguirte.

DISCUTE CON TU PAREJA DE FORMA PRODUCTIVA

1. Hazte las siguientes preguntas: "¿Siento cansancio? ¿Tengo hambre?". Nunca discutas si no puedes contestar "no" a ambas preguntas.
2. Define qué quieres solucionar y dile a tu pareja cuál es el plan.

3. Fija un límite de tiempo y comunícaselo a tu pareja (de ser necesario programa una alarma o un temporizador): "Hablaremos de esto solamente 10 minutos, ¿de acuerdo?".
4. Explica tu posición sin insultar y sin usar palabras ofensivas para referirte a tu pareja. EN LA PÁGINA 91 APRENDERÁS A TRANSMITIR BIEN TUS IDEAS Y EN LA PÁGINA 93 ENCONTRARÁS CÓMO BRINDAR RETROALIMENTACIÓN CONSTRUCTIVA.
5. Escucha sin interrumpir, es decir, tomen turnos para hablar. Parece un paso obvio, pero bueno, estamos hablando de las complejas relaciones personales.
6. Sin importar cuánto desees volver a mencionar el asunto del lavavajillas, apégate al tema que se eligió en el paso 2.
7. Propón una acción que ayudará a resolver el problema.
8. Establece una fecha para volver a hablar del asunto.
9. Termina de forma positiva, incluso si la situación se siente un poco forzada.

La experta:

Jo Piazza es autora de libros bestseller, periodista premiada en diversas ocasiones y anfitriona de varios podcast. En su libro *How to Be Married* describe varios modelos de matrimonios en seis continentes distintos. En su podcast Committed, el cual ha sido adaptado para televisión, Jo disecciona aún más el matrimonio y las relaciones a través de las historias de parejas inspiradoras que han permanecido juntas a pesar de los grandes desafíos.

La explicación:

Antes de iniciar una conversación o discusión asegúrate de haber comido y descansado lo suficiente. Nadie puede funcionar bien ni tomar decisiones racionales si está cansado o hambriento: cualquier niño de dos años te lo podrá confirmar. Jo lo explica de una manera muy precisa: "ese viejo refrán que reza 'No te vayas enojado a la cama', no sirve". Necesitas prepararte para el éxito y limitarte a *un solo tema* en cada discusión, ya que solo de esta manera sabrás qué sucede con ese problema específico. Esto significa que deberás resistir el deseo de quejarte de todas esas ofensas del pasado que tan fácilmente (¡muy fácilmente!) podrías enumerar, y contar con una "palabra de rescate" para cuando empieces a alejarte del tema. Piensen en un término divertido que signifique algo para ambos y que aligerará el ambiente en algún momento. Lo más importante en las discusiones es escuchar. Dale a tu pareja suficiente espacio para expresar su punto de vista antes de empezar a explicar tu postura. Y no terminen la discusión si no han definido una acción concreta o si no han llegado a una resolución. Traten de resolver el problema que decidieron discutir. Di algo como: "Oye, probemos lo que sugerimos, veamos cómo funciona y volvamos a hablar del tema en una semana o un mes". Luego tengan sexo de reconciliación. Oh, no, espera, ¡eso solo sucede en las películas!

APRENDE A DECIR "LO SIENTO"

> *Disculparse es una habilidad de vida fundamental que tiene un gran impacto en quien se disculpa. No solo vas a decir*

"lo siento" para apaciguar a la otra persona, lo harás para aceptar y reconocer tu comportamiento, y esto le traerá muchísimos beneficios a tu salud mental.

Zelana Montminy

1. Piensa específicamente en lo que hiciste para contribuir al problema (necesitas de verdad tener mucha claridad en la disculpa que vas a ofrecer).
2. Pídele a la otra persona que hablen cuando ninguno de los dos esté ocupado o distraído. Lo mejor es ofrecer disculpas en persona, luego seguiría el teléfono como segundo mejor medio, y en tercero vienen los mensajes de texto y los correos electrónicos.
3. Di: "Siento haber _____". (Llena el espacio vacío con una aceptación sincera de lo que hiciste mal, y si no te queda claro qué hiciste, regresa al paso 1.)
4. Resiste la tentación de justificar tu error.
5. Di que las cosas serán distintas la próxima vez o explica qué es lo que tratarás de cambiar (y nuevamente hazlo con precisión).
6. Pregunta: "¿Me puedes perdonar?".
7. Pregúntale a la persona cuál cree que sea la mejor manera de avanzar en la relación. ¿Qué es lo que necesita de ti?

La experta:

Zelana Montminy, Psy, D., es científica del comportamiento y especialista en psicología positiva. Es autora de *21 Days to Resilience*, forma parte del consejo consultivo de Common Sense Media y es la autoridad de referencia en el ámbito de los medios de comunicación. Ofrece conferencias en universidades, corporaciones y organizaciones sin fines de lucro en todo el mundo.

La explicación:

Disculparse sirve para reparar algo que hicimos mal, pero decir "lo siento" es solo el principio. Es un paso sumamente importante, y por eso es esencial que tomes el tiempo necesario para perfeccionar tu mensaje. Es necesario que comprendas con exactitud de qué manera lastimaste a la otra persona. A veces, si el problema es con tu pareja, esto puede significar irse a dormir enojados y tener que regresar al tema (y a la disculpa) al día siguiente, cuando ambos tengan la mente más despejada. Tienes que hablar con la gente en el momento adecuado, porque de otra manera tu disculpa no servirá. Tampoco digas: "Lamento que *tú* te sientas así" ni "Fue porque *tú* hiciste *X*". De hecho, evita por completo las oraciones que incluyan explícita o implícitamente el *tú*, y enfócate en el *yo*. Luego escucha lo que la persona tiene que decir y no la interrumpas para defenderte. No es el momento de culpar a alguien más ni de dar excusas ("Ah, es que como tú hiciste eso, yo hice aquello" o "El trabajo me provoca tanto estrés que no puedo lidiar con la situación y por eso te hice esa canallada"). Si las cosas no cambian después de la disculpa, en realidad no tiene ningún sentido ofrecerla, así que proponle a la persona que te dé varias ideas de cómo podrías evitar este mismo problema en el futuro. Si la relación de verdad te importa, deberás estar dispuesto a hacer lo necesario para salvarla.

ABANDONA UNA CONVERSACIÓN EN LA QUE NO QUIERES PARTICIPAR

1. Extiende tu brazo para proponer un apretón de manos o, mejor aún, da una palmadita en el hombro o agita la mano en señal de despedida. De esta manera le harás saber a la gente que te vas a retirar de la conversación.
2. Di algo como: "Me encantaría seguir platicando pero tengo que salir corriendo". (Puedes solicitarle a la persona una tarjeta de presentación y decirle que le darás seguimiento —si es que piensas hacerlo—, o solo di que pueden hablar más tarde o en X fecha, si es que deseas continuar con la conversación.)
3. Simplemente sal de ahí caminando.
4. Si se trata de chismes o de política puedes recurrir a la honestidad y decir: "No me siento cómodo con la dirección que está tomando la conversación" o "Necesito un descanso, por favor discúlpame".
5. Si te quedas atrapado con una persona que está monopolizando la conversación prueba lo siguiente: "Fue agradable platicar contigo, pero quisiera saludar a algunas personas, te veré más tarde".
6. Si estás en una fiesta no digas que vas a ir a tomar algo del buffet o de la barra porque ¡la persona podría acompañarte!
7. Si necesitas alejarte de un grupo puedes actuar rápido e intervenir sutilmente: agita tu mano en señal de despedida y susurra (con suficiente volumen para que te entiendan): "Qué gusto conversar con todos ustedes, pero tengo que irme". Acto seguido, sal de ahí.

8. No te disculpes. Claro que podrías decir: "Lamento interrumpir, pero tengo que irme corriendo". Sin embargo, dar fin a una conversación no tiene nada de malo, así que no hay por qué disculparse.
9. Si ves a alguien conocido por ahí, puedes decir: "Tengo que irme, quisiera hablar con Kate respecto a algo, por favor disculpa". Y camina directamente hacia donde se encuentra Kate.
10. También podrías llamar a Kate (o a alguien más que conozcas y que ande por ahí) y decir: "Ah, quisiera presentarte a alguien". Presenta a la persona y a Kate, y luego añade: "Disculpen, quisiera hacer un poco de relaciones públicas. Los dejo conversando".

La experta:

Diane Gottsman es experta nacional en buenos modales y autora de *Modern Etiquette for a Better Life*. Es fundadora de Protocol School of Texas, una empresa especializada en el entrenamiento para el liderazgo ejecutivo y la etiqueta en los negocios.

La explicación:

Independientemente de si se trata de tu mamá, de un compañero de trabajo, de otros padres en la parada del autobús escolar, o de una persona formada en la fila de la tintorería, para dar fin a una conversación siempre deberás cumplir con las mismas reglas generales: ser directo, amable y sincero. En algunos casos le estarás haciendo un favor a la otra persona. Extiende la mano y da una palmadita en el hombro, o agítala en señal de despedida, con esto estarás diciendo: "Tengo que irme", pero también crearás una barrera física entre tú y la otra persona, ya que es un gesto del lenguaje corporal que indica que vas a moverte de ahí. Cada quien debe responsabilizarse de sus propios límites, así que si una conversación te resulta incómoda (chismes, quejas políticas, debate) di lo que te parezca más apropiado y aléjate de ahí. No tienes que pensarlo demasiado. Decir: "Oye, Sarah, tengo que apresurarme, pero hablamos mañana", es una manera perfectamente educada de anunciar tu salida.

Información adicional

Cómo saludar a una persona en el metro o el tren (sin tener que sentarte con ella): sonríe. Agita tu mano en señal de saludo. Continúa caminando. Si es alguien a quien te parece necesario decirle algo más, añade: "Qué gusto verte. Tengo que ponerme al día con varios correos electrónicos, pero ¿hablamos luego?". No tiene que ser más complicado que eso. No es necesario sentarse junto a la persona ni sobrellevar una conversación extensa, piensa que tal vez él o ella tampoco tiene ganas de que le hagas compañía.

Cómo dar fin a una conversación telefónica: en lo referente al cierre de una conversación por teléfono, debes tomar en cuenta que la otra persona no ve tu lenguaje corporal ni tus expresiones faciales. Por eso tienes que intervenir y guiar la conversación para darle fin. Interrumpe amablemente diciendo algo como: "Karen, estoy esperando otra llamada y tengo que prepararme. En unos días me pongo en contacto contigo para ver cómo va avanzando el proyecto". Sé breve y amable, pero habla con honestidad. Y sobre todo, no digas que devolverás la llamada si no piensas hacerlo.

PREPÁRATE PARA HABLAR DE UNA SITUACIÓN COMPLICADA

> *Buscar las palabras correctas durante horas puede ser muy desgastante. Mejor prepáralas con anticipación para crear un mensaje adecuado que te libere del estrés de tener que hablar del asunto, y que comunique lo que quieres decir.*
>
> GRETCHEN RUBIN

1. Identifica los elementos sobre los que intuyes que la gente te cuestionará: un rompimiento sentimental, un problema de salud, un cambio inesperado de empleo.
2. Decide cómo presentar la situación. "¿Cómo quiero pensar respecto a este tema de manera personal? ¿Cómo quiero que los demás piensen al respecto? ¿Cómo quiero que esta información sea presentada de manera pública?"
3. Elige dos o tres oraciones que resuman bien la situación. Incluye los hechos esenciales. ¿No sabes con exactitud lo que la gente querrá saber? Pregúntate: Si *tú* fueras la persona que escuchará el mensaje, ¿qué te daría curiosidad? Si te ayuda más, ¡escribe la respuesta!
4. Di una frase que comunique cómo *te sientes* respecto a la situación. Es lo que más le interesa a la gente. ¿Cómo vas a manejar esto? ¿Cómo estás lidiando con el asunto?
5. Presta atención a tu tono de voz al transmitir el mensaje. Si lo dices con demasiada frialdad podrías dar fin a la conversación. Imbuirle un poco de humor, en cambio, insta a la gente a hacer más preguntas.
6. Repite cuantas veces sea necesario.

La experta:

Gretchen Rubin es autora de *The Happiness Project, Happier at Home, Better Than Before, The Four Tendencies* y *Outer Order, Inner Calm*. Es anfitriona del premiado podcast Happier with Gretchen Rubin, una emisión en la que comparte reflexiones, estrategias y anécdotas que le ayudan a la gente a entenderse a sí misma y a propiciar una vida más feliz.

La explicación:

A menudo la ansiedad de lo que estamos enfrentando hace que queramos encerrarnos y evitar que nos cuestionen. Que la gente te pregunte constantemente cómo te sientes y qué sucede puede ser agotador y, de hecho, si se trata de algo en lo que te cuesta trabajo pensar, puedes llegar a sentir que incluso expresarlo en palabras te resulta demasiado difícil. Tomarte un momento para organizar tu mensaje no significa que no seas una persona auténtica, sino que has decidido de forma consciente la manera en que *tú* quieres describir la situación. Ejemplo: "John y yo nos vamos a divorciar. No es lo que yo habría querido, pero ahora que inevitablemente esto sucederá, he notado en mí una sensación de alivio". Preparar una frase como esta, una especie de paquetito completo, te ayudará a enfocarte en el mensaje para ti y para la demás gente, pero también te facilita *dar fin* a una conversación. Si no quieres seguir hablando del asunto, puedes imbuirle a tu mensaje un tono definitivo, como si fuera una declaración gubernamental: "No responderemos a más preguntas por el momento". Esto cierra la posibilidad del cuestionamiento, pero de una manera amable. Por supuesto, con tu familia y tus amigos cercanos puedes hablar sobre cómo te sientes, pero si tienes un mensaje definido estarás mejor preparado y no te sentirás atacado o atacada cada vez que vuelvan a surgir preguntas sobre el tema.

Información adicional

El mensaje también funciona para las buenas noticias. Cuéntales a los demás sobre un nuevo empleo, sobre un compromiso reciente o sobre el divertidísimo libro que empezaste a leer y te está cambiando la vida, ¡sobre lo que sea! Preparar tu discurso con suficiente anticipación te permitirá controlar la narrativa y presentarte de la manera que quieres que te perciban. Tener tus palabras listas también propicia una conversación más fluida.

APOYA A UN AMIGO CUANDO TE CUENTE ALGO DESAGRADABLE CON LO QUE ESTÉ LIDIANDO

1. Ten una reacción neutral. Si alguien se muestra vulnerable contigo no reacciones como si te sintieras ofendido o si desaprobaras lo que escuchas, en especial si lo que te están contando es privado o es un suceso que le produce vergüenza a la otra persona (engañar a su pareja, mentir, ser despedido de su empleo, tener problemas con la ley, etcétera).
2. Pregúntale: "¿Quieres hablar de ello?".
3. Si es así, da seguimiento con preguntas sutiles: "Bueno, ¿y cómo te sientes al respecto?" o "¿Cómo te ha afectado?".
4. No presiones para que te cuenten los detalles: los datos específicos sobre cómo se dieron las cosas no son tan

importantes como la manera en que *se siente* tu amigo o amiga respecto a lo que sucedió.

5. Mantente enfocado en la otra persona y escucha. Esa es tu tarea, *escuchar*, no responder. Es decir, mientras él o ella esté hablando no pienses en lo que tú dirás a continuación. Aunque esta es una habilidad fundamental para la vida, no es nada sencillo desarrollarla.
6. Evita dar consejos no solicitados. A menudo la gente solo quiere desahogarse, no necesariamente resolver el problema. Es por eso que ofrecer tu opinión podría dar a entender que sabes más respecto a la situación que el afectado, lo cual rara vez sucede. En todo caso puedes *preguntarle* si le gustaría que le dieras un consejo, pero deberás hacerlo de manera sutil y evitando un tono condescendiente. Di algo como: "¿Crees que te sería útil escuchar lo que yo haría si estuviera en tu lugar?" o "¿Quieres mi opinión o solo necesitas desahogarte?".
7. Si tienes duda, di: "Lamento mucho que esto te haya pasado/que estés lidiando con esto justo ahora". A la gente le da miedo decir "lo lamento" porque le parece que es un cliché, pero si lo expresas de manera genuina y con autenticidad, sabrán que lo dices de corazón.
8. Termina diciendo: "¿Cuál sería la mejor manera de ayudarte en este momento?".
9. Llámale a tu amigo o amiga al día siguiente para ver cómo va. Y el día siguiente. Y luego el día que siga también.

La experta:

Rachel Wilkerson Miller es autora de *The Art of Showing Up: How to Be There for Yourself and Your People* y de *Dot Journaling:*

A Practical Guide. Fue editora *senior* de BuzzFeed y actualmente es editora suplente en Vice.

La explicación:

Primero lo primero: contén tus ganas de juzgar y resiste la tentación de dejar caer la mandíbula o decir: "¡¡¿¿Queeeeeé??!!". No des por hecho que sabes cómo se siente la otra persona respecto a esta noticia, ni para bien ni para mal. Tal vez esté *encantada* de divorciarse, y si tú pones cara de tristeza podría sentirse mal por no estar devastada. Podrías decir algo como: "Vaya, qué noticia". Esto impide que tengas una reacción emocional equivocada y le permite a la otra persona decirte cómo se siente en realidad. Formular preguntas sutiles es una buena manera de iniciar el diálogo porque te ayuda a averiguar lo que la otra persona necesita de ti en ese momento. Enfócate en los sentimientos, no en los hechos. Esta idea proviene del libro *There Is No Good Card for This* de Kelsey Crowe y Emily McDowell (¡ENCONTRARÁS A EMILY EN LA PÁGINA 322 DE ESTE LIBRO!). Créeme que no querrás conocer los detalles de un diagnóstico médico ni que te describan el proceso de solicitud para el próximo empleo. Por supuesto, hay amigos que *de todas formas* te contarán el problema de cabo a rabo, así que también prepárate para eso y solo déjalos hablar. Nunca te sientas mal de preguntarle a tu amigo o amiga lo que necesita de ti si aún no te queda claro. A veces es un consejo, a veces es que escuches, en otras ocasiones la gente necesita distraerse o, quizá, es algo de verdad muy práctico, como que les des un aventón a un juzgado.

Información adicional

Envía un rompecabezas. Cuando sientes que el mundo se está cayendo en pedazos, volver a armar algo, literalmente, puede ser de gran ayuda. ¿Por qué crees que tanta gente estuvo armando rompecabezas durante la cuarentena? Los rompecabezas son estimulantes y calmantes en la misma medida, también representan un desafío que siempre se siente positivo. Son una manera increíblemente simple de empezar a reparar un corazón roto y de ocupar una mente a la que, de otra forma, consumirían los pensamientos de pérdida, enojo, miedo o, simplemente, las notificaciones del celular. Un rompecabezas no va a resolver todos tus problemas, pero es un problema que tú sí puedes empezar a resolver.

OFRECE TUS CONDOLENCIAS

Debes saber que nada de lo que digas resolverá esto, así que quítate de encima la presión. Tu objetivo no es encontrar las palabras más reconfortantes, solo reconocer el dolor de esa persona.
NORA MCINERNY

1. Solo hazlo. Ahora mismo. Lo peor que puedes hacer es no decir nada.
2. Envía un mensaje de texto, un correo electrónico o una tarjeta. Levanta el teléfono y marca o, mejor aún, preséntate en el lugar.
3. Di las cosas como son: "Es horrible, tengo el corazón roto por lo que te sucedió. Estoy aquí por si deseas hablar, y si no, también". Un simple: "Lamento lo que le sucedió a *X*"

también funciona. Usa el nombre de la persona o di: "Tu mamá/tu amiga/tu tío" en lugar del genérico: "Lamento tu pérdida". No te apresures a cambiar de tema o a tratar de bromear. Deja que el silencio permanezca. Tal vez sea incómodo para ti, pero no te corresponde cambiar la atmósfera, deja que la persona viva su duelo.

4. Si conociste a la persona que falleció, comparte un recuerdo o anécdota agradable.
5. Si tienes cercanía con la familia y deseas hacer algo más, asegúrate de que se sienta auténtico. Es decir, si nunca has cambiado un pañal en tu vida, no te ofrezcas a cuidar al bebé.
6. Anota la fecha en tu calendario y llama al año siguiente.

La experta:

Nora McInerny es anfitriona del podcast Terrible, Thanks for Asking y autora de *No Happy Endings* y de *It's Okay to Laugh (Crying is Cool Too)*. Cuando tenía 31 años tuvo un aborto y perdió a su segundo bebé. También perdió a su padre, quien murió de cáncer, y luego a su esposo que falleció debido a un tumor cerebral: todo con solo unas semanas de diferencia. Su conferencia TED sobre el duelo fue vista 2.5 millones de veces en el primer año. Nora es cofundadora de Hot Young Widows Club, un grupo para personas que perdieron a su pareja.

La explicación:

En las condolencias existe una jerarquía. En el nivel más bajo puedes permitirte enviar un mensaje de texto, un correo electrónico o un mensaje directo. En el siguiente nivel puedes enviar una tarjeta escrita a mano.[1] El nivel más alto de atención y participación exige que TE PRESENTES EN EL LUGAR. Asiste al funeral, observa la Shiva judía, lleva un platillo caliente y ofrece un abrazo. Cuando hables recuerda lo siguiente: la gente no necesita que le digan lo que significa su pérdida, eso lo define cada quien. Tampoco necesita que le indiquen cómo repararla (nunca digas *deberías*). Por otra parte, incluso si terminas balbuceando algo espantoso como: "Todo sucede por una razón" o "Es el plan de Dios", al menos lo habrás intentado. Te presentaste ahí, y tan solo eso ya es *enorme*. (P.D. En realidad nadie sabe qué decir, ni tú, ni quien sufre la pérdida, así que, un: "Realmente no sé qué decir, solo sé que estoy aquí para ti", es totalmente aceptable.) Si puedes mencionar algo agradable sobre la persona fallecida, genial, pero no solo lo compartas en el funeral, cuando la gente está devastada y no puede asimilar información nueva. Dilo meses o incluso años después. No temas mencionar el nombre de un fallecido ni hablar sobre su vida en lugar de solo hablar de su muerte. Cuando alguien pierde a un ser querido una de las cosas que más miedo le dan es perder *más* de él o ella, así que compartir tus anécdotas ayudará a mantener su recuerdo vivo.

---

[1] Siempre envía una tarjeta, incluso si no conociste a la persona que falleció. Incluso si es para un compañero de trabajo que piensas que te odia. "Me enteré de lo de XYZ. Quiero que sepas que te tengo presente." No necesitas describir lo horrible que es, la persona que sufrió la pérdida lo sabe. Tampoco tienes que añadir una frase religiosa, a menos de que te sientas inclinado a hacerlo y sepas que el destinatario lo apreciará. No tienes que escribir mucho más. Añade la dirección, el timbre postal, y envía la tarjeta.

Información adicional

No digas ni escribas: "Dime si necesitas algo". Una persona que atraviesa un duelo profundo no sabe lo que necesita. Si realmente quieres hacer algo más, solo hazlo. Claro, esto exige un poco de reflexión: ¿Qué vínculo tienes con esa persona? ¿Cuáles son tus habilidades? ¿Qué puedes hacer y a qué puedes darle seguimiento de manera confiable y realista? Bien, entonces haz eso. Incluso si solo es ir a su casa en el invierno para quitar la nieve del acceso para los automóviles o enviarle tarjetas de regalo por correo. Tal vez puedes añadir a sus hijos al grupo de niños que llevas a la escuela en la mañana. Haz cualquier cosa que te resulte plausible y que coincida de forma natural con la relación que tienes con esa persona. Y recuerda que no todo lo que hagas por él o ella tiene que relacionarse con su pérdida, debes seguir tratando a esa persona como lo que es, una persona viva. Cuando falleció Aaron, el esposo de Nora, alguien le envió un certificado de regalo para visitar un *spa*. Al principio no supo realmente cómo reaccionar, pero un mes después lo aprovechó para solicitar un masaje y, aunque ella no lo sabía, era justo lo que necesitaba. Si donas o entregas algo, o si envías un regalo o un mensaje de texto y no recibes un agradecimiento, no lo tomes de manera personal.

Consejo profesional:

- Si te encuentras a alguien y te cuenta sobre el fallecimiento, o si te habla para informarte y ya estás al tanto, no digas: "Sí, lo sé". Tal vez pienses que eso le ayudará, pero en realidad estás impidiendo que te diga más, que te cuente *su* experiencia. Mejor di: "Me enteré, pero preferiría que *tú* me lo dijeras", y permite que la persona te cuente más si así lo desea.

- No hay fecha límite para ofrecer condolencias. Si no has visto a la persona en meses o incluso en años, pero sabes que falleció su mamá, de todas formas deberías reconocer la pérdida. Es muy sencillo evitarlo y tal vez pienses que sería mejor no arruinar su día mencionando el asunto, pero estarás perdiendo la oportunidad de tener un contacto humano que podría ser maravilloso para ambos.
- El duelo es una situación crónica, así que no dejes de ponerte al día con la persona que lo está viviendo. El estadounidense promedio que trabaja de tiempo completo y tiene prestaciones cuenta con entre tres y cinco días laborales tras el fallecimiento del cónyuge, padre o hijos. Tal vez regrese a la oficina y se vea normal, así que seguramente estará bien, ¿no? Pero no, no está bien.

14

Cierra el día con broche de oro

DESCONÉCTATE DEL CELULAR

> *Dado el profundo impacto que tiene en nuestro bienestar la relación que sostenemos con la tecnología, Thrive Global propone varios micropasos: cambios que puedes incorporar de inmediato a tu vida diaria, y demasiado sencillos para fallar. Entre ellos hay algunos para desconectarte. Mi favorito consiste en cargar tu teléfono fuera de tu habitación por la noche.*
>
> ARIANNA HUFFINGTON

1. Además de sacar tus aparatos electrónicos de tu habitación en la noche antes de dormir, comienza la mañana de la misma manera, así garantizarás tu desconexión. Es muy sencillo: cuando te levantes, en lugar de mirar de inmediato tu celular tómate uno o dos minutos para respirar hondo o define tus intenciones para el día. Implementar esta práctica para acabar e iniciar tu día tendrá un efecto en todo el tiempo de por medio.

2. Apaga todas las notificaciones, excepto las de las personas que necesiten imperativamente tener acceso a ti. Entre más suena nuestro celular, más nos acostumbra a liberar cortisol, la hormona del estrés.
3. Haz una auditoría de la pantalla de inicio de tu celular y reduce las distracciones. Tómate algunos minutos para definir a cuáles aplicaciones realmente necesitas acceso. Conserva solo las que añadan valor, no las que estén diseñadas para consumir más y más tu atención.
4. Guarda el celular y mira hacia el frente en la calle cuando hagas mandados o te transportes al trabajo o a casa. Desconectarte mientras te trasladas te ayudará a vincularte con la gente, con el panorama y con las escenas que te rodean; a evaluar todo aquello por lo que debes estar agradecido.
5. Tómate diariamente un "descanso tecnológico": esto mejorará tu enfoque y reducirá tu nivel de estrés. Aparta un periodo en el que te alejes de las redes sociales y tu correo electrónico para enfocarte de verdad en aquello en lo que estás trabajando o para conectarte profundamente contigo y con tus seres queridos.
6. Programa tiempo en tu agenda para algo que te importe fuera del trabajo. Puede ser ir al gimnasio, visitar una galería de arte, o ver a familiares y amigos. Programar un recordatorio te permitirá mantener tu compromiso con la actividad que decidiste realizar.
7. También es esencial que aproveches las comidas para desconectarte. Aquí hay otro micropaso que puedes poner a prueba: si vas a salir a cenar con amigos, jueguen el juego de los "celulares apilados". Coloquen los celulares

al centro de la mesa, y el primero que tome el suyo para revisarlo ¡paga la cuenta! Pero en serio, siempre que convivas con alguien —tus hijos, familiares, amigos o incluso tus colegas en una reunión de trabajo—, desconéctate. Así estarás más presente y aprovecharás tu tiempo al máximo.

La experta:

Arianna Huffington es fundadora y directora ejecutiva de Thrive Global, fundadora de *The Huffington Post*, y autora de 15 libros, entre los que se incluyen los recientes *Thrive* y *The Sleep Revolution*. En 2016 lanzó Thrive Global, una empresa líder de tecnología que tiene como misión cambiar la manera en que trabajamos y vivimos, por medio de la destrucción del mito colectivo de que el agotamiento es el precio que debemos pagar para alcanzar el éxito.

La explicación:

"No hay un número definido de veces para desconectarte, lo importante es que te tomes el tiempo necesario para hacerlo, y que te revigorices para regresar a tu día y tu agenda. La práctica de recargarnos de energía por medio de la desconexión tecnológica debería ser tan común como la de conectar nuestros celulares para cargarlos. Es fundamental que nos desconectemos del mundo —al menos del digital, de la versión del mundo que depende de las pantallas— porque es la única manera en que realmente nos podemos vincular con los otros seres humanos y, en especial, con nosotros mismos. Desconectarnos nos permite recurrir a nuestra creatividad y sabiduría natural. Nos deja encontrar el inamovible centro de fortaleza en medio de la tormenta. También es un elemento clave para disminuir el estrés y evitar el agotamiento total que se ha convertido en una epidemia mundial en el mundo moderno." Arianna Huffington.

PERDONA A ALGUIEN Y DEJA QUE LAS COSAS FLUYAN

> *A personas que jamás dejaríamos pasar a nuestro hogar les permitimos que ingresen a nuestra mente a pesar de que pueden causarnos un gran daño ahí. Necesitamos dejar de invitarlas a pasar.*
>
> DAVIDJI

1. Identifica los patrones enfermizos de pensamiento que se están apoderando de tu conciencia (tú sabes cuáles son).
2. Reconoce los pensamientos y sentimientos tóxicos que simplemente siguen creciendo hacia esa persona, pero resiste la tentación de escupir tu enojo hacia ella. La venganza no te ayudará.
3. Comprende que tu reacción es una *elección*, que estás eligiendo que esa persona entre a tu pensamiento y proyecte una nube oscura sobre tu vida cotidiana.
4. Entiende que las palabras o acciones hirientes de otras personas provienen de sus propios pensamientos y de su realidad, que no tienen nada que ver contigo y que, por lo mismo, no debes tomarlas de manera personal.
5. Cada vez que esas palabras se presenten frente a tu conciencia, porque créeme que lo seguirán haciendo, sonríe y di, en voz alta si te parece necesario: "Ah, hola, ¿nuevamente de visita? Creo que debes salir directamente por

la puerta trasera". Repite esta frase cuantas veces sea necesario.
6. En las noches, antes de irte a dormir, di en voz alta: "_____, te libero de mis pensamientos".
7. Por la mañana, cuando despiertes, repite la frase de la noche anterior. De esta forma te liberarás del yugo que dejaste que esa persona impusiera sobre ti.
8. Continúa entrenando tu cerebro para liberar estos pensamientos, y comprende que del otro lado del perdón encontrarás *libertad*. Tus pensamientos te pertenecerán y podrás dirigirlos hacia gente y cosas positivas en la vida.

El experto:

davidji goza de reconocimiento internacional como experto en el manejo del estrés, maestro de meditación y autor de *destressifying: The Real-World Guide to Personal Empowerment, Lasting Fulfillment, and Peace of Mind*.

La explicación:

Aferrarse a un resentimiento es como beber veneno y esperar que alguien más muera. Diariamente tienes entre 60 000 y 80 000 pensamientos, y si 30 000 son respecto a esa persona, ha llegado el momento de dejar que las cosas fluyan, que se queden atrás. El perdón no tiene mucho que ver con el otro, es algo que surge de ti. Cuando perdonamos nos liberamos de todo lo que nos ata al dolor que nos causó esa persona. Si te aferras firmemente a esas ataduras, pierdes la oportunidad de ver otras cosas más importantes en tu vida, como la gente en la primera fila de tu existencia. Tal vez te hayas dicho: "Yo no estoy invitando a esos pensamientos a venir a mí, ellos siguen entrando a la fuerza y atacándome". Pero el perdón es una práctica, algo que tienes que elegir de forma activa, tienes que practicarlo una y otra vez hasta que se vuelva genuino. Seguramente habrá una persona o un asunto en particular que exigirá mucho esfuerzo de tu parte, pero no te dejes vencer.

Información adicional

Perdonar y seguir con tu vida no significa que apruebes el comportamiento de la persona que te lastimó. Sin embargo, te permite liberarte de ese dolor. Quizá alguien más fue responsable de la creación de ese momento, pero somos nosotros quienes nos aferramos a las palabras y las acciones. Por eso debemos dejar que las cosas pasen y fluyan. Permítete soltar un poco las ataduras que esa persona tiene sobre ti, déjala pasar. Di: "No creo que tu intención haya sido realmente lastimarme, así que voy a dejar que tu acción fluya y se quede atrás. Me lastimaste, o tal vez yo percibí tu acción como un ataque, así que necesito dejarla pasar también". En resumen, davidji dice lo siguiente: "Tu paz es más importante que enloquecer tratando de entender por qué algo sucedió de esa manera. Déjalo fluir".

PREPÁRATE PARA UNA BUENA NOCHE DE SUEÑO

1. Programa la alarma del reloj en tu habitación para que suene una hora *antes* del momento en que, de manera consistente, te acuestas a dormir.

Cierra el día con broche de oro

2. En cuanto suene la alarma ve a tu habitación y apágala.
3. En los siguientes 20 minutos atiende todos los pendientes que te mantendrán despierto si no los concluyes, como encender el lavavajillas, cerrar las puertas y ventanas, o responder a la invitación para ir al bar que surgió en el grupo del *chat*.
4. Ahora date 20 minutos para realizar todas las actividades relacionadas con la higiene, como cepillarte los dientes, usar el hilo dental, lavarte la cara. Lo que quiera que sea que incluya tu rutina, hazlo ahora. Evita realizar estas actividades frente a luces demasiado brillantes.
5. Usa los últimos 20 minutos para alguna actividad relajante. Puede ser usar una aplicación para meditar, rezar, leer un libro o ver un capítulo de algún programa que te guste.
6. Saca tu celular de tu habitación. **En la página 357 encontrarás más información sobre cómo desconectarte.**
7. Métete a la cama y ponte cómodo.
8. Haz un ejercicio de respiración "4-7-8": inhala cuatro segundos, contén el aliento siete segundos, y exhala lentamente durante ocho segundos.
9. Repite varias veces el paso 8.
10. ¡Buenas noches!

El experto:

Michael J. Breus, Ph.D., también conocido como *Sleep Doctor*, es un reconocido experto del sueño y autor de *The Power of When*.

La explicación:

Programar la alarma del reloj en tu habitación te fuerza a ir ahí a apagarla. Esto representa un gatillo visual y emocional que te indica que es hora de prepararse para ir a la cama. (¿Sabías que no debes usar la alarma del reloj de tu celular?) Dividir tu rutina nocturna en tres segmentos de 20 minutos cada uno genera un patrón predecible del que llegará a depender tu cuerpo. Si en los primeros 20 minutos no logras terminar todo lo que quieres preparar para el día siguiente, escribe los pendientes para que no estén dando vueltas en tu cerebro mientras tratas de aquietarlo. Hacer esta lista puede llegar a formar parte de tu rutina nocturna y te hará sentir más organizado. Respirar hondo y contener el aliento aumenta el nivel de oxígeno en la sangre, y esto permite que tu cuerpo tenga que esforzarse un poco menos para funcionar. La prolongada y lenta exhalación tiene una cualidad meditativa que es intrínsecamente relajante. También es similar al ritmo de respiración que tu cuerpo adopta cuando te estás quedando dormido para enlazarse con tu mente y dirigirse juntos al periodo de descanso.

Información adicional

¿Te despiertas completamente alerta a las 3:00 a.m.? Una de las principales razones por las que esto sucede es el descenso de azúcar en la sangre. Si cenaste a las 7:00 p.m., por ejemplo, a las 3:00 a.m. se cumplirán ocho horas desde tu última comida. Esto significa que tu cuerpo lleva todo ese tiempo en ayuno. Cuando el nivel de azúcar en la sangre desciende y tu cerebro piensa que te estás quedando sin combustible, produce cortisol (la hormona del estrés) para despertarte. Esto ayuda a iniciar el proceso metabólico, hace que te dé hambre y te despierta para comer. Una solución sencilla: antes de acostarte come una cucharada de miel de abeja. Como este tipo de miel es difícil de metabolizar, mantiene tu nivel de azúcar estable durante más tiempo. Pero si el azúcar no es lo tuyo, piensa en la hoja de guayaba: se ha demostrado que ayuda a conciliar el sueño y a regular el nivel de azúcar en la sangre.

ANALIZA TU DÍA PARA DETECTAR LO QUE FUNCIONÓ Y LO QUE NO

1. Quédate inmóvil y respira hondo varias veces.
2. Recorre tu día desde el momento en que despertaste hasta ahora. Haz notas mentales de aquello por lo que estás más agradecido.
3. Reflexiona respecto a los instantes del día en que te sentiste más vivo. ¿Cuándo te emocionaste por la actividad que estabas realizando? ¿En qué momento sentiste que todo fluía?
4. Mira hacia atrás e identifica el momento en que te sentiste más fatigado. ¿Hubo algo o alguien que te hiciera sentir frustración? ¿Sentiste aletargamiento durante el día?
5. Pregúntate lo siguiente: "¿En qué momento pude haber tenido un mejor desempeño?" (cuando te preguntes esto, hazlo con una generosa dosis de compasión por ti mismo). "Tal vez debí ser más amable con mis hijos; pude haberles respondido con más ahínco a mis compañeros de trabajo, pude haber llegado al gimnasio."
6. Ahora deja que *todo eso* fluya, que se quede atrás. Perdónate a ti mismo y a los demás. EN LA PÁGINA 360 ENCONTRARÁS LA MANERA DE PERDONAR A ALGUIEN.

7. Define tus intenciones para el día siguiente. ¿Qué lecciones de hoy conservarás para vivir un mejor día mañana?

La experta:

Patty Morrissey es experta en organización y estilo de vida. Es fundadora de Clear & Cultivate, una empresa de organización terapéutica y estilo de vida con base en Huntington, Nueva York. En *CBS This Morning* la llamaron "maga", y en el *New York Times*, la "Gurú del orden".

La explicación:

Esta práctica cotidiana está diseñada con base en el ejercicio espiritual ignaciano llamado Examen Diario. Comenzar tu evaluación diaria con aquello por lo que estás agradecido te prepara para sentir plenitud, abundancia y seguridad. Es importante comenzar sintiendo todo esto porque así podrás ser amable contigo cuando veas en retrospectiva e identifiques lo que pudiste haber hecho mejor. La idea es segmentar el día, enfocarse en lo que enriquece tu vida, y eliminar o modificar lo que te agota o drena. Esta conciencia te ayudará a crear un espacio que podrás mejorar de forma gradual. Hay que abordarlo *un día a la vez* y entender que a veces los cambios más sutiles son los más profundos. Si vas a comprometerte con tu crecimiento personal (si llegaste hasta aquí en la lectura de este libro, sorpresa, ¡ya estás comprometido!), aprovecha la evaluación diaria para revisar el estado de las cosas y cómo va todo. Y entonces, ¿cómo va todo?

Agradecimientos

Mi primer y mayor agradecimiento es para Kristin van Ogtrop, quien me envió un inesperado correo electrónico a finales de 2018 para preguntarme: "¿Alguna vez has pensado en escribir otro libro?". Correo al que de inmediato contesté: "Eh, ¡sí!". Ese intercambio de correos desencadenó los dos años más divertidos, intensos y satisfactorios de mi vida. Gracias, Kristin, por ser una agente tan fabulosa y por permitirme conservar en mi propuesta más signos de exclamación de los que normalmente admites. Me ha fascinado trabajar contigo en este proceso, ¡¡¡y me muero de ganas por volver a hacerlo!!!

Gracias, Leah Miller, cuyo entusiasmo inicial por el libro, desde nuestra primera conversación telefónica, fue obvio y contagioso. Soy muy afortunada de que hayas luchado por este libro y por mí, me encantó intercambiar mensajes respecto a todo aquello que fuimos descubriendo que realmente no sabíamos. Te estoy eternamente agradecida por haber encontrado mi voz (y mi necesidad de escribir paréntesis). Gracias a la adorable Seema Mahanian, tu ojo avizor y tu edición ininterrumpida me guiaron cuando más lo necesité. Gracias por ser tan amable y paciente, y por trabajar conmigo para darle forma al libro y convertirlo en algo de lo que estoy realmente orgullosa.

Estoy sumamente agradecida con todo el equipo de Grand Central Publishing, en especial con Jordan Rubinstein, Alana Spendly, Mari Okuda, Xian Lee, Albert Tang y Haley Weaver, quien fue una presencia inteligente y apaciguadora en un momento crucial para el libro. Estoy muy orgullosa de ser una autora de GCP.

Este libro no habría sido posible sin todos los increíbles expertos a los que entrevisté porque, bueno, la experta no soy yo. Durante el último año y medio mi trabajo consistió en hablar con la gente respecto a aquello que más le apasiona y aprender a hacerlo de una mejor manera. Ahora estoy *muy cerca* de ser un adulto totalmente funcional, y se los debo a todos ustedes. Gracias por compartir su sabiduría y por no reírse de mí cuando pregunté cosas como: "Espera, ¿y exactamente *dónde* dices que se pone el detergente?".

Lauren Powell cayó del cielo. Además de ayudarme a transcribir entrevistas y a investigar a los expertos, me enseñó a usar Google Sheets, y respondió inmediatamente mis frenéticos mensajes de texto y correos electrónicos cada vez que olvidaba cómo me había dicho que lo hiciera. Alison Conte hizo que la propuesta del libro luciera mucho mejor de lo que yo habría imaginado.

Gracias a todas las amigas que me ayudaron con mis niños, que me sustituyeron cuando me atrasé con la transportación colectiva de los chicos, que me enviaron mensajes entusiastas, y que me escucharon hablar incesantemente sobre todas las cosas interesantes que iba aprendiendo a medida que escribía el libro. Gracias también por asegurarse de que siguiera viva cuando desaparecía por demasiado tiempo. Un grito especial a mi tribu de amigas que estuvieron ahí para leer pasajes, que se obsesionaron

Agradecimientos

con la portada y que celebraron con un brindis cada diminuto logro del proceso de escritura del libro. ¡Salud, chicas!

Gracias a todos aquellos que se la jugaron por mí y me pusieron en contacto con algunos de los increíbles expertos que aparecen en el libro: Liz Carey, Kara Mendelsohn, Lindsey Weidhorn, Lauren Smith Brody, Suze Yalof Schwartz, Kristin Koch, Kristen Green, Krista DeMaio, Keri Potts, Jennifer Alfson, Gina DeCandia, Jamin Mendelsohn, Margarita Bertsos, Mary Giuliani.

Y en especial, gracias a Joanna Parides Sims por ir más allá de los límites y apoyar este texto incluso antes de que se convirtiera en libro, y por animarme y creer en mí cuando dudé de mí misma. Soy muy afortunada de tenerte en mi esquina del ring.

Gracias a mis hermanas, Melissa y Meghan, quienes siempre son mis primeras lectoras, incluso de las posibles publicaciones en Instagram (lo siento, chicas), y mis más grandes admiradoras. Gracias por sus excelentes comentarios, por soportarme, por cuidar a mis niños y por no hablar demasiado de mí en los mensajes de texto entre ustedes durante este periodo. Porque no lo hicieron, ¿cierto?

Gracias a mis padres, John y Cindy Zammett, y a mi suegra, Debbie Ruddy, por ayudarme con los niños (y la ropa para la lavandería), gracias por animarme siempre.

Gracias a mis niños, Alex, Nora y Molly, quienes se quedaron calladitos durante mis entrevistas, no se pelearon, cocinaron sus propias comidas y nunca llegaron tarde al autobús escolar mientras trabajé en este libro desde una oficina improvisada en nuestra casa. Ja, ¡estoy bromeando! Pero en serio, los quiero mucho y estoy muy emocionada de compartir este libro con ustedes. Será lectura obligada y al final habrá un cuestionario.

Por último, gracias a Nick, mi esposo, por mantener el fuerte en pie y aún más. Sobre todo porque resulta que hacer varias actividades al mismo tiempo que escribo no es lo mío. Ahora, sin embargo, puedo diseñar tremendas tablas de quesos y doblar sábanas ajustables, así que algo aprendí. Te amo. Y amo nuestra vida (incluso más ahora que he adquirido habilidades sorprendentes con las que podré enriquecerla).

El pequeño libro de las habilidades para la vida de Erin Zammett Ruddy
se terminó de imprimir en abril de 2021
en los talleres de
Litográfica Ingramex S.A. de C.V.,
Centeno 162-1, Col. Granjas Esmeralda, C.P. 09810,
Ciudad de México.